普通高等教育"十一五"国家级规划教材

修订本

对外汉语教学实用语法

练习参考答案及要解

卢福波 韩志刚 刘岩 彭飞 顾倩 著

Teaching Foreigners Practical Chinese Grammar
Answers and Notes

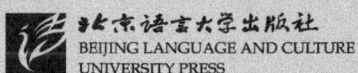
北京语言大学出版社
BEIJING LANGUAGE AND CULTURE
UNIVERSITY PRESS

图书在版编目（CIP）数据

对外汉语教学实用语法（修订本）练习参考答案及要解 / 卢福波等著. — 2版. — 北京：北京语言大学出版社，2012.6（2019.8重印）

ISBN 978-7-5619-3317-6

Ⅰ.①对… Ⅱ.①卢… Ⅲ.①汉语—语法—对外汉语教学—教学参考资料 Ⅳ.①H195.4

中国版本图书馆CIP数据核字（2012）第155445号

书　　名：	对外汉语教学实用语法（修订本）练习参考答案及要解
责任印制：	周　燚

出版发行：	北京语言大学出版社
社　　址：	北京市海淀区学院路15号　邮政编码：100083
网　　址：	www.blcup.com
电　　话：	发行部 82303650 / 3591 / 3651
	编辑部 82303647 / 3592 / 3395
	读者服务部 82303653
	网上订购电话 82303908
	客户服务信箱 service@blcup.com
印　　刷：	北京虎彩文化传播有限公司
经　　销：	全国新华书店

版　　次：	2012年6月第2版　2019年8月第6次印刷
开　　本：	787毫米×1092毫米　1/16　印张：20
字　　数：	342千字
书　　号：	ISBN 978-7-5619-3317-6 / H·12098
定　　价：	49.00元

凡有印装质量问题，本社负责调换。电话：010-82303590

使用说明

《对外汉语教学实用语法》一书自1996年出版发行后,全国有不少学校把它作为对外汉语教学的语法教材,外国学生将它作为汉语学习和汉语水平考试的重要参考书目之一,它也成为不少从事对外汉语教学的教师、研究生的重要参考书之一。至2010年该书印刷已达15次。2007年该书被批准为"普通高等教育'十一五'国家级规划教材",继而开始全面修订工作,于2011年5月再版。修订本《对外汉语教学实用语法》,继续保持了原书突出针对性、实用性,在体例上不面面俱到,而是择要而选,一般问题从略,讲解浅白,讲练配合的基本风格与特色,在此基础上,增加了一定的必要知识和少量解释,针对语法项讲解,安排了专项练习,使讲练得到有机配合,以加强知识的重点强化、整合理解与实际应用。

为辅助广大使用者自学以及提供教学参考,我们继续对该书的练习部分提供了参考答案和参考答案要点解释。为了通俗易懂,所有解释都力求简明扼要,针对要点作简单浅显的解释,故而本书取名"要解"。使用者应尽量参考教材来看解释,这样会更加清晰明白。《要解》是针对具体的语法现象的解释,相信它会帮助广大使用者对《对外汉语教学实用语法》一书作更具体和更有针对性的理解,会为广大使用者带来更多的方便、帮助和参考。

参加本书的编写人员为:卢福波、韩志刚、刘岩、彭飞、顾倩。各部分主要编写者为:刘岩:第一、五、六、八单元;顾倩:第二、三、四单元;彭飞:第七、十三单元;韩志刚:第十、十一、十二单元;卢福波主要编写第九单元和汉语语法水平测试卷以及审定修改全书的练习参考答案及答案要解。书中肯定会有许多不尽人意之处,恳请广大读者谅解并提出宝贵意见。

卢福波
于南开园

目 录

| | 答案 | 要解 |

第一单元　名词及相关语句
- 第 一 课　名词及名词的功能　　　　　　　（3）　　（105）
- 第 二 课　方位词语　"的"字短语　　　　　（4）　　（109）
- 第一单元综合练习　　　　　　　　　　　　（6）　　（112）

第二单元　动词及相关语句
- 第 三 课　"是"字句　"在"字句　"有"字句　（7）　　（115）
- 第 四 课　动词　离合动词　　　　　　　　（10）　　（123）
- 第 五 课　动词重叠式　　　　　　　　　　（12）　　（127）
- 第二单元综合练习　　　　　　　　　　　　（13）　　（128）

第三单元　数词、量词及数量短语
- 第 六 课　数词及概数表示法　　　　　　　（15）　　（132）
- 第 七 课　量词　　　　　　　　　　　　　（17）　　（136）
- 第 八 课　量词短语　数量词重叠　时间表示法（19）　（140）
- 第三单元综合练习　　　　　　　　　　　　（21）　　（144）

第四单元　形容词、区别词及相关语句
- 第 九 课　形容词及相关语句　　　　　　　（23）　　（148）
- 第 十 课　形容词修饰的功能与条件　　　　（25）　　（152）
- 第十一课　形容词与比较句　　　　　　　　（27）　　（154）
- 第十二课　区别词　　　　　　　　　　　　（29）　　（159）
- 第四单元综合练习　　　　　　　　　　　　（30）　　（159）

第五单元　代词及相关语句
- 第十三课　指代人和事物的词语　　　　　　（32）　　（162）
- 第十四课　指代动作和性状的词语　　　　　（34）　　（167）

· II ·

	答案	要解
第 十五 课　疑问代词的特殊用法	（35）	（170）
第五单元综合练习	（36）	（173）

第六单元　副词及其用法

	答案	要解
第 十六 课　副词的意义与功能	（38）	（176）
第 十七 课　常用副词对比分析	（40）	（180）
第 十八 课　副词的排序与搭配限制	（42）	（188）
第六单元综合练习	（45）	（193）

第七单元　介词及相关语句

	答案	要解
第 十九 课　介词及介词短语的基本意义与用法	（46）	（198）
第 二十 课　常用介词对比分析（上）	（49）	（201）
第二十一课　常用介词对比分析（下）	（50）	（207）
第七单元综合练习	（52）	（212）

第八单元　动态与助词

	答案	要解
第二十二课　动作的进行、持续与起始、将行	（54）	（216）
第二十三课　动作的完成、实现与经历	（56）	（222）
第八单元综合练习	（60）	（230）

第九单元　修饰限制语

	答案	要解
第二十四课　定语	（61）	（234）
第二十五课　状语	（63）	（239）
第九单元综合练习	（66）	（244）

第十单元　补充语

	答案	要解
第二十六课　结果补语　趋向补语	（68）	（249）
第二十七课　可能补语　程度补语　情态补语	（72）	（258）
第二十八课　数量补语　介词短语补语	（75）	（263）
第十单元综合练习	（76）	（265）

·III·

	答案	要解

■ 第十一单元　句子的分类及句子的语气表达

第二十九课　陈述句、祈使句及其语气表达　　　（79）　　（269）

第 三十 课　疑问句、感叹句及其语气表达　　　（80）　　（272）

　第十一单元综合练习　　　　　　　　　　　　（82）　　（275）

■ 第十二单元　特殊句式

第三十一课　双宾语句　能愿动词句　　　　　　（83）　　（278）
　　　　　　主谓谓语句

第三十二课　连谓句　兼语句　存现句　　　　　（85）　　（282）

第三十三课　"把"字句　"被"字句　"连"字句　　（87）　　（285）

　第十二单元综合练习　　　　　　　　　　　　（90）　　（288）

■ 第十三单元　复句及其关联词语

第三十四课　复句的特点　联合复句　　　　　　（92）　　（290）

第三十五课　偏正复句　关联词语的隐现与位置　（95）　　（296）
　　　　　　紧缩复句

　第十三单元综合练习　　　　　　　　　　　　（98）　　（302）

■ 汉语语法水平测试卷　　　　　　　　　　　　（99）　　（306）

第一部分
参考答案

第一单元　名词及相关语句

第一课　名词及名词的功能

练习一、二　略。

练习三　选择词缀"~者/~员/~士"填空
（1）员　（2）士　（3）者　（4）员　（5）员　者　（6）士

练习四　给下列词语加上适当的词缀，使之变成名词

盖<u>儿</u>	夹<u>子</u>	讲<u>师</u>	劳动<u>者</u>
强<u>者</u>	学<u>员</u>	念<u>法</u>/念<u>头</u>	打字<u>员</u>
甜<u>头</u>	记<u>者</u>	看<u>法</u>/看<u>头</u>	受害<u>者</u>
画<u>儿</u>	新<u>手</u>	湿<u>度</u>	探险<u>家</u>/探险<u>者</u>
盼<u>头</u>	呆<u>子</u>	教<u>法</u>	重要<u>性</u>

练习五　根据句义，选择所给词，再加上适当的词缀填空
（1）小猫儿　小狗儿　（2）领导者　（3）参赛者　（4）空儿　（5）小伙子
（6）老头儿　（7）专家　（8）包子　饺子（或：饺子　包子）（9）创造性
（10）吃头　想头

练习六　根据句义，在横线上填上适当的名词或名词性短语
（1）人民/农民　问题/困难
（2）昨天　晚上　书/电视
（3）学生　孩子　习惯
（4）故事/事迹　人
（5）星期一　春节
（6）音乐/春天　快乐/希望
（7）想法
（8）工人　农民/美国人　中国人
（9）雪花　世界
（10）筷子/鞋/袜子
（11）裤子/领带　鱼/路
（12）水/汗/白发
（13）菜/好吃的/书/文件
（14）比赛/演出/大雨
（15）树林/庄稼/草地/楼房

3

练习七　判断正误，错误的请改正

（1）×　他不是专家，我要请专家。

（2）√

（3）×　教了好几遍，我还不会，她也不急。

（4）×　这一年中，我经历了很多事情。

（5）×　我对旅游很感（或"有"）兴趣。

（6）×　展览馆里人真多，差不多有好几百人。

（7）×　我今天去书店买了一张地图、两本杂志。/ 今天我去书店买了一张地图、两本杂志。

（8）×　她待我们很热情、很友好。

（9）×　晚上我再给你打电话吧。

（10）×　她拉着大夫的手说："请您再给他一次生命吧！"

（11）×　在整个旅途中，我一直很有食欲。

（12）×　一问他们路，他们就会很热情地把你送到你想（或"要"）去的地方。

第二课　方位词语　"的"字短语

练习一　用适当的方位词跟下列词语一起组成方位短语

窗<u>前</u>　　桌子<u>上</u>　　汽车<u>里</u>　　墙<u>上</u>　　操场<u>上</u>　　飞机<u>里</u>

楼<u>上</u>　　大桥<u>上</u>　　朋友<u>之间</u>　　心<u>中</u>　　思想<u>上</u>　　过程<u>中</u>

空<u>中</u>　　吃饭<u>前</u>　　两棵树<u>之间</u>　　年<u>前</u>/年<u>后</u>　　　　天亮<u>前</u>

上星期/下星期

练习二　用适当的方位词填空

（1）上　（2）前/外　（3）上　（4）后　（5）下　（6）里

（7）前　（8）旁　（9）外面　（10）左边 / 前面　右边 / 后面

练习三　从"里、中、上、下"中选择方位词填空

（1）上　（2）下　（3）中　（4）里　（5）中

（6）上　（7）下　（8）上　（9）中　（10）里　中

练习四　改病句

（1）他身上没带钱。

（2）在生活中，人际往来很重要。

（3）中国的产品在国际上的销路不错。

（4）第一排最中间那位男老师就是我们班的老师。

（5）这张纸上什么字也没写。

（6）代沟无论在过去还是现在都是大问题。

（7）银行就在商店旁边。

（8）他在朋友中很有人缘儿。

（9）自行车、行人都在草地上走。

（10）世界上有多少动物濒临灭绝！

（11）我从报纸上找到这条招聘广告。

（12）她总是躺在床上看书。

（13）我家有五口人，可是他们都在韩国。

（14）街上骑自行车的人很多。

（15）历史上有很多这样感人的故事。

（16）春节前没有休息日了。

（17）明天下班以后你在办公室等我一下，好吗？

（18）麦克昨晚在歌厅玩儿到很晚，今天在课堂上睡着了。

练习五　用方位短语构句，说说下面图中人和物体的方位（最少说六个句子）

例：草地上停着一辆小汽车，长椅上坐着两个人。

练习六　略。

练习七　在下列句中的"的"字短语下画线

（1）你喜欢吃<u>辣的</u>吗？

（2）<u>男的</u>在那边，<u>女的</u>在这边。

（3）<u>红的</u>、<u>黄的</u>、<u>白的</u>……花坛里盛开的鲜花美极了。

（4）<u>最可贵的</u>是，她学会了关注别人的需要。

（5）上边的那件是<u>你的</u>，我的是<u>三个Ｘ的</u>。

练习八　用方位短语和"的"字短语构句，说说下面两幅图中的人和事物（分别最少用上五次）

例：<u>站在水里的</u>是老黄牛，<u>站在岸上的</u>是小白马。

第一单元综合练习

一、填空

1. 根据句义，选择适当的词缀填空
（1）员　老　（2）家　（3）儿/子　（4）主义　主义　（5）者　员
（6）者　老　者　　（7）子　头　　（8）性　　（9）头

2. 填方位词
（1）中间/之间　（2）前/外　（3）旁边　（4）前面　后面
（5）里　　　　（6）下　　　（7）中　　（8）里

3. 填名词或名词性短语
（1）这些年　质量/产量　（2）教室/我的衣服　（3）楼房　（4）顾客　建议
（5）新手　手艺　（6）乘客们　火车　车站　（7）路　车　（8）孩儿　医生

二、说一说下面每一组的两个词有什么不同

看（动词）—看头（名词，值得看的　　画（动词）—画儿（名词）
　　　　　　地方或东西）　　　　　　空（形容词，读 kōng）
盖（动词）—盖儿（名词）　　　　　　—空儿（名词，读 kòngr）
读（动词）—读者（名词）　　　　　　说（动词）—说法（名词）
设计（动词）—设计师（名词）　　　　发明（动词）—发明家（名词）

三、用方位短语和"的"字短语讲述下图（分别最少用上三次）

例：有一棵大树，树上有很多新鲜的树叶。大树下面有一只大长颈鹿和一
　　只小梅花鹿，小的在大的旁边。大的个子高，小的个子矮。高的在吃
　　树叶，矮的在看。矮的吃不到树叶，高的把树叶递给了矮的。

四、改病句

（1）听说她只喜欢看爱情小说。
（2）他们的话题我很感兴趣。/
　　　我对他们的话题很感兴趣。
（3）这些行李先搬到门外，
　　　一会儿车来了好装车。
（4）他在古代小说研究上很有名。
（5）除了阿里以外，同学们都去旅行
　　　了。/除了阿里以外，别的同学都
　　　去旅行了。
（6）她把蛋糕放在桌子上。
（7）我还有几个朋友要来这儿学习。
（8）长城以北不如长城以南发展得快。

（9）孩子们欢快地从山上跑下来。
（10）大家要从思想上认清这一点。
（11）休息室在阅览室旁边。
（12）厂长很有能力，在群众中有威信。
（13）教室的房顶上挂着好几个大吊扇。
（14）吃饭结束后，我坐公共汽车回到公寓。
（15）回国以后，我一定要把中国的事讲给家里人听。

第二单元 动词及相关语句

第三课 "是"字句 "在"字句 "有"字句

练习一 下列哪些句子的主语和宾语可以互换？

（1）√ （2）× （3）× （4）√ （5）× （6）√ （7）× （8）× （9）×

练习二 用"是"或"是"附加其他成分与所给的词语一起组成完整的句子

（1）他是中国代表团的团长。/中国代表团的团长是他。
（2）旅游也是学习。
（3）宿舍前边是一个小花园。
（4）谦虚是一种美德。
（5）鲸不是鱼类。
（6）中国古代的四大发明是造纸、印刷术、火药和指南针。/造纸、印刷术、火药和指南针是中国古代的四大发明。
（7）这条公路是刚修好的。
（8）明天是阴天。
（9）一组是考英语的，二组是考汉语的。/考英语的是一组，考汉语的是二组。
（10）他组装的自行车是坏的。/那辆坏的自行车是他组装的。

练习三　改病句

（1）这条街是不是王府井大街？／
　　这条街是王府井大街吗？
（2）小花园在湖边。／湖边是一个小花园。
（3）这个商店里的服装都是高级的。
（4）他是你的朋友不是？
（5）刚才看病的那个医生不是他。
（6）这些书都是儿童读物。
（7）这个公司是维修汽车的。
（8）昨天晚上来的那位客人是他。
（9）这个娱乐中心是孩子们的。
（10）过去，这个工厂是他们公司的。

练习四　用所给的词语加动词"在"构成完整的句子

（1）钥匙在抽屉里。
（2）大花瓶在书柜顶上。
（3）图书馆不在南面，在北面。／
　　图书馆不在北面，在南面。
（4）纪念碑在广场中央。
（5）经理刚才在办公室。
（6）她永远在我心中。
（7）小王的自行车没在楼下。
（8）全部文件都在柜子里。

练习五　改病句

（1）邮局不在商店那儿。
（2）李明在不在家？
（3）小卖部在小花园里。
（4）王刚三年前在东京。
（5）那片大草坪就在大桥下。／
　　大桥下有一片大草坪。
（6）他现在正在房间里。
（7）餐厅在一楼。
（8）我在出租车上，马上就到了。
（9）他明天可能不在公司，听说要出差。

练习六　请将练习四的各题换用动词"有"构成完整的句子

（1）抽屉里有一把钥匙。
（2）书柜顶上有一个大花瓶。
（3）南面没有图书馆，北面有一座。／北面没有图书馆，南面有一座。
（4）广场中央有一座纪念碑。
（5）刚才办公室里有一位经理。
（6）我心中永远有她。
（7）楼下没有小王的自行车。
（8）*柜子里都有全部文件。

练习七 用"有""是""在"做谓语,说说下面两幅图中有什么以及人和物体的位置

例:左图:湖中央有一对小亭子。　　右图:海里有一艘快艇。
　　　　湖旁边是一片树林。　　　　　　岸边是一片沙滩。
　　　　游客们在小桥上。

练习八 略。

练习九 左边一列词语中哪些加"有"后可以和右边一列中的词语搭配?哪些搭配后,"有"前可以加"很","有"后可以加"了"?(每项只能用一次)

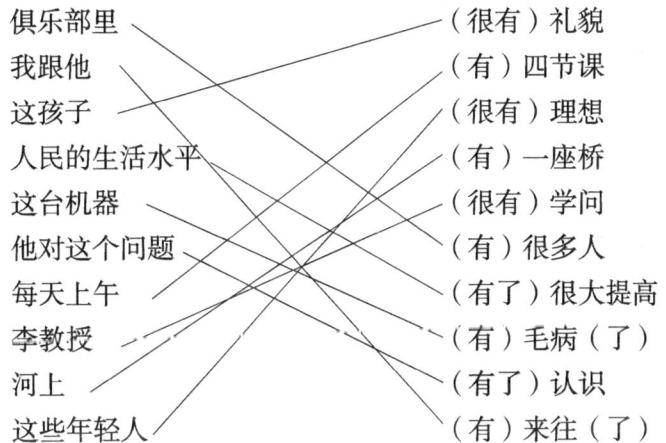

练习十 选择"是""在""有"填空

(1)有　　(2)是　　(3)有　　(4)在　　(5)有
(6)是　　(7)在　　(8)有　　(9)是　　(10)有

练习十一 用"有"做谓语改写下列句子

(1)她有一个一岁半的女儿。
(2)这里有一个很大的游乐场。
(3)学校有一个(座)六层楼的图书馆。
(4)门前有一棵高大的杨树。
(5)小女孩儿很有礼貌。
(6)两国在经济互助上有了发展。
(7)他很有组织能力。/他有很强的组织能力。
(8)他的汉语又有了进步。

练习十二 改病句

（1）星期天你有时间没有？／星期天你有没有时间？

（2）明天下午有课吗？

（3）门前有一个大草坪。／门前是一个大草坪。

（4）这种录音机一般商店没有卖的。

（5）（这个）图书馆里有很多图书和报刊杂志。

（6）今年太忙了，我没有机会去上海了。

（7）听说今天夜里有雨。

（8）他对这个问题又有了新的认识。

（9）他的报告对你们很有帮助吧？

（10）A：这个星期有参观吗？
　　　B：没有。

（11）屋里一个人也没有。

（12）这台电脑又有问题了。

（13）那个汽车公司是他爸爸的。

（14）中国现代有一位著名的文学家叫巴金。

（15）A：你现在有没有中国朋友？
　　　B：我没有中国朋友。

（16）我的书柜里有各种各样的图书，你去看看吧。／我的书柜里是各种各样的图书，你去看看吧。

第四课 动词 离合动词

练习一 将下面两列可以搭配的词语用线连接起来

（1）
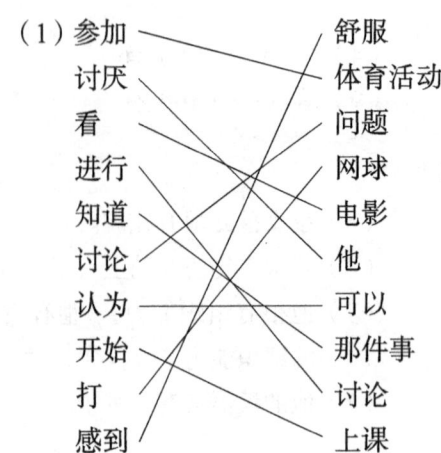

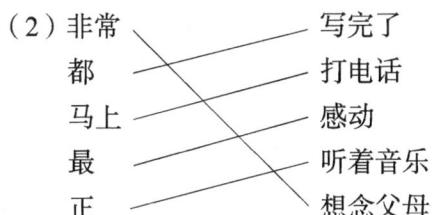

练习二　用适当的动词和下列各句所给的词语组成完整的句子

（1）我正在做汉语作业。
（2）姐姐开始听广播了。
（3）他没骑自行车。
（4）下星期他打算去上海。
（5）孩子们非常喜欢这个玩具。
（6）大家都同意我的意见。
（7）小妹十分爱好文学。
（8）山本希望来中国学习汉语。
（9）他很关心这些孩子的成长。
（10）每天晚上我们都听音乐。/
　　　我们每天晚上都听音乐。

练习三　选用贴切的动词，准确表述下列各图中人物的动作

1. 读/看晚报　2. 打/系领带　3. 打字/电脑　4. 戴/摘眼镜
5. 搬箱子　6. 骑自行车　7. 拉行李箱　8. 翻挂历

练习四　用合适的动词填空

（1）开/举行　　（2）照顾　　（3）打算　集合
（4）考虑　着想　（5）想　谈话　（6）管　商量

练习五　用括号中所给动词的适当形式和所给词语组成句子

（1）昨天晚上，我和朋友聊了一晚上天儿。
（2）我去机场为朋友回国送行。
（3）我们去小花园散一会儿步吧。
（4）这周你们在游泳馆游了几次泳？
（5）他和这个女人离过一次婚。
（6）他一个人打工学习，遭了很多罪。

练习六　改病句

（1）这个周末我们要举行一个舞会。
（2）他们打算去上海旅游一次。
（3）现在，我希望从事两种职业。
（4）小王病得很厉害，我想去看看他。
（5）他们知道应该怎样生活。/
　　　他们非常清楚应该怎样生活。

（6）我还不太了解中国，我想多多了解它。

（7）他是学国际经济的，毕业于南开大学。

（8）明天我们公司老板要跟我谈话。

（9）在中国，我去过很多地方旅游。

（10）下午，我们从校门口出发。

（11）大家在门前集合，一会儿出发。

（12）我理完发就过去找你。

（13）飞机中午在北京国际机场着陆。

（14）同学们今天一天一共考了六个小时试，累坏了。

第五课　动词重叠式

练习一　下列句中动词重叠后表达哪一种意义？

（1）C　（2）A　（3）D　（4）C　（5）B　（6）A　（7）D　（8）A　（9）B

练习二　改病句

（1）你最好听清楚了再回答。

（2）她一边哭，一边说。

（3）他又一次看了看小敏，转身走了。

（4）孩子们立刻认真地做起来。

（5）大家正在讨论那个问题。

（6）他正是我要找的那个人。

（7）三年前，我们在一起学习过。

（8）请大家把这份报告认真看一遍，然后谈你的意见。

（9）你觉得我穿这件衣服合适吗？

（10）她现在遇到了困难，我们帮帮她吧。

（11）我每星期收拾一次房间。

（12）周末跟朋友见见面，一起喝喝酒，聊聊天儿，觉得特别有意思。

练习三　用下列动词的重叠形式造句

例：（1）这个孩子找不到妈妈了，大家帮帮他吧。

（2）我看了看站牌，确定是坐16路车。

（3）我的数学书不见了，你帮我找一找吧。

（4）大家一起研究研究，再作决定。

练习四　根据提供的情景，选择合适的动词形式完成交际活动

例：（1）我们去劝劝小王吧。
　　（2）小张，帮我开开门。
　　（3）玛丽，把你的VCD盘借我看看，好吗？
　　（4）她下午去商场转了转，没买什么东西。
　　（5）小丽，你自己整理整理房间！（语气硬）/
　　　　 小丽，你自己整理整理房间吧。（语气软）
　　（6）他打算周末跟朋友打打网球、聊聊天儿、看看电视什么的。

第二单元综合练习

一、下列句中的动词重叠式表示哪一种意义？
　　（1）A　　（2）C　　（3）D　　（4）B　　（5）A

二、用适当的动词填空
　　（1）是　（2）有　（3）在　在　（4）有　（5）希望　（6）高兴高兴
　　（7）有　有　（8）打打　听听　看看　（9）在　（10）有　（11）是
　　（12）病　下　看看

三、用括号中的动词和所给词语造句

例：（1）这是一份学习计划。
　　（2）8路汽车站在火车站那儿。
　　（3）这个小伙子很有才干。
　　（4）我们到外面走走，好吗？
　　（5）她爱好集邮。
　　（6）他希望到中国学习汉语。
　　（7）昨天我们参观了一座现代化的工厂。
　　（8）他总是为别人着想。

四、用下列词语组成句子

例：（1）我在电视台工作。
　　（2）我们经常去工厂参观。
　　（3）妈妈十分担心他。
　　（4）我和朋友们去南方旅游。
　　（5）我和小王相处了一年。
　　（6）哥哥和女朋友就要结婚了。
　　（7）同学们一齐向这位救人英雄敬礼。
　　（8）我们和中国留学生交流了一下午。

五、改病句

(1) 过去他是经理,现在只是一般的职员了。

(2) 中国跟许多国家都有经济合作关系。

(3) 这份旅游计划是他起草的。

(4) 他正好在房间,你去找他吧。

(5) 他怎么到现在还没有打算?

(6) 我希望参加(或"看/打")网球比赛。

(7) 这几位学者以前都在美国学习过。

(8) 立交桥下是一片绿色的草坪。/那片绿色的草坪在立交桥下。/立交桥下有一片绿色的草坪。

(9) 最好把这个房间收拾收拾再用。/最好把这个房间收拾整齐了再用。

(10) 晚上,大家在湖边说着、笑着、唱着,一直到很晚。/晚上,大家在湖边说啊、笑啊、唱啊,一直到很晚。/晚上,大家在湖边说说,笑笑,唱唱,一直到很晚。

(11) 时间不够了,他只好边吃饭,边复习。

(12) 他决心实现自己的理想。/他有决心实现自己的理想。

(13) 那个展览他去看过,好像不太好。

(14) 下午,他要去机场为朋友送行。/下午,他要去机场送朋友。

(15) 这里的职员都很有能力。

(16) 屋子里有几个陌生人。

(17) 他还太小,你帮帮他吧。

(18) 歌曲的名字叫《忘记他》,在中国是较有名的流行歌曲。

六、用合适的动词说明或描述下面两幅图

例:左图:远处的天空上飘着片片白云,游人们在水中快乐地游着泳,两位白发苍苍的老人手牵着手,在海边的沙滩上悠闲地散步。

右图:图书馆前面是一片大草坪,草坪上有几棵高大的树。周末,人们在草坪上喝喝茶,聊聊天,说说笑笑,非常舒适悠闲。

第三单元　数词、量词及数量短语

第六课　数词及概数表示法

练习一　读出或写出下列数字

（1）1）二百三十六　　　四千五百一十八　　　两万五千八百○六
　　　三百六十万　　　九千○七万五千○二

　　2）房间号：yāo ○ yāo　　　六二八　　　yāo 八 yāo 二
　　　证件号：yāo ○ 五五　　　三七○九九　　　E 三五九八
　　　汽车号：AC 五○六○　　　HB 九六 yāo 八
　　　卡　号：四六五五七九 yāo ○
　　　　　　　二 yāo ○二七五 yāo 九二三○ yāoyāo ○四八
　　　电话号码：二三五○○○七四　　yāo 三六七二　　yāo 二三三六六

（2）570　　234000　　1090　　32001　　32120009　　146563217

练习二　用"二"或"两"填空

二两	两/二米多	二分之一	二十个班
二/两斤	两个人	三两个人	两篇文章
二/两倍	两千人	两条裤子	十二支笔

练习三　用"半"表示下面的数

（1）买一半西瓜。　　　　　　　　（4）这种布买两米半就够了。
（2）四个人吃了一斤半饺子。　　　（5）麻烦你帮我买半份饺子。
（3）同学们大约来了一半。　　　　（6）看了一半了。

练习四　读出或写出下列数字

（1）三分之二　　百分之五　　千分之一　　百分之三十　　百分之九十五
　　二点五　　三点一四一六　　○点○九六　　三点○○七
　　三百六十五点○二○三

（2）1/4　　33%　　0.55　　78.606

练习五　用数字连用的概数表示法表示下列数字

（1）一百二三十张　（2）十七八本　（3）三四百度　（4）三五个月
（5）四百五六十里　（6）两三千块　（7）一两万字　（8）百八十斤
（9）一两周　（10）二百二三十米　（11）三十八九岁　（12）两千二三百人

练习六　用数量词的概数表示法（如"来/多"）表示下列数字

（1）买了三斤来苹果
（2）大约四里多路程
（3）用了大约两个来小时
（4）出去转了一个多月
（5）这条河有三米来深。
（6）一次就买了五十多本书

（7）在这里住了十来（多）年
（8）论文写了一万来（多）字
（9）今天花了三百来（多）块钱
（10）来参加会议的有一百五十来
　　　（多）人

练习七　用概数表示法表示下列数字（表示方法尽量不重复）

六七斤	二三十本	一百一二十棵
三五天	百八十人	一百台左右
三十多个	个把月	10号前后
十多张	三个来小时	二十个月左右
一百岁上下	一百来辆（或"百把辆"）	四十来天

练习八　判断所给选项哪个与加"·"词语意思一致

（1）B　（2）A　（3）A　（4）B　（5）A　（6）B

练习九　用概数表示法改写下面的句子

（1）他用了两个来月的时间，终于完成了毕业设计。
（2）录入这个文件大约需要八九十分钟（或"一个多小时"）。
（3）妈妈买回来一只三斤来重的鸡，准备炖汤。
（4）这次出差可能需要七八天的时间（或"个把星期"）。
（5）图书馆进了一千五六百册图书。
（6）该汽车销售公司这一周差不多卖了一百七十辆左右的汽车。
（7）看上去，她大约二十六七岁（或"二十多岁"）的样子。
（8）他五十岁上下的年纪。

练习十　改病句

（1）这个池塘去年打捞养殖鱼一万斤，今年只有五千斤，减产二分之一。

（2）王力用了一个月的时间去南方旅游了一圈。
（3）大娘，您今年多大年纪了？
（4）明明病了，有两三天没来上学了。
（5）图书馆上个月进图书300册，这个月进了900册，这个月比上个月多进了两倍。
（6）春节前后他想回老家一趟。
（7）我有十来个中外朋友。
（8）他每月工资有五千多块钱。
（9）我已经在这里学习八个月左右了。
（10）我两个朋友的年龄都是二十多岁（或"都是二十岁左右"）。
（11）这个城市很小，只有二十多万人。
（12）她找了十三四天才找到。
（13）我已经攒了七八万块钱了，可以买汽车了。
（14）这个礼堂可以坐两千人左右。
（15）他一个月左右就回来了。
（16）他一共用了两个半小时的时间。

第七课　量词

练习一　用适当的个体量词填空

两<u>把</u>椅子　一<u>顶</u>帽子　几<u>朵</u>花儿　三<u>篇</u>论文　一<u>间</u>屋子　两<u>封</u>信
一<u>块</u>绸布　两<u>颗</u>钻石　一<u>根</u>针　几<u>粒</u>药　一<u>条</u>围巾　两<u>把</u>剪子

练习二　用适当的集合量词填空

一<u>套</u>教材　　　一<u>群</u>学生　　　两<u>套</u>西服　　　几<u>双</u>筷子
一<u>沓</u>（dá）信封　一<u>批</u>货物　　　一<u>副</u>眼镜　　　一<u>伙</u>流氓
几<u>双</u>拖鞋　　　一<u>对</u>恋人　　　两<u>副</u>手套　　　三<u>排/套</u>桌椅

练习三　用适当的度量词或不定量词填空

几<u>斤</u>苹果　　两<u>尺</u>布　　身高一<u>米</u>六　　十<u>里</u>路　　几<u>亩</u>地
十<u>平方米</u>的屋子　　　二<u>两</u>饺子　　　二十<u>吨</u>汽油
他给我们出了好<u>些</u>主意。　少吃一<u>点儿</u>吧。

练习四　用"一点儿"或"有点儿"填空

（1）一点儿　　　　（2）一点儿　　　　（3）有点儿
（4）一点儿　一点儿　（5）有点儿　　　　（6）一点儿

练习五　选择适当的量词填空

（1）B　　（2）C　　（3）A　A　　（4）C　　　（5）A
（6）B　　（7）C　　（8）A　　　　（9）C　B　（10）C　B（或 B　C）

练习六　用适当的借用名量词填空

三<u>杯</u>牛奶　　　一<u>屋子</u>客人　　一<u>脸</u>泪水　　一<u>箱子</u>东西　　两<u>书架</u>书
一<u>身</u>新衣服　　一<u>头</u>汗　　　　一<u>墙</u>画儿　　五<u>盒</u>糕点　　　一<u>头</u>黑发
两<u>桌</u>酒席　　　贴了一<u>墙</u>照片

练习七　用适当的专用动量词填空

下了一<u>场</u>雨　　　参观了一<u>次</u>　　　刮了一<u>阵</u>大风　　去了一<u>趟</u>
吃了一<u>顿</u>西餐　　批评了一<u>顿</u>　　　听过三<u>遍</u>　　　　打了一<u>顿</u>
仔细检查一<u>遍</u>　　讨论一<u>番</u>　　　　演了三<u>场</u>　　　　帮我抬一<u>下</u>

练习八　将下列句子换成带有动作量的表达形式

（1）儿子每天去医院，为母亲送三趟饭。
（2）王师傅把机器全部检查了一遍。
（3）奶奶劝了她一番。
（4）昨夜下了一场大雨。
（5）我们下午分别跟二班、四班进行了两场篮球赛。
（6）忽然吹来一阵凉风，人顿时清爽许多。

练习九　用适当的借用动量词填空

瞅了一<u>眼</u>　　踢了两<u>脚</u>　　吐了一<u>口</u>　　　切了一<u>刀</u>　　射了一<u>箭</u>
剪了一<u>剪子</u>　砍了几<u>斧子</u>　舀了两<u>勺/瓢</u>　打了两<u>巴掌</u>

练习十　根据句义，用借用量词改写下面的句子

（1）他穿了一身新衣服。　　　　（4）摆了一桌子礼品。
（2）撒了一地水。　　　　　　　（5）养了一缸子金鱼。
（3）装了一暖水瓶水。　　　　　（6）塞了一书包东西。

(7）种了一盆花。
(8）砍了两斧头木头。
(9）打了三拳。
(10）剪了两剪子就剪出一个窗花来。

练习十一　改病句

(1）他肚子疼，吃了几片药，好了一点儿。
(2）这座立交桥共有三层。
(3）他们之间发生了一些矛盾。
(4）A：去了多少人？
　　B：去了三车人啊。
(5）对这些人生大事，我有些明白了。
(6）他打了我一拳（巴掌）。
(7）这一册风景照是朋友送给我的。
(8）这家旅游公司有二十五六辆大客车。
(9）他们每个学期写两篇文章。
(10）通过这两次失败，我真正懂得了实践的重要。
(11）这些照片有的照得好，有的照得不好。
(12）听朋友说，那部电影很有意思。
(13）为这事，妈妈还狠狠地说了我一顿。
(14）他已经来中国三次了。
(15）很快我们俩就成了一对好朋友。
(16）天气有点儿冷，所以她又加了一件毛衣。

练习十二　根据图画内容，用适当的量名组合或动量组合进行表述

1. 一盆花　　2. 两朵花　　3. 一群羊　　4. 两只黑天鹅
5. 一架飞机 / 几朵白云　　6. 两把雨伞　　7. 两只燕子 / 几根柳条
8. 一套新衣服　　9. 一把钥匙　　10. 一杯茶 / 一把壶　　11. 砍几斧子
12. 盛一碗 / 盛两勺　　13. 喝了一瓶水 / 喝了一肚子水
14. 流下两行眼泪 / 流了一脸泪　　15. 一副对联 / 两个可爱的孩子

第八课　量词短语　数量词重叠　时间表示法

练习一　选择形容词填入下列短语中（不必填的可以不填）

一 x 把伞　　　　一大群工人　　　　两小 / 大把土
一 x 家商店　　　三大 / 小间屋子　　一小 / 大 块月饼

两大／小／满杯咖啡　　　　一平／大／小勺盐　　　　一<u>×</u>头汗

一大／小片草地

练习二　说说下列句中重叠的数量词语表示哪一种意义

（1）C　　（2）B　　（3）A　　（4）B　　（5）C　　（6）A

练习三　选择量词或量词的重叠形式填空

（1）B　　（2）C　　（3）B　　（4）A　　（5）B　　（6）C

练习四　用适当的量词和数量形式填空

（1）天天　　（2）趟　　（3）个　　（4）一个个　　（5）一口一口　一件一件

（6）句句　　（7）一个个　　（8）一片片　一条条

练习五　比较下面左右两列中数量短语的意义区别

（1）时点——时段　　（2）时段——时点　　（3）满身水——一套西服

（4）切下来的小块蛋糕——一个块小的蛋糕　　（5）时段——时点

（6）一桌的数量（"订了一桌菜"）——满桌子

练习六　选择填空

（1）A　　（2）B　　（3）C　　（4）B　　（5）C

练习七　将句中的时间词语改成时段表达方式，重新组织句子

（1）他这个设计搞了半年多才搞完。／他用了半年多的时间才搞完这个设计。

（2）她写了一下午作文。

（3）他整整一星期没在公司。

（4）她每天早上练打一个半小时的太极拳。

（5）他们整整热闹了一夜。

（6）他在中国学习了五年半。

练习八　改病句

（1）一年有四个季节。

（2）我的朋友们晚上来给我过生日。／有五六个朋友晚上来给我过生日。

（3）他给朋友写了一封短信。

（4）下午，我听了三个钟头的讲座。

（5）他在美国学习了十个月。

（6）我用一个半小时写了一篇作文。

（7）他下午看了两个半小时电影。

（8）你每天晚上睡多长时间觉？

（9）这里记录着他每天的日程。

（10）几十个孩子手举着鲜花朝他跑来。/ 孩子们手举着鲜花朝他跑来。

（11）一年以来，我觉得这一天过得最愉快。

（12）每当提交作业的前一天，我都开夜车。

（13）听说那个系的学生都非常厉害。

（14）她休息了一会儿，感觉好多了。

（15）他今天上了一下午网。

（16）看着孩子们一张张可爱的小脸，我的爱涌上心头。

（17）每次作诗，他都是一字一字地认真地推敲着。

（18）为了抢救伤病员，大夫连续几夜不休息。

第三单元综合练习

一、填空

1. 用"二"或"两"填空

两千二百二十人　　两段话　　二十二万　　二/两斤鱼

两万二千吨　　两把扇子　　两倍　　两/二公里

二分之一　　两张床

2. 用量词或时量短语填空（不能重复使用）

三把椅子　　一粒/把沙子　　两件毛衣　　一套西服　　二十里/公里路

位老人　　一脸/身汗　　听了一遍/上午录音　　睡了一上午

借了两次　　去了两趟　　一伙流氓围了上来。

一座座高大的楼房整齐地排列着。　　广场两侧种着一排排整齐的树木。

二、判断变色词语的意义

（1）B　　（2）A　　（3）B　　（4）B　　（5）A　　（6）B

三、根据句义，在横线上填上表示动量的数量短语

（1）一会儿　（2）一眼　（3）一遍　（4）一阵　（5）一番　（6）一枪

四、根据要求，重新组织短语或句子

1. 用概数表示法表示下列数字（表示方法不能重复）

二十来岁　　三五天　　二十一二个人　　百把台

三十斤以上　　两个多小时　　十月前后　　四五万

2. 根据意思，用借用量词组成数量短语重新表述

（1）坐了一教室学生　　（2）装了一小包苹果　　（3）写了一假期论文
（4）看了他几眼　　　　（5）抽烟抽得一嘴烟味　（6）拍了他两板子

3. 用时段表示法表示句中的时间词语

（1）他在实验室里待了整整一天。
（2）他屋里的灯亮了一夜。
（3）她每天下午听一个半小时的广播。
（4）他在美国学习了半年。
（5）红红看了一下午漫画。
（6）他在医院里住了两个星期。/他住了两周的医院。

五、改病句

（1）她每月工资五千块钱左右。
（2）湖的南边是一座大山。
（3）那家旅馆服务很好。
（4）学汉语的人由原来的一百多人上升到四百多人，增加了三倍。
（5）我兴致勃勃地参观了两个钟头。
（6）这座教学楼共有六层。
（7）新年前后，他将有一次旅游的机会。
（8）老师说了我一顿。
（9）他一共选了十来门课。
（10）这所大学有两万多人。
（11）会场里响起一阵阵欢呼声。
（12）他昨天夜里只睡了三四个小时觉。
（13）这是他第一次来中国。
（14）每天早上，这里都有一二百位老人做气功。/每天早上，这里都有老人们做气功。
（15）我买了五把工艺扇子。
（16）你打算在中国留学多长时间？
（17）来这里三个月以后，我渐渐习惯了这里的生活。
（18）现在她有点儿累了，想坐在这里休息一下。

第四单元　形容词、区别词及相关语句

第九课　形容词及相关语句

练习一　判断句子正误，错误的请改正

（1）×　孩子年纪虽然小，书法却写得很好。
（2）√
（3）×　服务员对我们非常热情。
（4）√
（5）√
（6）×　他的父亲有很多钱。
（7）×　大卫学了就用，很好地巩固了学到的汉语。
（8）√

练习二　说出下列句中形容词谓语句暗含的意思

（1）屋里没风。
（2）别人唱得不如王芳。
（3）湖这边景色不如那边。
（4）其他屋子没有这间大。
（5）别的教材都比这本容易。
（6）其他时间的空气没有早上的空气清新。

练习三　判断句子正误，错误的请改正

（1）×　你今天玩儿得开不开心？
（2）√
（3）×　他脑子并不聪明，就因为学习刻苦成绩才好的。
（4）√
（5）√
（6）×　B：南开大学经济学院很有名。

练习四　写出下列形容词的重叠形式

白 — 白白（的）　　　长 — 长长（的）　　　低 — 低低（的）
焦黄 — 焦黄焦黄　　大方 — 大大方方　　热闹 — 热热闹闹
糊涂 — 糊里糊涂　　冰凉 — 冰凉冰凉　　流气 — 流里流气
暖和 — 暖暖和和　　痛快 — 痛痛快快　　漆黑 — 漆黑漆黑
小气 — 小里小气　　整齐 — 整整齐齐　　滚烫 — 滚烫滚烫
安静 — 安安静静　　血红 — 血红血红　　快乐 — 快快乐乐

练习五 带·的词可以有"AABB"和"ABAB"两种重叠方式，请根据下列句子的意思，将它们变成适当的重叠形式，并说明它们的意思

（1）亲亲热热：形容词，描写挽手的状态。

（2）亲热亲热：动词，让"母女"亲热一会儿或亲热一下。

（3）快快乐乐：形容词，描写生活的状态。

（4）快乐快乐：动词，让"心情"快乐一会儿或快乐一下。

（5）痛快痛快：动词，使自己痛快一下。

（6）痛痛快快：形容词，描写答应的状态。

（7）干干净净：形容词，描写教室打扫过后的样子。

（8）干净干净：动词，使自己干净一会儿或干净一下。

（9）漂亮漂亮：动词，使自己漂亮一下。

（10）漂漂亮亮：形容词，描写孩子们打扮之后的状态。

练习六 下列词语中哪些不能用"很""不"修饰？

"漆黑、暖洋洋、通红通红的、慌里慌张、滚圆、大大方方、亮亮的"不能用"很""不"修饰。

练习七 改病句

（1）听了这话，他高高兴兴地回去了。

（2）她虽然很年轻，但是很有生活经验。

（3）这三个地方的风景都很美丽。

（4）你们的业余生活丰富不丰富（或"丰不丰富"）？／你们的业余生活丰富吗？

（5）我们看问题要更实际、更深刻一些。

（6）她马上动手，把屋子打扫得干干净净。

（7）我觉得她说话的声音很好听。

（8）他瞪着血红的眼睛，毫不让步。

（9）中国人民对我国人民非常友好。

（10）这本教材适合你的程度，就选它吧。

（11）我感觉他们的生活不幸福。

（12）这两天身体不舒服，吃饭总觉得不香。

(13) 她很努力、很用功,所以成绩也很突出。
(14) 他花钱比我小气。/ 他花钱小里小气的。
(15) 城市很整洁,马路很宽,笔直笔直的。
(16) 他以前总是马马虎虎的,现在不了。
(17) 他经过一段时间的疗养,终于恢复了健康。
(18) 她最近心情不好,我们大家给她过个生日,让她高兴高兴好吗?

练习八　用形容词描写下列各图

例：　　上图：我喜欢这儿蓝蓝的大海、白白的沙滩。
　　　　左下图：老师穿着一条漂亮的裙子。/ 老师很热情地向小朋友打招呼。
　　　　右下图：老爷爷的头发花白花白的。/ 爷孙俩玩儿得十分开心。

第十课　形容词修饰的功能与条件

练习一　根据中心语,在横线上填上合适的形容词修饰语(注意"的"的正确使用)

(1) 安静的校园　(2) 辽阔的大海　(3) 可爱的样子　(4) 坏习惯
(5) 痛快的感觉　(6) 新生活　　　(7) 新鲜空气　　(8) 愉快的人们
(9) 弯弯的月亮

练习二　根据形容词,在横线上填上适当的中心语(注意"的"的正确使用)

(1) 老朋友　　　　(2) 脏水　　　　　(3) 好天气
(4) 大房子　　　　(5) 红红的花朵　　(6) 高高的个子
(7) 清新的空气　　(8) 晴朗的天空　　(9) 安静的小树林
(10) 紧张的心情　 (11) 宝贵的时间　 (12) 非常美好的愿望

练习三　改病句

(1) 他是一个勤奋的学生。
(2) 我相信他,他总是有很多主意。
(3) 妈妈给我买了一件红衬衫,让我本命年穿。
(4) 我有充分的理由选择他。
(5) 我设计了一件非常漂亮的礼服。
(6) 金灿灿的麦田预示着又是一个丰收年。

练习四　用形容词做定语描写下面两幅图中的景象

例：上图：宽阔的草坪中间有一条笔直的小路，草坪周围是一棵棵高大的杨树，杨树都茂盛极了。

下图：美丽的小花园中间有一个清澈的水池，水池中央是一个精美的雕塑。小花园周围是雄伟而壮观的建筑。这里的一切都美极了。

练习五　将左右两列可以搭配的词语用线连接起来（注意"地"的正确使用）

圆圆地　　　　　　学
清清楚楚（地）　　到一会儿
随便（地）　　　　画了一个句号
容易　　　　　　　说道
晚　　　　　　　　答应了
痛快地　　　　　　听见
冷冰冰地　　　　　躺在那里
舒舒服服地　　　　写点儿

练习六　根据中心语，在横线上填上合适的形容词修饰语（注意"地"的正确使用）

（1）<u>仔细地</u>听　（2）<u>清楚地</u>看见　（3）<u>快</u>追　（4）<u>严肃</u>处理　（5）<u>慢慢</u>懂得
（6）<u>悠闲地</u>生活着　（7）<u>迅速</u>答道　（8）<u>友好地</u>交谈　（9）<u>轻松地</u>驾驶着

练习七　根据形容词，在横线上填上适当的中心语（注意"地"的正确使用）

（1）多<u>读</u>　（2）热烈欢迎　（3）慢悠悠地走了过来　（4）早<u>起</u>
（5）容易<u>理解</u>　（6）简单<u>介绍</u>　（7）难<u>学</u>　（8）客气地<u>说</u>
（9）稀里糊涂地<u>活着</u>

练习八　改病句

（1）宣传人员非常形象地演示着。
（2）她长长地舒了一口气。
（3）他还在傻乎乎地暗自高兴呢。
（4）小张清楚地听到，老师确实是这样说的。
（5）现在我很忙，没有那么多时间给你写信。
（6）在大家的帮助下，我很快习惯了这里的生活。
（7）屋子里乱哄哄的。
（8）他可能晚来几天。
（9）春风轻轻地吹着。
（10）听到这个消息，她伤心地哭了起来。

（11）日本人的口味是"东浓西淡"，东京人爱吃浓的，京都人爱吃淡的。
（12）虽然工作中有很多困难，但是我们一定会克服的。
（13）她大大方方地介绍着公司里的情况。
（14）这个小伙子高高的个子，方方的脸，粗粗的眉毛，大大的眼睛，很英俊。

第十一课　形容词与比较句

练习一　根据提供的条件，将下列各句改写成"比"字句和它的否定式"没有"句

（1）词典比课本厚。/ 课本没有词典厚。
（2）笔记本电脑比台式电脑贵2000元。/ 台式电脑没有笔记本电脑贵。
（3）老张比小李忙。/ 小李没有老张忙。
（4）老张晚上比小李睡得晚。/ 小李晚上没有老张睡得晚。
（5）我比我男朋友喜欢看电影。/ 我男朋友没有我喜欢看电影。
（6）上周平均气温比这周高6度。/ 这周平均气温没有上周高。
（7）他每月比我多挣4000元。/ 我每月没有他挣得多。
（8）敬一比英玉早来中国一年多。/ 英玉来中国的时间没有敬一长。

练习二　改病句

（1）我朋友比我更想家。
（2）他做得比我好。
（3）那棵树没有这棵树粗。
（4）我的表比你的（表）快一点儿。
（5）游泳池的这边比那边浅。
（6）他说汉语没有我好。
（7）这条连衣裙没有那条漂亮。

练习三　用"比"字句及其否定式"没有"句说一说下面几张图

例：左上图：小白马比老黄牛个子小多了。/ 小白马没有老黄牛个子高。
　　右上图：小明没有爸爸力气大。/ 爸爸比小明力气大得多。
　　下图：小李比老张跑得快。/ 老张没有小李跑得快。

练习四　根据所提供的条件，将下列句子改写成"不比"句

（1）我（小王）的脚不比你（朋友）的大多少呀。
（2）农村的住房条件不比城市差。
（3）乙的手机不比甲的便宜多少，但配置却低多了。
（4）甲同学写的作文字数不比乙同学多多少。
（5）乙同学的学习成绩不比甲同学差。

练习五　用"不比"句和"比"字句说一说下面三张图

例：三星级宾馆的条件不比四星级的差，但却比四星级的便宜200元。家庭旅馆的条件虽然比四星级宾馆差一点儿，但是不比它差多少，价钱却比它便宜多了。

练习六　根据所提供的条件，将下列各句改写成"不如"句

（1）儿子开车不如爸爸稳当。　　　　（4）艳艳不如小丽会说话。
（2）我们班谁唱歌也不如马克好。　　（5）别的照片都不如这张好。
（3）今年夏天不如去年凉快。

练习七　改病句

（1）他的答案跟我的完全一样。　　　（4）节日期间，他跟我休息的日子
（2）我朋友跟我一样喜欢打网球。　　　　不一样。
（3）儿子跟爸爸一样不聪明。/　　　（5）这周的演讲报告跟下周的一
　　儿子跟爸爸的聪明类型不同。　　　　样。

练习八　根据提供的条件，将下列各句改写成"跟……（不）一样"比较句

（1）在吃的方面，我喜欢的口味跟他的不一样，我喜欢辣的，他喜欢甜的。
（2）今天的气温跟昨天差不多一样。
（3）这棵苹果树今年的产量跟去年几乎一样。
（4）哥哥的性格跟弟弟的不一样，看着弟弟做事，哥哥总是着急。
（5）姐姐跟妹妹长得完全一样，谁都分辨不出来。

练习九　根据句子内容，在横线上填上适当的跟比较有关的词语

（1）不比　（2）比　多了　（3）一样　不同　（4）跟　一样　（5）不比
（6）不如　（7）比　不如　（8）没有　比　多了　（9）不比　（10）不如
（11）比　还　（12）比　差　（13）没有/不如　（14）不比

练习十　改病句

（1）他对我的要求比别人更高。
（2）这里的新鲜蔬菜比我们国家的多多了。
（3）听说别的国家的情况也跟这里一样。
（4）这部电影不如那部电影那么有意思。
（5）秋天到了，天气比前一阵凉快多了。
（6）我觉得黄山的风景比别的名山美多了。
（7）我的翻译水平没有其他人高。
（8）我比他早来半个多小时。
（9）今年接待游客比去年多了一倍。
（10）中国有些节日的习俗跟我们国家的一样。
（11）在中国学习了一年多，我的汉语水平比以前提高了不少。
（12）在这一方面，我们两国习惯完全一样。

练习十一　根据下面短文中的内容，选择适当的比较形式，将可比的人或事物进行比较（至少写出五个不同类型的比较句）

例：1. 王丽跟张红一样买了两米丝绸。
　　张红买的丝绸不比王丽的短，却只做了裙子。
　　张红比王丽高，也比王丽胖，所以用的布料也比她多。
　　张红不如王丽聪明。

2. 别的传统节日没有春节那么重要。
　　春节比其他传统节日重要多了，外地的亲人都赶回家来，跟本地人一样，与家人团聚过节。
　　春节期间，人们比平时忙多了，各种文娱活动也比平时丰富。

第十二课　区别词

练习一　根据中心语，在横线上填上适当的区别词

（1）中式建筑　（2）高档咖啡　（3）新式机器　（4）女式服装　（5）主要观点
（6）个别人　（7）高级百货　（8）副主任　（9）彩色照片

练习二　根据区别词，在横线上填上适当的中心语

（1）女教师　（2）西式快餐　（3）高等教育　（4）高档礼品　（5）国营企业
（6）优质产品　（7）业余生活　（8）人造卫星　（9）活期储蓄

练习三　改病句

（1）这几座楼的建筑都是西式的。
（2）这饺子不是素的，我要素的。
（3）他拿了一些彩色图片。／他拿了一些色彩艳丽的图片。
（4）高档的放这边，低档的放那边。
（5）这几位代表不是正式的（或"是非正式的"），请你们给安排一下。
（6）这种植物不是木本的，是草本的。

第四单元综合练习

一、写出下列词语的重叠形式

紧—紧紧（的）　　　　　舒服—舒舒服服　　　　瓦蓝—瓦蓝瓦蓝
麻烦—麻麻烦烦（麻里麻烦）　笔挺—笔挺笔挺　　　　直—直直（的）
马虎—马马虎虎（马里马虎）　安心—安安心心　　　　牛气—牛里牛气
简单—简简单单

二、下列哪些词可以受"很"的修饰？（可以的在括号内画"√"，不可以的画"×"）

（×）雪白雪白　　（×）黄澄澄　　（√）自由　　　（×）精装
（√）美丽　　　　（×）恶性　　　（×）金　　　　（×）花白
（×）白白的　　　（√）绿　　　　（×）结结实实　（√）难
（×）彩色　　　　（√）老实　　　（√）骄傲　　　（×）慌里慌张

三、用适当的形容词或区别词填空（不能重复，注意"的""地"的正确使用）

（1）先进　　（2）努力　丰富的　　（3）高档　人造　　（4）好奇地
（5）很漂亮　（6）仔细地　　　　　（7）蓝蓝的　白白的　（8）小　开心
（9）得体的　谦虚的　优雅的　深的　（10）私营　个别

第四单元
形容词、区别词及相关语句 答案

四、用括号中的词语改写句子

（1）这个故事的情节比那个故事简单。/ 那个故事的情节比这个故事复杂。

（2）这本古代寓言不如那本小说有意思。

（3）她（现在）跟从前一样爱跳舞。

（4）他的身体没有以前健康。

（5）这儿是比较吵闹，可是那儿也不比这儿安静多少。

五、改病句

（1）节日里公园里的人比平日多多了。

（2）这些家具不是新式的，别买。

（3）你们的想法跟我们的完全一样。

（4）海水冰凉冰凉的，不能游泳。

（5）我们学校比他们学校多了两千人。

（6）我的外语不太好，在国外生活遇到很多麻烦。

（7）他的驾驶技术不比我的高明。/ 他的驾驶技术没有我的高明。

（8）他那高水平的设计十分引人注目。

（9）王力和李明兴趣一样。/ 王力的兴趣和李明的一样。

（10）大家一起动手，一会儿就把会场整理整齐了。

（11）他的志趣跟我不一样。

（12）通往北京的高速公路笔直笔直的。

（13）我待朋友不如他大方。

（14）中国经济的发展越来越迅速。

六、根据短文内容，选择不同的比较方式和可比的事物进行比较（最少写出五个不同类型的比较句）

例：春节比中国其他传统节日古老。

　　八月十五中秋节跟春节一样，也是中国民间的传统节日，但它不如春节起源早。

　　八月十五中秋节没有春节那么盛大而隆重。

　　人们对中秋节的重视程度越来越高了。

　　虽然中秋节没有春节那么多的活动，但人们对它的喜爱程度并不比春节差多少。

七、选用合适的形容词和比较句形式说一说下面两张图

例：左图：老张的床不比小李小，却显得那么拥挤。
　　　　老张的被子比小李的厚多了。
　　　　小李的被子没有老张的暖和。
　　　　小李因为冷，睡得不如老张香甜。
　　右图：梅花鹿的脖子没有长颈鹿的长。
　　　　梅花鹿比长颈鹿矮多了。
　　　　梅花鹿身上的花纹跟长颈鹿的不一样。

第五单元　代词及相关语句

第十三课　指代人和事物的词语

练习一　用合适的人称代词或代词短语填空

（1）我们 / 咱们　她　　（2）大家　我们　我们　　（3）人家　你
（4）你　自己　自己　　（5）别人　自己　　　　　　（6）我国
（7）你　他们　　　　　（8）人家　自己　人家

练习二　改病句

（1）他家白天几乎没有人。
（2）哥哥训了他一顿。
（3）你们当中有谁会法语？
（4）你们国家有多少学生在这儿学习？
（5）电视不会自己打开吧？一定是你走的时候忘关了。
（6）看到一个小男孩儿掉到水里，我赶忙跳下去把他救了上来。

练习三　用指示代词"这 / 那"做定语，将每组的两句话改写成一个句子

（1）昨天照的这些照片不如上次照的那些好。
（2）北部夜空那颗亮星叫北极星。
（3）我讨厌那种只讲虚荣的人。

（4）站在柜台左边的那个售货员服务态度好极了。
（5）你应该感谢那个穿着夹克衫的小伙子，是他帮助了你。

练习四　用"这儿／这里""那儿／那里"做中心语改写下列句子

（1）她眼睛那儿长了颗痣。
（2）我这儿没有热水，小王那儿有。
（3）星期天我想回我妈妈那儿一趟。
（4）笔就在桌子上的词典那儿。
（5）立交桥那儿就有一家书店。

练习五　用合适的指示代词、指量短语或人称代词填空

（1）自己　这儿　你　（2）那儿　（3）那个　（4）这台　自己　自己　自己
（5）那时　（6）这些／那些　这些／那些　（7）这儿　它们　那儿
（8）那儿／这儿　（9）那时　（10）大家　我们／咱们　这个　我们

练习六　改病句

（1）那台电脑坏了，我让朋友修去了。
（2）一会儿我想去老师那儿一趟。
（3）你认识那个跑步的人吗？
（4）A：你的汽车呢？
　　B：停在食堂那儿。
（5）这件羽绒服真不错！真暖和！
（6）我想起了五十年前的往事。那时我只有八岁，为了读书，每天上山砍柴去卖。

练习七　用合适的疑问代词填空

（1）什么　（2）谁　（3）什么　（4）哪些／什么
（5）哪位　（6）什么　（7）几　（8）哪些／多少

练习八　就句中带"·"的部分选用恰当的疑问代词提问

（1）她买了些什么（水果）？
（2）隔壁住的是什么人？
（3）张涛是谁？他是做什么的？
（4）谁跑百米很快？用了多少时间？
（5）你认识哪个人？
（6）姐姐刚才让谁冲的茶？冲了什么茶？这种茶是哪儿产的？

练习九　改病句

（1）前几天来看我的那位朋友是我在中国认识的。

（2）你看，这箱子里不是还有地方吗？把包里那两件衣服也放这里吧。

（3）母亲想："不管怎么难，我也要把孩子抚养成人。"

（4）我们去过北京很多地方，那些地方的风景都很美。

（5）暑假我们要去大连旅游，你们去哪儿？

（6）王华和大娘再次在车上相遇，她亲热地跟大娘打招呼。

（7）那时她很小，现在不但长大了，还做了妈妈。

（8）这两盆花是从张老师那儿搬来的。

（9）医院门口的那个男人，我好像在哪里见过。

（10）你怎么自己来了？不是说你跟朋友一起来吗？

（11）爱尔兰是我最喜欢的国家之一，我特别喜欢那里的居民和风景。

（12）如果他们把自己的困难告诉司机，司机会帮助他们的。

（13）1月17号，我永远也忘不了这个日子，我的家乡被地震破坏了。

（14）老师说："同学们！可以吃饭了！"这是我们最盼望的时刻，我们高高兴兴地打开了饭盒。这时，突然一个学生叫道："老师！我忘带饭盒了。"

第十四课　指代动作和性状的词语

练习一　用合适的代词填空

（1）那么　　（2）这么　那么　（3）怎么　　（4）那么　怎么
（5）那么　　（6）怎么样　　（7）什么样　（8）怎么
（9）怎样　　（10）怎么　这么　（11）怎么　这么/那么
（12）怎么　这样　（13）这样　　（14）怎样/什么样

练习二　就句中带"·"的部分提问并回答

（1）他买了一个怎样的大西瓜？——又甜又沙的大西瓜。

（2）她怎么了？——她昏迷过去了。

（3）她姐姐长得怎么样？——长得特别漂亮。

（4）她怎样认真地学着？样子怎么样？——她一句一句认真地学，样子可爱极了。

（5）他是一个怎样的实干家？——他是一个踏踏实实的实干家。

34

练习三　遇到下列情况，你怎样发问？

（1）你的手怎么了？
（2）他怎么发那么大的脾气？
（3）他怎么没来呢？
（4）你怎么又改坐火车了？
（5）他只学了半年，怎么能说那么流利的汉语呢？
（6）那么好的电影你怎么不想看呢？

练习四　改病句

（1）这些日子他怎么那么忙？
（2）我不知道这是怎么回事。
（3）A：你的朋友怎么样？
　　　B：人很好。
（4）她平常不怎么说笑。
（5）他还小，对这样的事还不会处理。
（6）你最近忙吗？身体怎么样？
（7）这是怎样的一种游戏？
（8）她今天情绪不太好，你知道她怎么了吗？
（9）有女儿跟父亲这样说话的吗？
（10）他怎么那么不理解别人？
（11）她遇到一件麻烦事，不知道怎么办才好。
（12）这么晚了，这里怎么还这么热闹呢？

第十五课　疑问代词的特殊用法

练习一　用代词的任指形式改写下面的句子

（1）你什么时候来找我都行。
（2）她哪儿都好。
（3）大家什么见解都可以发表。
（4）刚来的时候，他谁也不认识。
（5）不管大家怎么问，他什么也不说。
（6）他哪儿都想去，可是他哪儿也去不了。

练习二　用代词的不确指形式改写下面的句子

（1）大家想写什么就写什么。
（2）你决定买什么就买什么。
（3）你想休多长时间就休多长时间。
（4）丽莎想去哪儿就去哪儿。
（5）你们想怎么去就怎么去。
（6）救济灾区，大家想捐多少就捐多少。

练习三　用虚指形式来改写下面的句子

（1）我太累了，想坐哪儿休息一下。
（2）什么时候咱们去看看老师。
（3）你说点儿什么劝劝她吧。
（4）我想做点儿什么支持他一下。
（5）他们想在哪儿散散步。
（6）不知道怎么了，汽车发动不起来了。

练习四　用疑问代词填空

（1）什么（2）谁　谁（3）哪儿（4）哪　哪（5）哪儿（6）哪儿/怎么
（7）怎么　怎么（8）什么　什么（9）什么　（10）什么

练习五　遇到下列情况时，用所学代词构句可以怎样说？

（1）你的屋子怎么这么脏啊？
（2）这个单词怎么这么难记啊？
（3）你睡觉的姿势怎么那么不舒服啊？/我觉得你这样睡觉那么不舒服。
（4）困难没有那么多，别担心。
（5）你这么（或"那么"）热情地帮助了我，我不知道怎么感谢你才好。

第五单元综合练习

一、用合适的代词和"指示代词＋量词"短语填空

（1）这么　怎么　　（2）大家　这样　谁（3）那面　那幅/那张
（4）那儿　哪儿　　（5）怎么　这么　　（6）这么　什么
（7）我们　哪儿　什么　（8）怎么　什么　　（9）我　这张　那儿
（10）怎样　别人　这　（11）那天　他们　这儿　那儿
（12）这样　怎么　什么　这么　　　　（13）这些　哪里　那儿
（14）什么　什么　什么　什么

二、根据句子的意思，按要求改写

1. 用"这""那"做定语

（1）河对岸那只小船叫风刮跑了。
（2）桌子上那支笔不好用，我手里这支笔好用。
（3）我认识台上唱歌的那个女孩儿。/台上唱歌的那个女孩儿我认识她。

（4）我昨天去车站接的那个人是我在北京读书时常常帮助我的那个人。

2. 用疑问代词改写

（1）这次作文，大家喜欢写什么就写什么。
（2）不管我怎么劝他，他都不听。
（3）你从哪儿上车都行。
（4）没有决心怎么能做成事情呢？

三、改病句

（1）大家怎么做他都同意。
（2）大家都不去，你为什么要去？
（3）星期天我常常去北大，我有两个好朋友住在那儿。
（4）这些工艺品怎么这么贵？
（5）你问小梅正看的那张照片吗？那是我五岁时照的，那时我还没上学，样子那么天真。
（6）你们班的成绩不如我们班，我们班的成绩可好了。
（7）他是什么人，你了解吗？／他是怎样的一个人，你了解吗？
（8）跑在前面的那个人我认识，他每天早上都跑步。
（9）他没想到每天做这么多工作。
（10）怎么回事？为什么刚来就要走？
（11）你看，小梅怎么这么激动啊？
（12）有的地区虽然那里的生活比较落后，但是那里的人却很好客、很热情。

四、就句中变色部分提问并回答

（1）他是什么老师？——他是教国际政治的老师。
（2）哪儿的花儿开得鲜艳极了？——漫山遍野的花儿。
　　漫山遍野的花儿开得怎么样？——鲜艳极了。
（3）你想找哪个留学生？——我想找一个叫凯瑞的留学生。
（4）他们原来打算怎么去？现在又想怎么去了？
　　——他们原来打算骑自行车去，现在又想坐汽车去了。
（5）什么能够激起他的热情？——没有什么能够激起他的热情。

第六单元 副词及其用法

第十六课 副词的意义与功能

练习一 将括号中的副词填到句中适当的位置上

（1）我这儿<u>还</u>有几张票，你们<u>都</u>来吧。

（2）<u>就</u>你的条件还不错，别人比你可差多了。

（3）联欢会<u>只</u>进行了一个多小时。

（4）他<u>不光</u>工作好，品德也好。

（5）火车<u>快要</u>开了，他<u>才</u>赶来。

（6）幸亏我的好朋友<u>也</u>在这儿，不然会很麻烦的。

（7）青年人学点儿历史<u>也许</u>是十分必要的。

（8）我<u>明明</u>在帮助他，他却不懂我的意思。

（9）我们<u>刚</u>回到宿舍，张老师<u>就</u>来了。

（10）<u>其实</u>你并不了解他，他已经离过两次婚了。

练习二 把括号中的副词放到句中A、B、C、D唯一恰当的位置上

（1）A　　（2）A　　（3）B　　（4）C　　（5）A

（6）C　　（7）C　　（8）C　　（9）B（再）D（就）

练习三 用括号里的副词完成对话

例：（1）B：都到齐了。　　（2）B：也许吧。　　（3）B：好，一定。

（4）B：没有了，就他们俩。（5）B：也支持他。（6）B：还有点儿。

练习四 将左右两列可以搭配的词语用线连接起来（每个词语限用一次）

练习五 选择合适的副词填空（每个词限用一次）

（1）还　再　　　（2）十分　　（3）极　　　（4）已经　别　太
（5）曾经　没　竟（6）又　　　（7）都　非常　（8）光　就

练习六 改病句

（1）这次到农村，我们一共参观了四个乡镇企业。
（2）我们先预习，然后老师再讲解。
（3）B：（我）也报名。
（4）我看他很有食欲，就又盛了一碗。
（5）他最近工作很忙，身体又不好，别再麻烦他了。
（6）通常男的外出打工，女的做家务。
（7）我怎么劝，他也不听。
（8）那时候，修造这样一座园林需要多么长的时间啊！
（9）刚到中国不久，我们就游览了这几个著名的名胜古迹。
（10）这个家庭共有七口人，有四间房子，还有一个大院子。
（11）我喜欢美术，也喜欢音乐。
（12）我们经常一起谈话，相互了解彼此的思想。
（13）老师希望我取得更大的进步。
（14）城里的空气怎么也没有山里的好。

(15) 他对什么事都特别认真，对学习当然更认真了。
(16) 那天时间不够了，我们没去工厂，只参观了学校。

第十七课　常用副词对比分析

练习一　选择"不"或"没(有)"填空
(1) 没/不　不　(2) 没　(3) 不　没　不　(4) 没　不　(5) 没　不
(6) 不　(7) 没　不　(8) 没　不　(9) 不　(10) 不

练习二　把下列句子改成否定句
(1) 听说今天足球赛的门票不贵。
(2) 今天天气不好，我们不出去玩儿了。
(3) 昨天晚上我没去小王那儿。
(4) 李老师没说今天晚上给我打电话。/李老师说今天晚上不给我打电话了。
(5) 他们昨天没试机器，明天也不打算试了。
(6) 你不应该买这幅画儿。
(7) 同学们还没学会使用这个软件。
(8) 张伟和李丽国庆节不结婚了。
(9) 苹果还没红，不能吃。
(10) 我没参观过那儿的经济开发区。

练习三　选择"才$_1$、才$_2$、就、都"填空
(1) 才　就　(2) 才　就　(3) 就　才　(4) 都　才
(5) 就　　　(6) 才　就　(7) 就　　　(8) 都　才
(9) 才　就　(10) 才　　(11) 都　　　(12) 才　都

练习四　选择"又"或"再"填空
(1) 又　再　(2) 又　(3) 又　(4) 再　(5) 又　(6) 再　(7) 又

练习五　选择"又"或"也"填空
(1) 也　(2) 又　(3) 也　(4) 又　(5) 又　又　(6) 也　也

练习六　用副词"还"或"再"填空
(1) 再　(2) 还　(3) 再　(4) 再　(5) 还　再　(6) 还

练习七 用副词"又、再、也、还"填空

（1）还　　（2）又　又　（3）还　再　（4）还　再　（5）也　还
（6）也　也　（7）还　再　（8）又　还　（9）再　　（10）也

练习八 改病句

（1）今天晚上真凉快，咱们再走一会儿吧。
（2）以后你还打算去上海吗？
（3）我喜欢吃苹果，也喜欢吃香蕉。
（4）明天还去呀！我可不去了。
（5）我想再帮助她一次。
（6）你再说一下吧，大家还没明白呢。
（7）她还在生气，你再劝劝她吧。
（8）莉莉明天就走了，你再不请她吃饭就没机会了。

练习九 用副词"很、太、真"填空

（1）太　（2）真　（3）很　很　（4）很　（5）太　（6）很　（7）真　（8）很

练习十 用副词"很、太、真、更、最"填空

（1）更　（2）很　（3）真　真　（4）太　（5）最　（6）更　（7）太
（8）最　（9）真　很　（10）很　（11）最　（12）太　（13）很

练习十一 根据下文的意思，选择适当的副词填空

1 我和赵伟是同学，<u>也</u>是朋友。我们两家离得很近，从他家到我家只两分钟<u>就</u>到了。我们俩不但一块儿上学、回家，<u>还</u>常常一起写作业，不久就成了<u>很</u>要好的好朋友。

2 李伟用了整整两天的时间做了一只风筝，这只风筝<u>真</u>是<u>太</u>漂亮了！我<u>太</u>喜欢它了！一写完作业，我<u>就</u>想去放他的风筝，求了半天，赵伟<u>才</u>勉强同意。我<u>太</u>高兴了，拿起风筝<u>就</u>跑了出去。

3 风筝越飞越高，我<u>也</u>越玩儿越高兴。一个多小时过去了，<u>还</u>不想回家，突然风筝<u>很</u>快地向南飞去，一下子<u>就</u>缠到一棵高大的杨树上。我急忙用力往下拽，风筝不但没下来，反而缠得<u>更</u>紧了。我<u>更</u>紧张了，<u>又</u>一次使足了劲儿。劲儿用得<u>太</u>大了，绳子竟自己飘了下来。

4 赵伟没说什么，<u>只</u>是一脸的伤心，我<u>更</u>难过和不安了。<u>又</u>一周过去了，我<u>还</u>是<u>不</u>知道怎样去面对李伟。

5 一天，李伟举着一只比上次<u>更</u>漂亮的风筝来到我家，笑着说："<u>还</u>躲着我呀？瞧，风筝<u>不</u>是<u>又</u>有了吗？我<u>又</u>做了两只，这<u>只</u>是送给你的。"我激动极了！

他不但没埋怨我,还送来风筝宽慰我,这是多么真诚的友情啊!

练习十二 改病句

（1）她买了一件非常漂亮的毛衣。

（2）刚才去找过他,没找到。

（3）这种白酒他从来没喝过。

（4）他从来不抽烟,不喝酒。

（5）今天虽然不刮风了,可是还是够冷的。

（6）为了学习和工作,她一直到三十岁才结婚。

（7）玩儿的时候没感到累,晚上躺到床上才感到累。

（8）我爱这里的生活、这里的田野,更爱这里朴实的农民。

（9）这件事给我留下了很深的印象。

（10）山本今年春假又去了一次北京。

（11）在这里跟各国留学生交流也是很重要的学习。

（12）我到这里时已经四月了,这里的天气还很冷。

（13）她还不到12岁就离开家乡了。

（14）他不爱打排球,只爱踢足球。

（15）一个月以后,我又看见了他,他瘦了很多。

（16）都十点了,才开始工作。

（17）你说得太精彩了,再给我们说一说吧。

（18）中国的女人是很幸福的女人啊!/中国女人太幸福了!/中国的女人真是幸福的女人啊!

第十八课 副词的排序与搭配限制

练习一 将括号中的副词按顺序放到句中合适的位置上

（1）老大爷**还亲自**给我们带路。

（2）那些书**也许**他**已经都**看过了。/ **也许**那些书他**已经都**看过了。

（3）**一定再**认真地**逐个**检查一遍。

（4）**难道还**让我去求他吗?

（5）我**的确不**喜欢这份工作了。

（6）大家**都挺**关心你的,让我来看看。

（7）她的心**久久没**能平静下来。

（8）他**还曾经**救过我的命呢。

练习二　用括号中的副词完成对话（注意副词的顺序）

（1）不都去　　（2）都不认识　　（3）太不努力了　　（4）还不太习惯
（5）很不顺利　　（6）不很难　　（7）我们一定不辜负老师们的期望
（8）不一定买得到了　　　　（9）不经常迟到

练习三　用恰当的否定副词填到句子合适的位置上

（1）我才<u>不</u>相信你那套大道理呢。
（2）书架上的杂志<u>不</u>都是科技类的，还有文学类的。
（3）我们班的学生一个也<u>没</u>去。
（4）我们<u>不</u>光谈了学习，还谈了一些其他事情。
（5）这一趟太<u>不</u>顺了，事情差点儿没办成。
（6）他们<u>不</u>一起去了，小王身体<u>不</u>太好。
（7）虽然实验失败过几次，可是他从来<u>没</u>灰心过。
（8）最近他太忙了，晚会可能<u>不</u>一定来。
（9）我一定<u>不</u>会忘记您的嘱咐，请您放心。
（10）你已经决定了？可<u>别</u>后悔啊。
（11）这次旅游时间有点儿紧，所以去的地方<u>不</u>很多。
（12）困难这么多，我简直<u>不</u>知道怎么办才好。
（13）能取得这样的成绩已经很<u>不</u>简单了。
（14）今天这件事<u>不</u>全是他的错，我也有责任。
（15）毕业考试时他没考好，几乎<u>没</u>拿到毕业证书。
（16）这些书我全<u>没</u>看过，等你看完了都借给我看看吧。
（17）<u>别</u>再费事做了，我们去饭店吃吧。
（18）我们只是创造了一个良好的开端，路还长着呢，大家可决<u>不</u>能骄傲啊。

练习四　把"都"放在适当的位置上

（1）C　（2）C　（3）D　（4）B　（5）C　（6）C

练习五　根据问句，用合适的词语配合"有点儿""差不多"完成对话

（1）B：不合适，有点儿小。　　　（4）B：跟这里差不多。
（2）B：好像差不多高。　　　　　（5）B：作业有点儿难。
（3）B：有点儿难。

练习六　将下面两列可搭配的词语用线连接起来（每个词语限用一次）

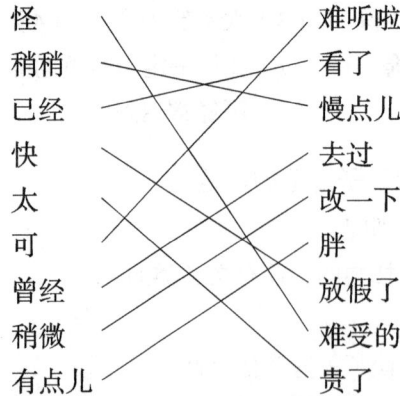

练习七　给下列副词各找三个能够跟它们搭配的词语，写在横线上

例：差不多<u>一样 / 高 / 重</u>
　　有点儿<u>冷 / 热 / 脏</u>
　　根本<u>不喜欢 / 没去过 / 不学习</u>
　　已经<u>去了 / 回家了 / 睡觉了</u>
　　曾经<u>去过美国 / 吃过蛇 / 忙了三年</u>
　　稍微<u>好点儿了 / 休息一下 / 大了点儿</u>
　　从不<u>抽烟 / 不喝酒 / 不上课睡觉</u>
　　怪<u>恶心的 / 可怜的 / 冷的</u>
　　可<u>难看了 / 热了 / 好吃了</u>
　　太<u>快了 / 高兴了 / 舒服了</u>
　　快<u>上课了 / 放假了 / 放学了</u>

练习八　改病句

（1）这里的情况他完全了解了。
（2）这一课的生词稍微多了点儿。/ 这一课的生词稍微有点儿多。
（3）她们本来不认识，因为我才认识的。
（4）这两种丝绸质量差不多，要哪一种都可以。/ 这两种丝绸质量都差不多，要哪一种都可以。
（5）他们的业余生活可丰富了。
（6）五年前他曾经来过中国。
（7）信已经寄了，过两天她就会收到的。
（8）火车快开了，快上车吧。
（9）这次出国，他根本没有希望。
（10）多听一点儿反面意见，未必不好。
（11）他只关心自己，从来不关心别人。
（12）我们那儿学习条件比较好，交通也比较方便。
（13）老师对我们太热情了，我很感动。
（14）两个屋子都有点儿小，不太合适。
（15）他上课总是积极发言。

第六单元综合练习

一、将下面两列可搭配的词语用线连接起来（每个词语限用一次）

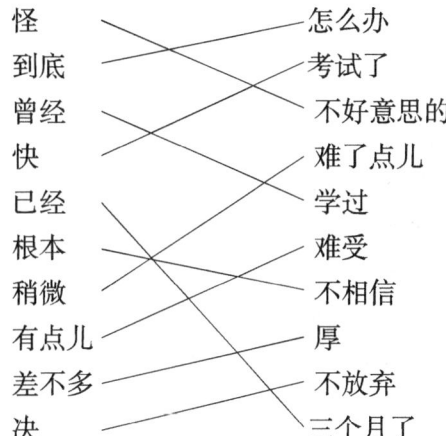

二、选择词语填空

(1) B A   (2) B   (3) C A   (4) B D   (5) D
(6) A   (7) B C   (8) B C

三、将括号中的词放到句中唯一恰当的位置上

(1) D   (2) B   (3) C   (4) B   (5) B
(6) C   (7) B   (8) B   (9) B   (10) C

四、将括号中的副词填到句中适当的位置上

（1）来参加活动的<u>不</u>都是中国学生，<u>还</u>有外国学生。
（2）<u>再</u>过几天，她<u>就</u>二十岁了。
（3）<u>也许</u>他<u>还</u> <u>不</u>知道吧。/ 他<u>也许</u> <u>还</u> <u>不</u>知道吧。
（4）地球上的光明和温暖都是太阳送来的。
（5）这些宝贝他从来<u>不</u>舍得拿给别人看。
（6）他<u>不</u>想去，所以没去。

五、用括号中所给的副词完成对话（注意副词的顺序）

（1）B：不一定（都读过）（2）B：没这么热   （3）B：不都去
（4）B：没全同意   （5）B：好像不太好   （6）B：就一两个人没去

六、根据句子的意思，选择适当的副词填空

（1）没　再　（2）都　还　（3）刚　正在　（4）忽然　又　又

（5）实在　很　（6）都　没　（7）太　常常　（8）一直　才

（9）才　就　再

七、改病句

（1）都跑了三趟了，才借到这本书。

（2）没有太阳，我们就没有这个美丽可爱的世界。

（3）他们几乎每天通信，交换着各种意见和研究成果。

（4）小王先演示一遍，然后大家再做。

（5）那天以后，我们俩再也没见过面。

（6）你检查得太不仔细了，再来一遍吧。/你检查得不太仔细，再来一遍吧。

（7）这些问题他完全明白了。

（8）这种产品的质量稍稍差点儿，不如那种好。

（9）这两本书难易程度差不多，用哪一本都行。

（10）杭州的风景比较美，就去杭州玩儿玩儿吧。

（11）在这里，无论走到哪里都会得到热心人的帮助。

（12）黄山他从来没去过。

（13）她找了好半天才把钥匙找到。

（14）在这里我获得了十分可贵的人生体验。

（15）那个鬼地方，我才不去呢！

第七单元　介词及相关语句

第十九课　介词及介词短语的基本意义与用法

练习一　在横线上填上介词的宾语，并说明该介词短语为谓词性词语引介的是什么

跟<u>父母</u>商量（引介对象）　　　　朝<u>前</u>看　（引介方向）

走在<u>小路上</u>（引介处所）　　　　离<u>北京</u>很近（引介地点）

凭票入场（引介凭证）　　　　用铅笔写（引介工具）
从今年开始（引介时间起点）　被老师批评（引介动作者）

练习二　根据句义，用合适的介词填空

（1）比　（2）在　（3）到　（4）沿　（5）当　（6）自
（7）临　（8）通过　（9）于　（10）除了　（11）随着　（12）就

练习三　用所给的介词加上合适的宾语填空

（1）为　　为人民服务　　　为孩子操心
（2）用　　用剪子剪　　　　用美食打动
（3）趁　　趁热吃　　　　　趁他不注意跑了
（4）就　　就事论事　　　　就这个问题展开讨论
（5）离　　离学校不远　　　离期末考试还有一个月
（6）顺着　顺着这条路走　　顺着这个思路想下去

练习四　判断句子正误，错误的请改正

（1）×　从这个门进去。
（2）×　我对他的说法有不同意见。
（3）×　他买的比我多多了。/ 他比我买得多多了。
（4）×　对于大家的讨论结果，你有什么看法？
（5）√
（6）×　随着身体的变坏，他的性格也变坏了。

练习五　根据句义，用合适的介词短语填空

（1）汽车从前边开过来。
（2）男朋友给我买了一个生日礼物。
（3）大家对新同学很热情。
（4）为了找到一个好工作，我要努力学习。
（5）这趟列车开往北京。
（6）这件毛衣比那件贵多了。
（7）他把苹果放在桌子上。
（8）他从晚上七点开始睡，一直睡到早上七点。
（9）我喜欢窗户朝南开的屋子。
（10）随着夏天的到来，天气也越来越热了。

练习六　用括号中的介词加上合适的宾语，与所给词语一起组成完整的句子

例：（1）我住的地方离超市不太远。
（2）这趟飞机开往纽约。
（3）我有急事不能去了，你跟安娜去吧。
（4）小王大大方方地向大家介绍了他自己。
（5）通过老师的悉心指导，他有了很大的进步。
（6）随着年龄的增长，她出落得越发俊俏了。
（7）这篇文章写的是关于大学生就业的事。
（8）山本临回国前，我们还在这家饭店吃过饭呢。
（9）除了国际商场，别的店都没有卖的。
（10）为了完成这个设计，他已经连续好几个周末没有休息了。

练习七　根据句义，用合适的介词短语填空

例：（1）请你把行李搬到<u>房间里</u>。
（2）镶<u>在相框里</u>的是我爷爷的画像。
（3）我现在<u>正在餐厅</u>吃饭呢。
（4）我刚刚看见她<u>朝那边</u>走过去了。
（5）他又<u>在设计草案上</u>加了一幅图。
（6）<u>往树上看</u>，那儿有两只小鸟。
（7）他<u>在朋友中</u>很有威信。
（8）我<u>在电脑里</u>存了几张你的照片。

练习八　改病句

（1）昨天你在自习室学习了多长时间？
（2）我跟中国老师学打太极拳。
（3）关于这个问题的研究，明天再说。
（4）大家把行李搬到车上。
（5）她是南开大学的研究生。
（6）我汉语不好，所以我不用汉语跟中国人谈话。
（7）我从他们那儿听说过北京的情况。
（8）以前我从电视上看到过颐和园。
（9）我在中国学习，会说不少汉语了。
（10）我到现在还没适应这儿的生活。
（11）听到闹铃声，我立刻从床上爬了起来。
（12）这个小山村离城市很远。
（13）这种茶产自台湾高山地区。
（14）我觉得他们的习惯跟我差不多。

（15）他们热情地帮助了我，我非常感谢他们。/ 他们热情地帮助了我，对他们我非常感谢。

（16）顺着她手指的方向，我看到远处那个花园一样的别墅。

第二十课　常用介词对比分析（上）

练习一　选择介词"从、自、由、自从"填空

（1）从　（2）自　（3）由　（4）由　（5）自　（6）由/从　（7）从
（8）自从　（9）自　（10）从　（11）自　（12）由　（13）自　（14）自从

练习二　选择介词"对、跟、给、替"填空

（1）给　（2）跟　（3）对　（4）替　（5）跟　（6）给　（7）跟
（8）对　（9）替　（10）给　（11）对　（12）跟　（13）对　（14）给

练习三　用介词"朝、向、往"填空

（1）朝/向　（2）向　（3）往　往　（4）向　（5）朝　（6）向　往
（7）向　（8）朝　（9）往　（10）往　（11）朝　（12）向

练习四　用介词或介词短语"对、对于、对……来说、关于"填空

（1）关于/对于　（2）对　（3）关于　（4）对　（5）对
（6）关于　（7）对　（8）对……来说　（9）对于　（10）关于
（11）对　（12）对　（13）关于/对于　（14）对于　（15）对……来说

练习五　选择适当的介词填空（不可重复选用）

（1）往　（2）自　（3）跟　（4）从　（5）向　（6）朝
（7）对　（8）给　（9）由　（10）替　（11）关于　（12）自从

练习六　改病句

（1）他经常帮助我学汉语。
（2）老师对我的学习很关心。
（3）对我来说，这里就是我的第二个故乡了。
（4）我现在住的那家宾馆，条件好极了。
（5）你们应该多向他们学习学习。
（6）小伙子已经向刘小姐求婚了。

（7）我从朋友那儿借来一张DVD。

（8）春节对中国人来说，是十分重要的节日。

（9）我对他们说："我非常重视我们的友谊。"

（10）那个人向我朋友借了5000块钱。

（11）关于中国的事情，过去我什么都不知道。

（12）我想毕业以后赶紧找份工作。

（13）我走进海关，看到她还在使劲儿地朝我挥着手。

（14）他知道错了，紧张地向我解释着。

第二十一课　常用介词对比分析（下）

练习一　用介词"凭、据、依、照"填空

（1）凭　　（2）据　　（3）照　　（4）依
（5）凭　　（6）据　　（7）凭　　（8）照

练习二　用介词"按照、照、根据、据"填空

（1）照　　（2）按照　　（3）根据　　（4）据
（5）照　　（6）根据　　（7）按照　　（8）据

练习三　改病句

（1）根据天气预报，明天有大雾。
（2）据他说，台风造成不小损失。
（3）按照法律办事没什么不对。
（4）你照这张表格计算一下，看看数字对不对。
（5）据老师说，我们下个月有教学实践。
（6）根据同学们的提议，我们计划开办一个汉语角，给大家提供更多的说汉语的机会。
（7）据（根据）调查，他不姓刘而姓张。
（8）据经理说，最近公司很不景气。

练习四　用介词"为、为了"填空

（1）为了　（2）为　　（3）为　　（4）为
（5）为了　（6）为　　（7）为　　（8）为了

第七单元 介词及相关语句 答案

练习五 根据句义，在需要的地方填上介词"在"或方位词

（1）他看着远处的朋友，心里有些难过。（不需要填）
（2）她在同学中很有人缘儿。
（3）大家先在这儿休息一下。
（4）门口的那辆红色汽车是谁的？（不需要填）
（5）她在接人待物上还需要指导一下。
（6）在公司工作会议上，小张的表现很出色。
（7）八月十五的月亮又大又圆。（不需要填）
（8）在半个多小时的时间里，小伙子就给女朋友打了五次电话。

练习六 用"在"字短语"在……上/在……中/在……下"填空

（1）在……上　（2）在……下　（3）在……中　（4）在……上
（5）在……中　（6）在……下　（7）在……上　（8）在……中
（9）在……下

练习七 选择适当的介词填空（不可重复选用）

（1）在　　（2）凭　　（3）为了　　（4）据
（5）按照　（6）依　　（7）为　　　（8）根据

练习八 改病句

（1）班长在同学中很有威信。
（2）根据规定我只能这样做。
（3）因为这个原因，我必须接受他。
（4）我现在住的那家宾馆，条件好极了。
（5）北京的冬天真是太冷了。
（6）奖金是按照（根据）工作量大小发放的。
（7）据朋友说，股市波动很大。
（8）我今年8月20日来到南开大学。
（9）在打开销路上，他动了不少脑筋。
（10）广场上的人们都在跟着音乐欢快地跳舞。
（11）他到现在还没适应这儿的生活。
（12）根据测定和比对分析，天气有变暖趋势。
（13）大家都能为你服务，你怎么就不能为大家服务呢？
（14）学会生活、广交朋友，这在人生道路上是十分重要的。

第七单元综合练习

一、在横线上填上合适的介词

（1）对于　（2）依　（3）根据　（4）离　（5）当　（6）比

（7）到　（8）给　（9）自　（10）跟　（11）对　（12）给

（13）向　（14）从　（15）按照　（16）随着

二、将括号中的介词短语放到句中合适的位置上

（1）把花瓶摆<u>在桌子上</u>吧。

（2）<u>关于</u>人员的安排问题你们再考虑考虑。

（3）<u>对于</u>他说的那些话，我们不能全信。

（4）母亲每天<u>给</u>他做两小时的按摩。

（5）政府调拨了大量食品运<u>往灾区</u>。

（6）一个光着脑袋的小淘气<u>朝我</u>做着鬼脸儿。

（7）我<u>对</u>他十分信任。

（8）他<u>比我</u>更了解这里的情况。

（9）大家<u>对</u>这个问题的看法几乎是一致的。

（10）<u>对我来说</u>，在这儿过春节十分有意义。

三、在横线上填上合适的介词短语

例：（1）我住的地方<u>离医院</u>不太远。

（2）这趟飞机是<u>往北京</u>开的。

（3）我有急事要办，不能去了，你<u>替我</u>去吧。

（4）小王大大方方地<u>向同学们</u>介绍了他自己。

（5）无论是谁，都得<u>照章</u>办事，不能徇私情。

（6）小李<u>从早晨</u>一直工作到现在。

（7）这篇文章写的是<u>关于农村改革</u>的事。

（8）<u>据天气预报</u>报道，今天夜里有暴雨。

（9）<u>从今天开始</u>放假，假期一周。

（10）<u>自从那次失败</u>后，他吸取了一些教训，反而有进步了。

四、用括号中的介词完成句子或对话

例：（1）明天是春节，你到我家来，<u>跟我们一起吃饺子</u>吧。

（2）这里的老师很负责任，<u>从学习到生活对学生</u>都很关心。

(3)<u>自从来中国后</u>,他的汉语有了明显的进步。

(4)每<u>当中秋月圆时</u>,我总喜欢去海边看月亮。

(5)<u>除修电脑的事以外</u>,别的事都办得很顺利。

(6)不自私,多<u>为别人</u>着想,是一种美德。

(7)A:老李是个什么样的人?

　　B:老李人很好,<u>对妻子很关心</u>,<u>对同事很热情</u>。

(8)A:今天开会讨论什么问题?

　　B:<u>关于建设新校区的事</u>。

五、改病句

(1)这儿比上海冷多了。

(2)我们生活在同一个时代,应该互相理解才对。

(3)火车站前很拥挤,人山人海的。

(4)从天津到山海关,差不多有250公里的路。

(5)现在,对你来说,学习是第一位的。

(6)服务员对客人失礼了。

(7)王主任负责向来宾介绍项目进展情况。

(8)在这次旅行中,不仅看到美丽的风光,还认识了很多朋友。

(9)我来到大厅,看到大厅里美丽的圣诞树。

(10)星期天我请你来我家做客,好吗?/星期天我请你吃饭,好吗?

(11)跟以前比,我觉得他好像不那么厉害了。

(12)从下个月开始,我要搬到别处住了。

(13)下午我去你那儿,跟你商量点儿事。

(14)这件事跟小王有牵连。

(15)这本书里记录的都是他爱人对她的爱。

(16)她的一声声感谢发自内心。

(17)对于工作中出现的问题,决不能掉以轻心。

(18)你需要根据文献资料来完善一下你的文章。

六、用合适的介词短语构句,表达下面两幅图中的内容(每幅图至少写两个句子)

例:上图:三月十二日那天,华阳中学的同学们跟老师来到公园里植树。他们有的用铁锹挖坑,有的往坑里种树苗,有的为小树苗浇水。

他们开心地劳动着，愉快的歌声飘向远方。

下图：玛丽正躺在海边的椅子上休息，突然发现自己的拖鞋少了一只。"咦？是谁把我的鞋子拿去了？"玛丽想。正在这时，一只小狗高兴地从旁边跑了过去，嘴里叼着的正是玛丽的那只拖鞋。

第八单元　动态与助词

第二十二课　动作的进行、持续与起始、将行

练习一　选择填空

1.（1）B　（2）C　（3）A　（4）A　（5）A　（6）B
2.（1）C　（2）A　（3）B　（4）A　（5）C　（6）B

练习二　根据所给的词语，选择"正""在"或"正在"构句

例：（1）他又在考虑那件事了。
　　（2）他们最近在（正在）忙汉语节。
　　（3）整整一上午他都在排队买票。
　　（4）别叫他，他正在看信。
　　（5）看到她时，她正向我挥手。
　　（6）三天来，他一直在等你。

练习三　判断正误，错误的请改正过来

（1）× 他正在认真地学着。/他认真地学了一上午。
（2）× 姐姐正在看我。
（3）× 她哭着说："你们都不懂。"
（4）× 于静一直爱着他。/于静爱了他好几年。
（5）√
（6）× 大家正在阅览室里读报呢。
（7）× 她一边打开书本，一边拿起笔。
（8）× 他还在门口，一直在等你。
（9）√
（10）× 我站在树下，听着树上鸟儿清脆的叫声。

练习四　根据所给的词语，用"动词+着"构句

（1）她喜欢趴着看书。
（2）院子里种着五颜六色的鲜花。
（3）三年来妈妈一直在盼着他回来。
（4）书柜里一直摆着一个瓷瓶。/瓷瓶一直在书柜里摆着。
（5）我们跟村民们拉着手，一边唱一边跳。

练习五　根据句义，用动词加"起来"或"下去"改写句子

（1）厂长话音一落，工人们就热烈地讨论了起来。
（2）她收拾完屋子，就坐着沙发上看起电视来。
（3）大嫂烧完水，又做起饭来。
（4）两个好朋友在电话里聊起天儿来。
（5）他在工作中遇到了困难，但他决心做下去。

练习六　选词填空

（1）就要　（2）正在　（3）正……呢　（4）着　（5）起……来
（6）下去　（7）要　（8）将　（9）即将　（10）在
（11）在　（12）在/正……着

练习七　根据句子内容，用括号中的词改写句子

（1）孩子们一边唱着歌，一边挥舞着手中的彩绸。
（2）虽然实验遇到困难，可是他仍想坚持干下去。
（3）孩子们正玩儿得开心着呢。/孩子们正开心地玩儿着呢。
（4）她很伤心，哭了起来。
（5）这个学期快结束了。
（6）这项工程即将完工。
（7）只有坚持下去，才能取得胜利。
（8）他们正激烈地争论着。
（9）他们走出剧场时，天正在下雨。
（10）他将要去美国留学。
（11）外面下着雨呢，别出去！
（12）我写作业呢，过一会儿再去。

练习八　改病句

（1）这件珍贵的纪念品，我一直随身保存着。
（2）我进来的时候，他正在打电话。
（3）他们正准备去参观呢，咱们也去吧。

（4）早上六点来钟，我正睡着，一阵电话铃声把我惊醒。
（5）现在他正在去上海的火车上（呢）。
（6）她握着我的手，亲切地看着我。
（7）A：喂！想什么呢？ B：我在想这句话怎么说才对。
（8）可能他现在已经离开北京了，快到东京了。
（9）还不到十点，怎么就睡起觉来了？
（10）歌声一落，观众就鼓起掌来。
（11）A：研究生考试要开始了吧？ B：没呢，还有一个来月呢。
（12）这部电影就要结束了，可我多么希望继续演下去呀。
（13）工程既然已经开始，困难再大，也要进行下去，不能半途而废。
（14）他们谈着、笑着、唱着，一直到很晚。
（15）这几天，他一直在给你打电话。
（16）妈妈拉着她的手，舍不得她离开。

第二十三课　动作的完成、实现与经历

练习一　根据所给词语，用"了"造一个完整的句子

例：（1）刚才我去了一趟书店。
（2）他喝了茶就走（了）。
（3）上周他们邀请我参观了一所敬老院。
（4）爱华大大方方地唱了一首中文歌。
（5）伯父资助我完成了学业。
（6）听了报告，大家都很感动。
（7）经过多次实验，终于获得了成功。
（8）他们把仓库里的物品彻底地清查了一遍。

练习二　判断句子正误，错误的请改正

（1）× 屋子已经收拾好了，非常干净。
（2）× 他性格很孤僻，总是一个人出去。
（3）√
（4）× 听说，上个星期他没去出差。
（5）× 这次考试，你考得怎么样？
（6）√　　　　　（7）√

（8）×　她每三天就要去一次医院。
（9）×　他刚来的时候，谁也不认识。
（10）×　我多次警告他，他就是不听。
（11）×　我到上海后再给你打电话。
（12）×　我从上周开始一直在找材料。

练习三　利用所给词语造一个完整的句子

例：（1）这个演讲很有吸引力。
（2）想问他时，他已经走了。
（3）她很热心，大家都很喜欢她。
（4）他说话总是不分轻重。
（5）无论他怎么画，也不像我。
（6）他很像个知识分子。
（7）我很后悔他走时我没去送他。
（8）他待人的真诚从不表现在口头上。

练习四　将下列句子变换成否定句

（1）王奶奶今天没来晨练。
（2）他说得不多。
（3）池塘里的荷花没都开。
（4）她原来不想吃饺子，现在变了，想吃了。
（5）秘书还没整理好需要的材料。
（6）老王不想从今天开始戒烟了。

练习五　根据句义，用"了$_2$"改写句子

（1）他不是我的男朋友了。
（2）上课了，不能打电话了。
（3）我去他家三趟了，也没找到他。
（4）时间过得真快，今天星期五了。
（5）张总原来计划坐火车，现在改坐飞机了。

练习六　根据句义，用"了$_1$"和"了$_2$"改写句子

（1）他的小说已经写了两万字了。
（2）奶奶已经住了半个多月医院了。
（3）这花真好，开了一个多月了，还没谢。
（4）他在这里生活了十几年了。
（5）这项实验，研究人员做了十几遍了，还没有结果。

练习七　下列句子中哪些地方应该加"了"？

（1）我什么也顾不得了，拖着拖鞋，连雨具也没有拿，奔下楼梯，朝花园跑去。

（2）近几年来，这里的一切都变了，山变了，水变了，村庄变了，人也变了。

（3）听了爷爷的话，小明非常激动。

（4）贝多芬飞快地奔回房间，花了一夜工夫，把刚才弹的曲子记录了下来。

（5）《红楼梦》我已经看了三遍了，每次看，都有收获。

（6）那年冬天，我得了一场大病，在阿姨的精心照料下，终于恢复了健康。阿姨对我这么好，我简直不知怎样感谢她才好。

（7）假期里他们坐飞机去了一趟海南，玩儿得很高兴。

（8）我们在朋友家里吃了晚饭，外面已经不像刚才那么热了，太阳落下山坡，只留下一片红霞在天边。

练习八　利用所给词语加助词"过"构成完整的句子

例：（1）这种梦我以前也做过。　　　（4）他一直没回过信。
　　（2）来这里后，我没病过。　　　（5）在大学读书时，我和她接
　　（3）在日本时，我吃过寿司。　　　　触过。

练习九　改病句

（1）我去过长城。　　　　　　　（4）他们跟学校领导见过面。
（2）A：你去过黄山吗？　　　　（5）母女俩从来没有回过故乡。
　　　B：没去过。　　　　　　　（6）我曾经在上海一所私立大学
（3）我以前去他家做过客。　　　　　 读过书，工作过一段时间。

练习十　用助词"了"或"过"填空

（1）了　了　　（2）过　　　　　（3）了　了
（4）过　　　　（5）过　　　　　（6）过　过　过

练习十一　变换表达方式

1. 把下列叙述句改成由"（是）……的"构成的说明句

（1）她（是）昨天晚上八点才回到宿舍的。

（2）这份生日礼物是男朋友给我寄来的。

（3）他（是）坐船去大连旅游的。

(4）他（是）在上海遇见的老朋友。

（5）他是去西藏了解藏民生活的。

2. 把下列由"（是）……的"构成的说明句改写成一般叙述句

（1）她流着泪看完了这封信。

（2）她昨天因为感冒没来上课。

（3）家乡的亲人们帮助我上了大学。

（4）昨天，我们在教室里举行了一个晚会。

（5）他在医院里住了整整一个假期。

练习十二　用"了""过""的"填空

（1）了　的　过　　　（2）了　的　过　　（3）过　了

（4）了　的　的　了　了　了　过　　　　（5）了　的　过

练习十三　选词填空

（1）了　　（2）来着　（3）的　　（4）过　了　（5）着

（6）了　了　（7）了　　（8）过　了　（9）的　的　（10）了　了

练习十四　改病句

（1）那时候，我每天下午都去商店。

（2）你会说汉语？什么时候学的？

（3）对不起，我还没考虑过这个问题。

（4）他们一起从香港坐飞机回来的。

（5）来中国以后，什么都不习惯了。

（6）昨天晚上他没把电视看完就睡了。

（7）他已经住了十天医院了。

（8）前天，我看了一部特别有意思的电影。

（9）我非常喜欢跟朋友们一起去游览名山大川。

（10）虽然我跟他没见过面，可是他的名字我早就听说过。

第八单元综合练习

一、判断正误

（1）A．× B．√　　（2）A．√ B．×　　（3）A．√ B．×　　（4）A．× B．√

（5）A．× B．√　　（6）A．√ B．×

二、选词填空

（1）正　（2）在　（3）在　（4）着　（5）下去　（6）起……来

（7）的　（8）的 的 的　（9）过 过 的　（10）来着　（11）着

三、根据句义，在横线上填上适当的表示时态意义的词语

（1）着 着 正 着 呢　（2）了 了 过　（3）了 了 下去

（4）过 的　（5）了 来着　（6）着 了 起来　（7）将

（8）的 的 的

四、根据下列词语，加上合适的表示时态意义的助词，造一个完整的句子

例：（1）同学们开始跑步了。

（2）这个项目以前得过奖。

（3）我为朋友买了一件工艺品。／这件工艺品是为朋友买的。

（4）昨天我接受了三份生日礼物。

（5）这些年来我从来没忘过家乡。

（6）已经连续下了一个星期雨了。／雨已经连续下了一个星期了。

（7）一年来他的病没有好转过。

（8）看了这本小说，她深受教育。

（9）教室里的灯一直亮着。／教室里的灯亮了。

（10）他又准确地唱了一遍。

五、改病句

（1）上午，田中给妈妈打了一个电话。

（2）我觉得汉语在发音方面又难又麻烦。

（3）大家自觉地排起队来。

（4）这里一片片的樱花盛开着，美丽极了。

（5）读了这篇报告文学，我的心久久不能平静。

（6）他正在写作业，不要打搅他。

（7）来中国以后，我常常想家。

（8）是小王帮我修的自行车。

（9）我已经好长时间没给他写信了。

（10）她静静地坐在窗前听着音乐。
（11）看了她的信，我伤心得流下泪来。
（12）我忘了，你姓什么来着？
（13）A：你哪天去的北京？
　　　B：前天去的。
（14）十年前，我也曾经有过这种经历。
（15）在他的指挥下，交通危机很快就排除了。
（16）A：这届美术展览很好，你看了吗？
　　　B：没看。

第九单元　修饰限制语

第二十四课　定　语

练习一　按要求在横线上填上合适的词语

1. 给下列中心语添加限制性定语

（1）<u>全部</u>表演　（2）<u>他的</u>主张　（3）<u>童年的</u>往事　（4）<u>许多</u>小船

（5）<u>父母的</u>恩情　（6）<u>上级的</u>决定　（7）<u>我们</u>祖国　（8）<u>一条</u>河

（9）<u>这个</u>报告　（10）<u>现在的</u>老师

2. 给下列中心语添加描述性定语

（1）<u>明媚的</u>阳光　　（2）<u>欢乐的</u>人们　　（3）<u>富裕的</u>生活

（4）<u>巨大</u>贡献　　　（5）<u>危险</u>时刻　　　（6）<u>载歌载舞的</u>景象

（7）<u>不会忘记的</u>同学　（8）<u>一棵棵</u>树

3. 给下列中心语添加区别性定语

（1）<u>坏</u>天气　　　（2）<u>外国</u>专家　　（3）<u>新年</u>晚会　　（4）<u>彩色</u>照片

（5）<u>长篇</u>小说　　（6）<u>越野</u>汽车　　（7）<u>牛皮</u>皮鞋　　（8）<u>俄式</u>建筑

练习二　根据"的"的使用规律，给下列需要用"的"的定中短语填上"的"

我 <u>的</u> 弟弟　　美丽 <u>的</u> 西湖　　姐姐 <u>的</u> 歌声　　那种 <u>×</u> 说法

旧 <u>×</u> 房子　　你们 <u>×</u> 单位　　塑料 <u>×</u> 杯子　　蓝蓝 <u>的</u> 天空

石 <u>×</u> 桌子　　中国 <u>×</u> 地图　　警察 <u>×</u> 叔叔　　网络 <u>×</u> 工程师

买 <u>的</u> 票　　　国营 <u>×</u> 商店　　朝南 <u>的</u> 窗户　　最喜爱 <u>的</u> 观光地

老 <u>×</u> 先生　　以前 <u>的</u> 工作　　同学借 <u>的</u> 书　　阅览室里 <u>的</u> 杂志

练习三 哪些横线上该加"的"？该加的请加上

（1）草原上又响起他们愉快的歌声。

（2）她选择了一种最实用的方法。

（3）她是专程来参加纪念活动的斯诺的姐姐。

（4）我请来了一位美国专家。（不该加"的"）

（5）昨天晚上看的那部电影很有意思。

（6）墙上挂着一幅年代久远的古代名画。

（7）他们克服了工作中所有意想不到的难题。

（8）这是他八岁那年跟父亲学做的小泥猴子。

（9）他的这个发言代表了一个老科学工作者的心声。

（10）上级领导很想了解一下这个单位存在的日益尖锐的矛盾。

练习四 用多项定语描述下面两张图片（每句至少说出三项定语）

例：左图：湖边两只漂亮的黑天鹅在悠闲地玩着。

右图：香蕉树上结着一个三四十斤重的大香蕉串。

练习五 判断括号中的词语应该放在句中哪个位置上

（1）B（2）C（3）A（4）B（5）B（6）A（7）C（8）D

练习六 下面哪个句子对？

（1）B（2）A（3）A（4）C（5）A（6）B（7）B（8）B

练习七 用括号中的词语把下列句子扩写成含有多项定语的句子（注意"的"的正确使用）

（1）这是一张从画报上剪下来的彩色照片。

（2）她是一位具有三十年教龄的老教师。

（3）钢琴前坐着个十六七岁的盲姑娘。

（4）我还回过头去看那留在后面的茂盛的大榕树。

（5）集邮丰富了我的课余生活，培养了我对艺术的兴趣和爱好。

（6）她的一个不满一周岁的男孩子病了。

（7）中国是一个具有悠久历史的文化古国。

（8）他是我最值得信赖的好朋友。

练习八　改病句

（1）我的学习成绩不太好。
（2）我们每学期进行两次考试。
（3）我要为祖国生产出更多优质产品。
（4）跟你最好的那个中国学生来找过你。
（5）他发扬了助人为乐的精神。
（6）那是个加强两国人民友谊的好机会。
（7）我遇到很多以前在我们国家住过的中国朋友。
（8）我想问几个关于中国大学生情况的问题。
（9）这次到中国来是她晚年唯一而最大的理想。
（10）我热爱这里友好的人们。
（11）上海是中国第一大城市。
（12）对大部分人来说，旅游是一件有趣的事。
（13）这是我八岁时的一张照片。
（14）他就是我唯一的中国朋友。
（15）儿时各种各样美好的回忆全部涌现出来。
（16）一想起那次旅途中做的那些傻事就不由得笑起来。

练习九　用含有多项定语的语句类型描述下列图中的人和事（每张图片至少说两句）

例：左图：（1）这是一位漂亮而热情的女老师。
　　　　（2）这是两个刚入校的一年级小学生。
　　右图：（3）灯下那位认真作画的老画家那么有风度。
　　　　（4）这是一位有激情、有才气的著名画家。

第二十五课　状　语

练习一　指出下列短语中的状语部分，并指出是属于哪种类型的状语

（1）<u>后半夜</u>睡觉（限制性—时间）
（2）<u>跟张师傅</u>学（限制性—对象）
（3）奶奶<u>微微地</u>笑着（描写性）
（4）<u>用毛笔</u>写（限制性—工具）
（5）<u>在沙滩上</u>坐着（限制性—处所）
（6）<u>凭票</u>入场（限制性—凭据）
（7）她<u>热情地</u>迎上来（描写性）
（8）<u>不</u>告诉他（限制性—否定）
（9）东西<u>很</u>便宜（限制性—程度）
（10）<u>深深地</u>挖了一个坑（描写性）

练习二　在横线上填上适当的状语

（1）客人都来了。
（2）大家对他十分尊重。
（3）星期六看电影。
（4）他关心地看着我。
（5）周末去爬山吧。
（6）孩子们懒懒地躺在草地上晒太阳。
（7）天色渐渐地暗了下来。
（8）他跟朋友们一杯接一杯地喝酒。

练习三　括号中的状语可以放到句中哪个位置上？

（1）他跟农民一起劳动了一天。
（2）突然一个念头出现在我的脑海里。／一个念头突然出现在我的脑海里。
（3）活动是要组织的，至于什么时间我们再商量。
（4）你看看，我都被你搞糊涂了。
（5）我们楼上坐，好吗？
（6）他对工作很负责。
（7）随着时间的推移，我越发思念家乡了。
（8）老奶奶激动地说："谢谢你！"
（9）我原先不认识他，这次才认识的。
（10）关于市场调查我们必须重视。
（11）的确他这样安慰过妈妈。／他的确这样安慰过妈妈。
（12）解说员耐心地向我解释着。
（13）毕业十几年了，他一直没有忘记老师和母校。
（14）当我写完最后一个字时时针已经指向凌晨四点了。

练习四　下面哪些地方该加"地"？

（1）他不紧不慢地一件件（地）处理着。
（2）他非常自信地把零件一件一件（地）拆了下来。
（3）她跟朋友们一起愉快地度过了这个假期。
（4）我们明天下午两点从学校出发。（不该加"地"）
（5）老师要亲自跟他谈谈。（不该加"地"）
（6）这些都是易碎物品，要轻拿轻放。（不该加"地"）
（7）祝大会顺利进行！（不该加"地"）
（8）他一下午在那儿来回走了好几趟了。（不该加"地"）
（9）你看你，又写错了。认真写！（不该加"地"）
（10）一些人总是形式主义地看问题。
（11）赶快走啊！快迟到了。（不该加"地"）
（12）她大大方方地走上台去，很有礼貌地朝大家鞠了一躬。

第九单元 修饰限制语 答案

练习五 用括号中的词语把句子扩写成含有多项状语的句子（注意"地"的正确使用）

（1）我从小就跟奶奶一起住在乡下。
（2）我睁开眼睛时，他已经从门前消失了。
（3）伯伯非常亲切地跟我慢慢（地）聊了起来。
（4）雪白的浪花一个连一个（地）朝岸边涌来。
（5）黑皮肤男孩儿憨厚地对我们一笑，……
（6）清晨，老妇人常常独自坐在窗前。／老妇人常常清晨独自坐在窗前。
（7）他们不声不响地从我身边慢慢（地）走过去。
（8）小男孩儿用小刀把嵌在墙皮里的子弹撬了出来。
（9）刚才，友子还在邮局里给她妈妈寄了一件东西呢。
（10）三个小时以后，我们终于把院子里的草彻底打扫干净了。
（11）每当亲友来信时，我就小心翼翼地把邮票从信封上剪下来。
（12）他不会水，可是他居然不顾一切地一下子跳到深水里去救人。

练习六 改病句

（1）我们每天早上从八点到十二点上课。
（2）我这里只剩下一个苹果了。
（3）你在什么地方跟他见面？
（4）这些日子，我一直陪着她。
（5）他在一步一步地向上攀登着。
（6）我们走进会场时，大家正在为他鼓掌呢。
（7）他明天也要去泰山。
（8）他不顾一切地朝前奔去。
（9）跟他一商量，他就痛快地答应了。
（10）小红极不情愿地为我们唱了起来。
（11）写书法时，紧紧地执住笔，慢慢地写。
（12）多听、多说，就一定能学好汉语。
（13）每当遇到这种情况时，我们就彻底谈一次话。
（14）他一走进会场，大家就都站了起来。
（15）老师正在教室里跟他谈话呢。
（16）他常常为一些小事发脾气。
（17）天色已晚，她还在认真地跟会计核算着。／天色已晚，她还在跟会计认真地核算着。
（18）来到中国以后，我看到了中国人民怎么样发展自己的工业和农业。

65

练习七 用含有多项状语的语句描述下面两幅图中的人和事（每幅图至少说出两个句子）

例： 左图：游泳运动员都在奋力朝岸边游去。
　　　　　　小华已经比别的运动员超出一截了。
　　　右图：小山羊气势汹汹地冲小女孩撞去。
　　　　　　小女孩惊慌失措地没命地逃跑。

第九单元综合练习

一、下面句中哪条横线上可以加上"的"或"地"？

（1）我朋友有一个漂亮<u>的</u>女朋友。
（2）他高兴<u>地</u>向我讲了起来。
（3）她有一个刚刚满月<u>的</u>儿子。
（4）阿姨亲切<u>地</u>跟我慢慢（<u>地</u>）聊了起来。
（5）他是一位著名<u>的</u>京剧艺术家。
（6）几句话表达了他们真诚<u>的</u>谢意。
（7）她常常耐心<u>地</u>给我解答问题。
（8）大家把教室好好（<u>地</u>）打扫一下。
（9）他是我来中国后认识<u>的</u>第一个朋友。
（10）他们昨天下午在操场上踢足球了。(不加"的"和"地")
（11）风轻轻地吹着，金黄金黄的麦浪随风滚动着。
（12）我今天又见到了上次在火车上认识<u>的</u>那位朋友。

二、在横线上加上适当的定语或状语（注意"的""地"的正确使用）

例：（1）<u>我的</u>朋友　（2）<u>仔细</u>研究　（3）<u>欢乐的</u>人们　（4）<u>认真</u>学
　　（5）<u>优质</u>商品　（6）<u>热烈</u>欢迎　（7）<u>这样的</u>方式　（8）<u>完全</u>满足
　　（9）<u>高</u>个子　　　　　　（10）<u>狠狠地</u>批评
　　（11）<u>如今</u>我们终于有了自己的房子。
　　（12）<u>儿时的</u>往事一件件浮现在眼前。
　　（13）我深深懂得人世间<u>也</u>有人情温暖。
　　（14）我们在沙滩上度过<u>美丽的</u>黄昏。

三、括号中的状语或定语可以出现在句中哪个位置上？需要加"的""地"的请加上

（1）汽车飞快地行驶起来。
（2）关于周未的安排学员们提出了很好的建议。

（3）你确实说得很有道理。
（4）我想给他打个电话。
（5）我根本无法相信这突如其来的消息。
（6）大家上车后请里边坐。
（7）妈妈一遍一遍（地）嘱咐道……
（8）你们应该有目的地进行调查。
（9）狂怒的大海掀起了惊天动地的巨浪。
（10）她总是那么满腔热忱地为顾客服务。

四、用括号中的词语把句子扩写成含有多项定语或状语的句子（注意"的""地"的正确使用）

（1）她是个具有青春活力的美丽动人的姑娘。
（2）岛上各类野生植物几乎都被动物吃光了。
（3）关于这个问题，我直接跟他们联系。/ 关于这个问题，我跟他们直接联系。
（4）我已经把你的想法跟大家说过了。
（5）一代有希望的年轻人终于出现了。
（6）他是一位知识很丰富、很有教学经验的老教师。
（7）他又在那张画上草草地写了几个字。
（8）孩子们都兴奋地向山头冲去。
（9）这里也流传下来一些带有血腥味的美好动人的爱情故事。
（10）去年，他们在这个广场上还举行了大规模的交谊舞晚会。

五、改病句

（1）那几件礼品价钱还可以。
（2）他高高的鼻梁，黑黑的头发，还有一双很有神的眼睛。
（3）我一定认真做好那件事。
（4）她有一个一岁半的女儿。
（5）我很高兴得到这样的好机会。
（6）来中国的第一天就发生了一件让我深受感动的事情。
（7）她每天都生活得快快乐乐的。
（8）对中国人来说，春节是最重要、最热闹的节日。/ 春节对中国人来说是最重要、最热闹的节日。
（9）听说她有两个上中学的孩子。

（10）过节的时候，他常常邀请我到他家做客。

（11）我们每天从早上 8 点到 12 点上课。

（12）她对我的家庭印象特别好。

（13）我们明天下午 1 点从这里出发。/ 明天下午 1 点我们从这里出发。

（14）她高兴地朝门外飞快地跑去。

（15）语文老师讲了一些感人的故事。

（16）那是他小时候生活过的地方。

（17）该书记载了我们公司多年来发展壮大的历史。

（18）那天中午，我吃到了好久没吃到的酱汤，高兴极了。

六、模仿例句，将下列句子扩展成含有多项状语和多项定语的句子

例：（1）我们参观了一座造型别致的、物种丰富的大型海洋馆。

（2）雨从昨晚到现在一直淅淅沥沥地下着。

七、用含有单项或多项定语或状语的语句描述下面两幅图（每幅图至少说两个句子）

例：左图：那位为女儿生病而担心焦虑的母亲一夜未睡地守护在女儿的床边。
这个发着高烧的女孩儿三天来一直躺在病床上。

右图：这位火冒三丈的老板在大声地训斥他的员工。
被老板训斥的员工吓得双腿一个劲儿地发抖。

第十单元　补充语

第二十六课　结果补语　趋向补语

练习一　把下面每组两个句子组织成一个带有结果补语的句子

（1）他把院子扫干净了。

（2）我看懂这篇文章了。

（3）我借到那本书了。

（4）树上的叶子掉光了。

（5）他的衣服全被雨淋湿了。

（6）他把米饭做硬了。

（7）他走错路了。

（8）他把嗓子喊哑了。

练习二　根据动词，填上适当的结果补语

切<u>碎</u>了　画<u>好</u>了　紧张<u>坏</u>了　洗<u>净</u>了　吓<u>跑</u>了　打扫<u>干净</u>了
贴<u>上</u>邮票　记<u>住</u>生词　找<u>到</u>钥匙　拆<u>下</u>零件　卖<u>掉</u>房子　得<u>到</u>机会

练习三　根据句义，填上适当的结果补语

（1）会　（2）满　（3）醉　（4）死　（5）丢　（6）住　（7）整齐/好
（8）到　（9）倒　（10）开　（11）死　（12）住　（13）完　（14）好　坏
（15）清楚　明白　好

练习四　改病句

（1）风这么大，把树都刮弯了。
（2）你看，这幅画挂偏了，你给正一正吧。
（3）这几个单词我练了好几遍了，都记住了。
（4）我们把大厅布置好了，你来看看行不行。
（5）你把我的名字写错了。
（6）吃完饭以后，我们又聊了很长时间。
（7）同学们把教室打扫干净了。/同学们打扫干净教室了。
（8）忽然，我听见有人叫我的名字，我就站住了。
（9）早上妈妈不到六点就把我叫醒了。
（10）我把铅笔都削尖了，准备考试。
（11）我没听清楚广播里的话。
（12）别着急，等他们问清楚了路再走。
（13）她的汉语水平提高得很快，现在都能听懂中文广播了。
（14）台风刮倒了许多树和房屋，造成了很大的损失。
（15）我看到（或"看见"）他们那么亲切、热情地帮助别人，深受感动。

练习五　用合适的结果补语形式说明或描述下图（至少说三个句子）

例：雨水把老大娘的衣服都淋湿了。　　大风把雨伞刮坏了。
　　老大娘使劲儿地抓住雨伞。　　　　大风差点儿把雨伞刮跑了。

练习六　选用合适的趋向动词做补语表述下面各图

1. 走上飞机　　2. 走下船来　　3. 放进书包里　　4. 抽出一张纸来
5. 走回宿舍　　6. 走过河去　　7. 小鸟飞出去了　　8. 太阳落下去了

练习七 把"来"或"去"放到下列句子合适的位置上

(1) 我看见他向我走<u>来</u>。
(2) 小男孩儿向远处的爷爷跑<u>去</u>。
(3) 看到大家都饿了,阿姨买<u>来</u>一些饺子请大家吃。
(4) 弟弟急匆匆地跑到我身边<u>来</u>,气喘吁吁地说……
(5) 政府给这个灾区运<u>来</u>很多急用物资。
(6) 她吃完饭就回学校<u>去</u>了。
(7) 老先生取<u>来</u>一份报纸看了起来。
(8) 小华给她的美国朋友寄<u>去</u>自己精心制作的生日卡片。

练习八 根据句义,判断哪一个义项符合句中趋向补语的意思

1. 上 (1) b (2) a (3) d (4) c (5) b (6) c
2. 下 (1) c (2) b (3) a (4) d (5) c (6) a

练习九 根据句义,判断哪一个义项符合句中趋向补语的意思

1. 上来 (1) b (2) a (3) b (4) c (5) b
2. 下来 (1) e (2) d (3) a (4) c (5) b (6) e (7) c (8) a

练习十 根据句义,选择合适的趋向动词填空

(1) 来 (2) 上 (3) 去 (4) 下 (5) 下去 (6) 下……去/下……来
(7) 下 (8) 下 (9) 下去 (10) 下来 (11) 下来 (12) 上
(13) 去 (14) 上 (15) 下去 (16) 下来 上

练习十一 根据句义,选择合适的趋向动词填空

(1) 进/出 (2) 回 (3) 出来 (4) 出 (5) 出来 (6) 出
(7) 回来 (8) 出

练习十二 根据句义,判断下列哪一个选项符合句中趋向补语的意思

(1) A (2) C (3) E (4) D (5) E (6) A (7) D (8) F (9) B

练习十三 根据句义,判断句中趋向补语"起来"的义项是哪一个

(1) b (2) d (3) a (4) c (5) f (6) d (7) b (8) c (9) e (10) f

练习十四 根据句义,选择合适的趋向动词填空

(1) 过……来 (2) 过 (3) 上 (4) 起来 (5) 起 (6) 上 (7) 过
(8) 起 (9) 起 (10) 起来 (11) 起来 (12) 过 (13) 上去 (14) 下去
(15) 上去 (16) 下 起 (17) 起……来 出来 (18) 下 起

练习十五　根据句义，选择"来/去"或包含"来/去"的趋向动词填空

（1）起来　（2）败下阵来　（3）起来　（4）起来　（5）过去
（6）下来　下去

练习十六　把括号中的趋向动词放到适当的位置上

（1）掏出手绢（出）　　（2）爬上山（上）　　（3）下山去（去）
（4）送来温暖（来）　　（5）放下包袱（下）　　（6）回日本去（去）
（7）谈起话来（起来）　（8）游过河去（过去）
（9）举起手来（起来）　（10）转过身来（过来）
（11）送回家去（回去）　（12）走进教室来（进来）
（13）爬上树去（上去）　（14）拿出信来（出来）
（15）还（huán）回图书馆去（回去）

练习十七　改病句

（1）她一步一步地向我走来。
（2）他快步走出门去。
（3）风一刮，尘土飞起老高。
（4）我又一次回到中国来，心情很激动。
（5）远处传来优美的歌声。
（6）我一起完头儿，大家就一起唱了起来。
（7）外面下雨了，快把衣服收进来！
（8）时间一分一秒地过去了，她还是处在昏迷中。
（9）他跑到河边，还是找不到张明。
（10）她的话给我带来了一线希望。
（11）你已经错了，不要再坚持下去了。
（12）我们坐下，愉快地聊起天儿来。
（13）来中国以后，妈妈经常给我寄包裹来。
（14）我走出车站，看见小王正快步向我走来。
（15）他要把这里所有的书都运到美国去。
（16）他看见我走进来，立刻从病床上坐起来，我赶快走过去扶住他。

练习十八　在下列句子中需要加趋向补语的地方加上趋向补语

（1）他从树上摘下一片树叶。
（2）我们迎来了今年的第一场春雨。
（3）她知道家里正需要钱，所以她把妈妈寄给她的钱又寄回家里了。

（4）早晨，天边现出了亮色，不一会儿，太阳就从地平线上跳了出来。

（5）她一个人在那里很孤单，我只能给她送去快乐，不能给她送去悲伤。

练习十九　请选用合适的趋向补语描述下图中的情景（至少说十个句子）

例：1. 妹妹的小辫子竖了起来。

美丽的蝴蝶飞了过来。

2. 马克抱着一个巨大的西瓜，摇摇晃晃走过来。

小明看见立刻跑了过去帮忙。

朋友们看见大西瓜和马克的样子，有的站了起来，有的大笑起来。

3. 他买来了一盘烤鸭。

他拿起烤鸭，大口大口地吃了起来。

4. 妹妹伤心得流下了眼泪。

妹妹伤心得哭了起来。

5. 他抬起头来看着蓝色的天空。

他看见一架飞机飞了过去（从头顶上飞过）。

6. 他一跃跳了起来，一下子就越过了横杆。

第二十七课　可能补语　程度补语　情态补语

练习一　判断句子正误

（1）A. ×　B. ✓　　（2）A. ✓　B. ×　　（3）A. ×　B. ✓

（4）A. ✓　B. ×　　（5）A. ✓　B. ×　　（6）A. ×　B. ✓

练习二　用适当的可能补语填空

（1）书柜太重了，两个人搬<u>不动</u>。

（2）屋子太小了，住<u>不下</u>这么多人。

（3）A：老师的话你都听得<u>懂</u>吗？

B：听得懂。

（4）她的病很严重，恐怕治<u>不好</u>了。

（5）山太高了，孩子们实在爬<u>不上去</u>了。

（6）人太多了，挤<u>不上去 / 不进去</u>了。

练习三　判断句子正误

（1）A. ✓　B. ×　　（2）A. ×　B. ✓　　（3）A. ✓　B. ×

（4）A. ✓　B. ×　　（5）A. ×　B. ✓　　（6）A. ✓　B. ×

练习四　用适当的可能补语填空

（1）他的电话号码你还记<u>得</u>吗？

（2）车被撞坏了，开<u>不了</u>了。

（3）那家饭店太宰人了，去<u>不得</u>。

（4）糟了，脚崴了，走<u>不了</u>了。

（5）下班的时候，路上的车太多了，大意<u>不得</u>。

（6）你比小王大<u>不了</u>几岁。

（7）这段话你用汉语说<u>得了</u>吗？

（8）你连十分钟的路都走<u>不了</u>，怎么爬八达岭长城呀？

练习五　改病句

（1）B：没写完。

（2）东西太多了，我拿不了。

（3）我办得了这件事。

（4）都两点了，怎么一个人也没来？

（5）这箱子不重，你看，我提起来了。

（6）这件事太为难他了，我开不了口。

（7）外面太冷了，穿大衣也热不了。

（8）他们正在上课，你不能进教室去。

（9）屋里太暗了，没有闪光灯，照不了相了。

（10）你连一块石头都搬不动，怎么能搬走山呢？

练习六　将下列句子变换成带有可能补语的句子

（1）雾太大了，我看不清楚航标灯的位置。

（2）买票的人太多了，恐怕买不到票了。

（3）天气不好，今天的郊游去不了了。

（4）那家宾馆，一般的人都住得起，不会太贵的。

（5）刚跑完步，喝不得凉水。

（6）病刚好，需要好好休息，劳累不得。

练习七　用适当的程度补语填空

例：辣<u>死了</u>　　闷<u>死了</u>　　闲<u>得慌</u>　　伤心<u>透了</u>　　舒服<u>得很</u>

挤<u>得不行</u>　　馋<u>得要命</u>　　冻<u>坏了</u>　　精神<u>极了</u>　　难看<u>死了</u>

懒<u>得要死</u>　　棒<u>极了</u>　　差<u>远了</u>　　淘气<u>得要命</u>　　清楚<u>多了</u>

练习八　用适当的情态补语填空（注意"得"的正确使用）

例：（1）淋得像个落汤鸡　（2）水清极了　　　（3）她感动得要命
　　（4）口渴得厉害　　　（5）脸晒得很黑　　（6）妈妈气坏了
　　（7）信写得很长　　　（8）想家想得不行　（9）听音乐听得入了迷
　　（10）我愁死了。　　　（11）太阳晃得睁不开眼。
　　（12）累（得我）一步也走不动了。　（13）这趟车人多得不得了。
　　（14）把孩子们高兴得欢呼起来。

练习九　改病句

（1）昨天晚上，他睡得好极了。
（2）在桂林的那几天，我过得最愉快。
（3）我比王师傅可差远了。
（4）你来得太晚了，他着急了，先走了。
（5）沙发很软，舒服极了。
（6）孩子们把屋子弄得乱七八糟的。
（7）她作业写得很认真、很整齐。
（8）他汉语说得跟中国人差不多。/他汉语说得不比中国人差。
（9）他没把汽车洗干净。
（10）我朋友听到这个消息，高兴得一夜没睡着觉。
（11）把老板气坏了。
（12）雨下得越来越大了，我们等一会儿再走吧。

练习十　用可能补语、情态补语和程度补语句描述下列各图（至少说六个句子）

例：　上图：两只天鹅都飞得很高。
　　　　　　天鹅妈妈飞得更快，也飞得更高。
　　　　　　小天鹅飞累了，快跟不上妈妈了。
　　左下图：长颈鹿吃得到树上的叶子。
　　　　　　梅花鹿够不到树上的叶子，很着急。
　　右下图：长颈鹿把够到的树叶送给梅花鹿，梅花鹿开心得笑了。

第二十八课　数量补语　介词短语补语

练习一　在适当的位置上填上适当的动量词语

（1）我朋友已经来我家<u>三次</u>了。
（2）我们周末要赛<u>两场</u>篮球。
（3）这水很甜，你喝<u>一口</u>试试。
（4）对于选谁，我们又交换了<u>一次</u>意见。
（5）今年很冷，已经下了<u>三场</u>大雪了。
（6）这篇课文我才看了<u>一遍</u>就记住了。
（7）你在这儿等他们<u>一下</u>。
（8）不经历<u>几次</u>挫折，你是不会长大的。
（9）他的拳击技术很差，连击蓝衣运动员<u>三拳</u>，都没击中。
（10）房间钥匙不见了，小王帮我找了<u>几遍</u>也没找到。

练习二　判断句子正误

（1）A.× B.✓ C.×　（2）A.✓ B.× C.×　（3）A.× B.✓
（4）A.✓ B.×　　　（5）A.✓ B.×　　　（6）A.× B.✓

练习三　将下列句子改写成带有数量补语的句子

（1）你请朋友帮你买一下票吧。
（2）他以前去过两次中国。/ 他以前去过中国两次。
（3）狗朝他腿上咬了一口。
（4）这个问题至少问过老师三次。
（5）她照顾了我一年多。
（6）他来这儿一个多月了。
（7）这里的房费比别处便宜两美元。
（8）今年的游客比去年少了1000人。/ 今年的游客比去年减少了一半。

练习四　改病句

（1）我每天用汉语跟朋友交谈一个半小时。
（2）这个房间比那个房间大五平方米。
（3）我打算在这儿学习一年到两年。
（4）爸爸生气地瞪了我一眼。
（5）李明敲了几下门，屋里没人答应。
（6）阿姨每星期来我房间打扫一次。
（7）老板狠狠地训了他一顿。
（8）她很热情，我们用汉语聊了半天。

练习五　用适当的介词短语做补语填空

例：（1）我把父母的嘱托都牢牢地记<u>在心里</u>。

（2）清冷的月光洒落<u>在院子里</u>。

（3）这条小路通<u>向湖边</u>。

（4）景德镇瓷器驰名<u>于海内外</u>。

（5）他出生<u>在东北的一个小城市</u>。

（6）这条消息摘<u>自《中国青年报》</u>。

（7）最近他正忙<u>于写论文</u>。

（8）我们的感谢是真诚的，是发<u>自心底的</u>。

（9）文章的字数不能少<u>于1000字</u>。

（10）我一直把他送<u>到大门外</u>才回来。

练习六　将下列句子变换成带有介词短语做补语的句子

（1）这句话引自鲁迅小说。

（2）这些信都将寄往美国。

（3）文学作品都应该来自生活，但又高于生活。

（4）他正坐在候车厅里等火车呢。

（5）她高兴地叫着扑向妈妈。

（6）她的感谢是发自内心的。

第十单元综合练习

一、判断句子正误

（1）A.× 　B.√ 　（2）A.× 　B.√ 　（3）A.√ 　B.× 　（4）A.× 　B.√

（5）A.× 　B.√ 　（6）A.√ 　B.× 　（7）A.× 　B.√ 　（8）A.√ 　B.×

二、根据句义，选择词语的义项

1.上：（1）c　（2）a　　2.下来：（3）b　（4）d　　3.起来：（5）b　（6）d

三、把括号中的趋向动词填到合适的位置上

（1）伸<u>出</u>手　　　（2）走<u>下</u>楼梯　　　（3）拿<u>出</u>本事<u>来</u>

（4）爬<u>上</u>山<u>去</u>　（5）转<u>过</u>头<u>来</u>　　（6）走进来一个人／走进一个人来

四、按要求填空

1.结果补语

（1）她不一会儿就把屋子收拾<u>整齐</u>了。

（2）打开录音机，咱们听会儿音乐吧。

（3）把这个歹徒捆住，不要让他跑了。

（4）大家听清楚要求，记住操作方法，一会儿好操作。

2. 趋向补语

（5）有人在打雪仗，欢快的笑声、叫声远远地传过来。

（6）衣服都干了，收起来吧。

（7）我走进游泳馆时，正好看到她从十米高台上做着优美的动作跳下来。

（8）我亲眼看到这里的农民们一天天地富裕起来。

（9）丽莎拿起一副眼镜戴上试了试。

3. 程度补语

（10）她第一次上台表演，紧张得不得了。

（11）今天真是糟透了，什么事也没办成。

（12）今天的考试难极了。

（13）人家多棒啊！我比他可差远了。

4. 情态补语

（14）肚子疼得受不了了。

（15）她按要求做得又认真、又仔细。

（16）大夫检查得很全面。

（17）天空蓝蓝的，雪白白的，这里的一切都美极了。

5. 数量补语

（18）太累了，我们在这儿坐一会儿，休息一下吧。

（19）为了买这本书，已经往书店跑五次了，总算买到了。

（20）就这一点儿作业，他竟做了一个多小时。

（21）晚会已经开始半天了，你们怎么才来？

6. 可能补语

（22）他才学了一个月的汉语，怎么听得懂呢？

（23）他住的地方你还记得吗？

（24）这个包太小了，装不下这么多东西。

（25）连一碗粥你都吃不了，身体怎么受得住！

7. 介词短语补语

（26）我靠在床头看书，阳光照在身上，暖暖的。

（27）他毕业于清华大学。

(28)我们都来自美国。
(29)列车开往北京。
(30)他将自己辛勤的汗水洒在走向成功的道路上。

五、根据句义，将下列句子改写成带有补语的句子

(1)我已经把那件事问清楚了。
(2)苹果已经变红了。
(3)他正向我走来。
(4)她眼睛都哭红了。
(5)我最近忙得连聊天儿的时间都没有。
(6)为了了解中国文化源流，我去了五次敦煌。
(7)那是一家比较高级的宾馆，估计条件差不了。
(8)这件事太复杂了，孩子又小，说不清楚。
(9)她发自肺腑的歌声感动了听众。

六、改病句

(1)孩子们在院子里堆起雪人来。
(2)车开得太快了，出了交通事故。
(3)今天的中国发展得真快。
(4)我跟她很谈得来，慢慢地就喜欢上她了。
(5)来，你给大家说一下用法。
(6)那天，我给你打了好几次电话才打通。
(7)他话说得很慢，解释得也很清楚，我很容易就听懂了。
(8)我的话音刚落，大家就欢呼起来了。
(9)她的话起初我听不太懂。
(10)这里的房租比别处便宜10%。
(11)我们汉语水平较低，心里虽然有很多话，却说不出来。
(12)机器坏了，印不了材料了。
(13)我跑在了前头，很有信心得第一。
(14)横幅上的字我看不太清楚。
(15)直到第二天中午，我才看到了有关地震的新闻。
(16)下午我有事，不能去商店买东西了。
(17)他倒在了草地上，高兴地打着滚儿。
(18)那种衣服只有大号的了，我穿不了，所以没买。

第十一单元　句子的分类及句子的语气表达

第二十九课　陈述句、祈使句及其语气表达

练习一　选择适当的语气助词填空

（1）的　（2）呗　（3）嘛　（4）罢了　（5）呢　（6）吧
（7）A. 呢　B. 呗　（8）吧　（9）呗　呢　（10）啊

练习二　把下列句子变成双重否定句

（1）这样做不是不可以。
（2）你不能不听父母的话。
（3）我不能不打败他。
（4）这个地方没有谁不知道。
（5）我是班长，不能不为大家的利益着想。
（6）我不能不说说他了。

练习三　选择适当的语气助词填空

（1）了　吧　（2）吧　（3）吧　（4）了　（5）吧　（6）啊

练习四　把下列句子变成命令句或禁止句

（1）你出去！　（2）不许说话！　（3）这里禁止拍照！　（4）快跑！
（5）让开！　（6）禁止钓鱼！　（7）住嘴！你越说越不像话了。
（8）上班不许迟到！

练习五　根据句中"我"想表达的意思，写出相应的请求句

（1）你给我解释一下吧。
（2）小王，词典借给我用用，好吗？
（3）你陪我去散散步吧。
（4）问一下，去火车站怎么走？
（5）爸爸，你就同意我去旅游吧。
（6）你认真听听大家的意见吧。
（7）我们在这儿坐一会儿吧。
（8）老师，您帮我练练发音，好吗？

练习六　改病句

（1）老师，我写了一篇作文，您给我看看，好吗？

(2) 我买了两张电影票，咱们一起去看吧。

(3) 这么晚了，别写了！

(4) 什么时候去，我什么时候给你打电话吧。

(5) 你到底来不来，快决定吧。

(6) 人家都等急了，你还不赶快说！

(7) 那家商店的东西太贵了。

(8) 他已经很不容易了，不要再为难他了。

(9) 这是无烟车厢，这里禁止吸烟！

(10) 这些老人都是为了锻炼身体才来爬山的。

(11) 他不是不会做，只是不想做罢了。

(12) 走就走吧，人家不想在这儿，你也不能强留吧。

第三十课 疑问句、感叹句及其语气表达

练习一 判断下列句子是哪种疑问句

(1) D   (2) A   (3) C   (4) B   (5) B   (6) D

练习二 针对句中带点的部分提问并回答

(1) 他正在教小李干什么？——开车。

(2) 小朋友们怎样走来了？——唱着歌走来了。

(3) 赛场上，观众们的情绪怎么样？——热烈极了。

(4) 她从哪儿挤了出来？——从人群中。

(5) 他什么时候悄悄地走了？——趁我不注意的时候。

(6) 他们怎样踏上了征途？——有的步行，有的骑马。

练习三 用反问句改写下面的句子

(1) 他怎么会不去做呢？

(2) 难道还有他不知道的？

(3) 你大老远来看我，我怎么能让你走呢？

(4) 朋友有困难怎么能不帮助呢？

(5) 他连自己都不会照顾，怎么会去照顾别人呢？

(6) 今天是你们俩大喜的日子，我哪能不来祝贺呢？

(7) 他跑的速度太快了，我哪追得上他啊？

(8) 这么简单的活儿，谁不会干啊？

练习四　把下列句子改用测度语气进行表达

（1）她不高兴了吧?
（2）他考得不太好吧?
（3）小李没有开车来，是汽车坏了吧?
（4）从来没有男生找过她，她没有男朋友吧?
（5）她妈妈住院了，她还是那么高高兴兴的，她可能还不知道吧。

练习五　判断下列句子属于哪一种类型的疑问句

（1）B　（2）C　（3）A　（4）C　（5）B　（6）C　（7）A　（8）C

练习六　选择适当的语气助词填空

（1）吧　　（2）啊　　（3）啦　　（4）呢　呢　（5）了
（6）吗　　（7）啊　　（8）啦　　（9）啊　　（10）啊　吗

练习七　选择适当的语气助词填空

（1）么　吧　（2）吧　啊　（3）么　啦　（4）吧　吧　（5）呢　（6）啊　啊

练习八　改病句

（1）他一直一个人生活，真不容易呀。
（2）最后一班车已经过去了，我怎么办呢?
（3）这海滩躺上去多舒服啊!
（4）是你的信呢，还是你朋友的信呢?
（5）这孩子太聪明了!
（6）你是不是觉得这儿很宽敞呢?
（7）难道你不相信我吗?
（8）他的脾气才怪呢!
（9）他的汉字写得可漂亮了!
（10）你大概很不习惯这种场合吧?
（11）她是怕你担心，你难道不懂吗?
（12）要是明天下雨呢，我们还去吗?
（13）这里的风景太美了!
（14）屋子里乱极了，废纸啊，果皮啊，鞋子啊，袜子啊，扔了一地。

第十一单元综合练习

一、判断疑问句类型

1.（1）C　（2）B　（3）A　　2.（4）C　（5）B　（6）A

二、选择适当的语气助词填空

（1）啦（2）吧　（3）呢　（4）的（5）吗（6）么　吧　（7）罢了
（8）么（9）吧　（10）呢（11）了　了　　（12）呗　了（13）罢了
（14）啊

三、针对句中变色的部分提问并回答

（1）谁来找过你了？——我的一个朋友。

（2）小梅今天早上几点起的床？——五点就起床了。

（3）他查得怎么样？查出错儿了吗？——他查得太粗心了，连那么明显的错儿都没查出来。

（4）他汉语说得那么好是什么原因？——是他努力练习的结果。

四、改病句

（1）天已经这么黑了，别走了。

（2）老师，我身体有些不舒服，不能上课了，想请一下假，可以吗？

（3）这点儿小事，我才不会往心里去呢！

（4）你怎么这么不了解他啊？

（5）他这个人吧，就是那样。

（6）你一定不会拒绝他吧？/你一定不要拒绝他啊。

（7）我们这个周末搞，还是下个周末搞呢？

（8）人太多了，我们走吧。

（9）你计划好了没有？

（10）他的态度怎么这么差啊！

（11）他一定不会放过你的。

（12）不教就不教呗，我们自己学呗。

五、按要求改写句子

（1）请您帮我拍一下照片，可以吗？

（2）考试期间，禁止交谈。

（3）时间过得真快啊！/时间过得太快了！

（4）他喜欢听音乐呢，还是喜欢聊天儿呢？

（5）她是李明的女朋友吧？

（6）我不能不说服她。

六、将下列句子改用反问句表达

（1）明知今天下雨，怎么能不带雨伞呢？
（2）主动帮助同学解决困难，有什么不对吗？
（3）他不会，你就应该教给他，怎么可以看着不管呢？
（4）你们取得这么大的成绩，难道不应该得到荣誉吗？

第十二单元　特殊句式

第三十一课　双宾语句　能愿动词句　主谓谓语句

练习一　用下列词语造出完整的双宾语句

例：（1）老师教了我们一支中文歌。
　　（2）班长告诉大家一件事。
　　（3）我想麻烦你一件事。
　　（4）红队赢了蓝队两场球。
　　（5）我想请教老师一个问题。

练习二　把下列句子变换成双宾语句

（1）她正在喂孩子牛奶。
（2）刚才我赢了他两盘棋。
（3）老师告诉小王明天有考试。
（4）妈妈夸他好孩子。
（5）老师要求我们好好学习，天天向上。

练习三　改病句

（1）我问小李在哪儿上车。
（2）管理人员罚了他五元钱。
（3）他送了我一支笔。
（4）我告诉大家一个喜讯。
（5）我能问你一件事吗？

练习四　用下列词语造出完整的能愿动词句

例：（1）今天可能晚一点儿。
　　（2）经理想给学校捐赠一些钱。
　　（3）飞机应该到达上海了吧？
　　（4）领导很快会给你答复的。
　　（5）你能不能向老师说明一下情况？
　　（6）我情愿受累也要帮他。

练习五　选择能愿动词填空

（1）B　　（2）A　A　　（3）B　　（4）B　A　　（5）C
（6）A　　（7）B　　（8）A　C　　（9）A　　（10）A　A

练习六　把下列句子变换成能愿动词句

（1）你不能在路口停车。
（2）我相信，他会跟我说实话的。
（3）屋里正开会呢，任何人都不能进去。
（4）这里有病人，不能大声说话。
（5）您说得对，我会牢牢记在心里的。
（6）她一次连续跳绳能跳300个。
（7）张队长是工程的主要负责人，他必须来参加会。
（8）她很会剪纸，剪得又细致又好看。
（9）妈妈眼睛治好了，能看见东西了。

练习七　改病句

（1）我应该帮助他解决问题。
（2）他愿（意）不愿意去那家公司工作？
（3）今天晚上不能干别的事，只能学习。
（4）他想去美国学习。
（5）B：该来了。
（6）这个句子这样改也可以。
（7）哟，我的钱不够了，不能买这件衣服了。
（8）你看他多能说，说了一个多小时了，也不嫌累。
（9）他的耳朵被那位名医治好了，能听见了。
（10）这个箱子能装下这些书。
（11）你不应该答应他。
（12）最近我身体不太好，不能跟你们一起去北京了。

练习八　把下列句子变换成主谓谓语句

（1）他身材很高大，眼睛也很有神。
（2）那件事谁都不知道。
（3）他学习很努力，工作也很积极。
（4）中国经济发展很迅速。
（5）马克最近进步很大。
（6）小王这次考试考得最好。

练习九　用主谓谓语句来描写、说明下列各图（至少说五个句子）

例：上左图：这里鲜花很多。　　这个女孩子头发很长。

上右图：这只烤鸭味道好极了。　　这个人吃相难看。
下图：王老师力气很大。　　王老师手很有力气。

练习十　根据本课学习的句式，用合适的词语填空

例：（1）你　（2）告诉　（3）一个手机　（4）注意安全　（5）可以
（6）想　（7）应该　（8）要　（9）能　（10）能
（11）鼻子高高的　眼睛大大的　（12）态度热情　服务周到

第三十二课　连谓句　兼语句　存现句

练习一　下列连谓句前后动词间表示的是哪一种意义关系？

（1）C　（2）A　（3）B　（4）D　（5）B　（6）C　（7）A　（8）E　（9）B

练习二　将下列句子变换成连谓句

（1）他来北京游览八达岭。
（2）我花了十几万买了一辆汽车。
（3）我有件事要跟老师商量。
（4）同学们下课陆续走出教室。
（5）我去商店买了些东西。
（6）妹妹紧紧地拉住我的手不放。

练习三　根据句子内容填空，构成连谓句

例：（1）大家听了他的事迹感动得都哭了。
（2）我们去桂林领略了漓江的风光。
（3）客厅里有位客人在等你呢。
（4）球迷们一大早就来到售票口排队买球票。
（5）大家听到明明失踪的消息都帮忙去找。
（6）你有权利表达不同意见。

练习四　判断下列句中的"叫""让"是哪一种意义

1.叫　（1）a　（2）c　（3）d　（4）b　（5）d　（6）c
2.让　（7）c　（8）b　（9）d　（10）c　（11）a　（12）d

练习五　根据句子内容，选择合适的词语填空，构成兼语句

例：（1）他请我<u>发表</u>一下看法。
　　（2）妈妈<u>不让</u>我那么晚回家。
　　（3）我们组<u>派</u>他去云南考察。
　　（4）你怎么总<u>让</u>妈妈帮你洗衣服？
　　（5）不要<u>强迫</u>别人接受自己的意见。

练习六　用下列词语造出完整的兼语句

例：（1）这件事使我们感到不安。
　　（2）爸爸叫孩子们等一等他。
　　（3）玛丽让我帮她去邮局寄一封信。
　　（4）学校组织同学们去农村考察。
　　（5）校长让王教授代表学校致贺词。
　　（6）房东催他们交房租了。
　　（7）大家推选李明当队长。
　　（8）他们逼小李说出实情。

练习七　将下列句子变换成存现句

（1）蓝蓝的天空上飘着几朵白云。
（2）远处走过来一个人。
（3）刚才走了一个人，现在又来了一个人。
（4）桌子上摆了一大堆文件和书。
（5）天安门广场上矗立着人民英雄纪念碑。

练习八　完成下列存现句

例：（1）村口<u>走来一个人</u>。
　　（2）<u>窗外</u>飞来一只小鸟。
　　（3）车厢<u>里</u>坐满了乘客。
　　（4）花坛里盛开着各种各样美丽的鲜花。
　　（5）院子里种着<u>两棵葡萄</u>。
　　（6）<u>阅览室里</u>增加了<u>很多</u>刊物。

练习九　改病句

（1）她有两个孩子上中学。
（2）我下决心去中国留学。
（3）他走着去了学校。
（4）我们选他当班长。
（5）听到敲门声，我赶快走过去开门。
（6）他去图书馆看书。
（7）今天天气不好，你不要出去。
（8）你应该教育他学会生活。
（9）这项工作能使他受到锻炼。
（10）过节的时候，他常常邀请我去他家吃饭。

（11）我能短时间内就让他会说简单的汉语。
（12）桌子上放着一个生日大蛋糕。
（13）屋子里住着一位老太太。
（14）上个月发生了一起坠机事件。
（15）会议室里坐着一些外国朋友。
（16）食堂有各种各样的炒菜，很好吃。
（17）那天，天津站还出了一件麻烦事。
（18）草坪上有很多孩子在做游戏。

第三十三课 "把"字句 "被"字句 "连"字句

练习一 补出动词后必要的内容

例：把车开<u>走</u>

把湿衣服晾<u>干了</u>
把书买<u>回来了</u>
把钱数<u>了一遍</u>
把衣服弄<u>脏了</u>
把孩子吓<u>哭了</u>
把错句都改<u>过来</u>
把大桥架<u>起来了</u>
把他们俩分<u>开了</u>
把刘师傅气<u>坏了</u>
把杂志<u>还给小王了</u>
把工作<u>安排好了</u>

练习二 根据所给部分，用"把"字句补出句子后边的内容

例：（1）屋子太乱了，你们<u>把屋子收拾一下吧</u>。
（2）我太累了，碗还没洗呢，<u>你把碗洗洗吧</u>。
（3）他太不像话了，老师把他狠狠地<u>批评了一顿</u>。
（4）列车员开始查票了，请各位旅客把票<u>拿出来</u>。
（5）连续两天没睡觉，把他的眼睛都<u>熬红了</u>。
（6）试验成功了，把大家<u>高兴得跳了起来</u>。
（7）这次走夜路把我吓坏了，以后再也不敢走夜路了。
（8）找不到工作，<u>把他愁坏了</u>。

练习三 下列句子哪些可以变换成"把"字句？可以的请变换成"把"字句

除（3）、（7）外，其他都可以变换成"把"字句。

（1）他把头抬了起来，眼里充满了自信。
（2）我把这一圈走完就整整十圈了。
（4）走的时候，我看见小王把窗户关上了。
（5）他把我这篇作文改得好极了。

87

（6）老师话音刚落，我就把手高高地举了起来。

（8）他从来没有把这件事放在心上。

（9）我看见小明把杯子摔碎了。

（10）大家把他选为班长。

练习四　根据句子内容，用"把"字句表述下列句子

（1）屋里太冷了，小李，你把空调打开吧。

（2）车把路堵死了，根本开不了了。

（3）晚霞把整个西边的天空都染红了。

（4）儿子，把桌上的药给妈妈拿来。

（5）快打上伞吧，别把衣服淋湿了。

（6）这台电脑我正用着呢，你们不要把它搬走啊。

（7）他没把门锁上就走了。

（8）旁边屋子大，把这张桌子放到那儿吧。

（9）我把照相机里的照片拷到了电脑里。

（10）不要把自己的痛苦传给别人。

（11）我太忙了，你把我妹妹送到机场吧。

（12）请把这个 Word 文件改成 PDF 文件。

练习五　请用"把"字句描述下面几幅图（至少说六个句子）

例：1. 妈妈把衣服洗干净了。

2. 小狗儿把妹妹吓哭了。

3. 经理把他批评了一顿。/
小王把经理气坏了。

4. 小狗儿把她的鞋叼走了。

5. 太阳把她的皮肤晒黑了。

练习六　把下列句子变换成"被"字句

（1）我的自行车被小强骑走了。

（2）他的眼睛被别人蒙上了。

（3）她的病被医生治好了。

（4）他的要求被领导拒绝了。

（5）他被雷声从梦中惊醒。

（6）石级小路被雨水洗刷得分外明净。

（7）那本书被我从图书馆里借了出来。

（8）地图被他挂在了墙上。

练习七　本课练习三的句子哪些可以变换成"被"字句？可以的请变换成"被"字句

（4）、（5）、（8）、（9）、（10）句以变换成"被"字句。

（4）走的时候，我看见窗户被小王关上了。

（5）我这篇作文被他改得好极了。

（8）这件事从来没有被他放在心上。

（9）我看见杯子被小明摔碎了。

（10）他被大家选为班长。

练习八　用"被"字句完成以下句子

（1）汽车被人刮了一道划痕，他很恼火。
（2）夜晚路很黑，她一个人走，被吓坏了。
（3）钱包被小偷偷去了，没有钱坐车回家了。
（4）刚穿的新衣服就被划了个大口子，她好心疼啊。
（5）工作没做好，被组长批评了一顿。
（6）地上很湿，他不小心被滑倒了。

练习九　请用"被"字句描述本课练习五中几幅图的内容（至少说五个句子）

例：1. 衣服被妈妈洗干净了。
2. 妹妹被小狗吓哭了。
3. 小王被经理骂了一顿。/
经理被小王气坏了。
4. 她的鞋被小狗叼走了。
5. 她被太阳晒黑了。

练习十　下面几个"连"字句有没有问题？

（1）错。"连蚂蚁都保全性命，何况人呢？"
（2）错。原句：这里的土地很宝贵，连山上盖上了楼房。改为："……连山上也/都盖上了楼房。"
（3）错。"……连妈妈的样子都快忘记了。"
（4）错。"……连中国的电视剧都没看过。"
（5）不该用。

练习十一　带"·"的部分为强调部分。请用"连"字句表述下列句子

（1）他连鲁迅是谁都不知道。
（2）连老师都参加了晚会。
（3）杭州我连去也没去过。
（4）这件事他连考虑都没考虑过。
（5）他连一封信也没写过。
（6）整个假期他连一天也没在家里待过。
（7）她连招呼都顾不上打，就跑下楼去了。
（8）他连跟同学都很少说话。

练习十二　用"连"字句完成句子

例：（1）李明连自行车也没有，更不用说汽车了。
（2）你连一天学也没上过，怎么能会呢？

(3) 他连坐也没坐一下就走了。
(4) 连他住在哪里我都不知道。
(5) 整个假期王老师连一天也没休息。
(6) 不用说你不了解我，就连我自己都不了解我自己。
(7) 我睡着了，连你什么时候走的也不知道。
(8) 从昨天到今天，他连一分钟的觉也没睡。

练习十三　根据句义，用"连"字句表达下列句子

(1) 他身体特别好，这几年连感冒都没得过。
(2) 小王是小李的好朋友，但连他也不知道小李结婚了。
(3) 他不像个学生，连几点上课都不知道。
(4) 这支足球队太差了，五场比赛连一个球也没进。
(5) 他总是欺负人，在家里连他弟弟都欺负。
(6) 老张从来都是支持我的，可是昨天连他也反对我，我很伤心。
(7) 报到时，他们连我名字也没有问就发给我登记表了。
(8) 他学了两年汉语了，但会写的汉字连五十个也不到。
(9) 小刘从来不大笑，昨天看电影时，却笑得连肚子都疼了。

练习十四　用"连"字句造句，要求符合下列各句的内容

例：(1) 莎莎汉语特别好，连中文广播都听得懂。
(2) 爸爸工作特别忙，连休息日都难得休息。
(3) 小王特别懒，连自己的袜子都让妈妈洗。
(4) 马克对这里太熟悉了，连一些小街道的名字都知道。
(5) 他来中国后只在天津生活，连离天津最近的北京也没去过。
(6) 他是中文系的学生，却连《红楼梦》也没有读过。

第十二单元综合练习

一、用本单元学习的句式完成句子

(1) 墙上挂了一幅山水画。
(2) 妈妈紧紧地抱着我不肯放开。
(3) 她眼睛红红的，好像刚哭过。
(4) 我想请教您一个问题。
(5) 寒假的时候，你想组织旅游活动吗？
(6) 想了半天，连一个字也没有写出来。

（7）她不会养鱼，连鱼喜欢吃什么都不知道。

（8）所有的人都对他失望了，连他父母都对他失望了。

二、按要求变换表达方式

（1）他想请教林老师一个问题。

（2）她来医院探望病人。

（3）他头脑很清楚，意志很顽强，一定能干成大事。

（4）我让他赶快去交学费。

三、改病句

（1）他把汽车停在楼下。

（2）我把自己一路上的感受写信告诉给我的朋友。

（3）他们不但唱了歌，还跳了舞。

（4）我很快就习惯了这里的生活。

（5）通过在中国这几个月的生活，我已经感觉到了这一点。

（6）他头上出了好多汗。

（7）他把这些书还给老师了。

（8）我们把这个问题研究一下吧。

（9）售票小姐还没来，他取不了票了。

（10）我被长城的雄伟感动了。

四、用下列词语按要求造句

例：（1）我走着去书店。

（2）我送女朋友一件生日礼物。

（3）他一个人去那儿使他父母很不放心。

（4）集邮册里夹着很多邮票。

（5）重症病房不能进入。

（9）这两个问题终于被解决了。

（10）美丽的油画把大家吸引住了。

（5）他身边围着一群孩子。

（6）她很会做菜。

（7）她把衣服晾在了绳子上。

（8）他们没有被困难吓倒。

（9）我兜里连一分钱也没有。

（11）风把风筝刮坏了。／风筝被风刮坏了。

（12）这种地毯卖得很快。

（13）都大学生了，连信都不会写。

（14）他连亲兄弟都出卖了，普通朋友又算什么！

（15）她时间抓得很紧，连一天也不肯休息。

（16）困难终于被克服了。

（17）我来中国后每天都吃水果。

（18）他把帽子戴在头上。

（19）他陪我参观了一下他们学校。

（20）那个地方他去游览过，觉得很好。

（6）夜空中星星眨着眼睛，月亮在微微笑。

（7）这件事把小王气坏了。

（8）他不好好工作，被公司开除了。

（9）他忙得连吃饭都忘记了。

第十三单元　复句及其关联词语

第三十四课　复句的特点　联合复句

练习一　判断下列句子是单句还是复句

（1）单句　（2）复句　（3）单句　（4）单句　（5）复句　（6）复句

练习二　用"一边……一边……"和下列词语构成完整的句子

例：（1）她一边说，一边笑，大家听得也很开心。

（2）工厂的技术员一边观察生产情况，一边记录相关的数据。

（3）李教授一边讲解，一边在黑板上演示，同学们听得非常认真。

（4）有些国家的法律规定不许一边开车一边打手机。

练习三　根据句义，选择下列关联词语构句

（1）兴高采烈的人们一边跳舞，一边唱歌，热闹极了。

（2）兴高采烈的人们又唱歌，又跳舞，热闹极了。

（3）姑娘们也跳起了舞，小伙子们也跳起了舞，老人们也跳起了舞，热闹极了。

练习四　根据句义，选择关联词语填空

（1）D　（2）B　（3）C　（4）C　（5）A　（6）B　（7）A　（8）D

练习五　判断句子正误，错误的请改正

（1）×　他在运动场上又跳又跑。

（2）×　她是一位温柔而贤惠的好妻子。

（3）×　风筝在空中一边飞，一边舞，很美。

（4）√

（5）×　他一直在那儿又吃又喝。

（6）×　孩子们一边划船，一边做游戏。

（7）×　这部电影很有意义，情节也很吸引人。

（8）×　大家你也想说，他也想说，踊跃极了。

练习六　根据句义，选择词语填空

（1）A　C　（2）A　（3）B　（4）C　（5）B　（6）A　（7）C　（8）B/C

练习七　根据句义，选择"或者……或者……"或"是……还是……"填空

（1）是……还是……　　（2）或者……或者……　　（3）是……还是……

（4）是……还是……　　（5）或者……或者……

练习八　根据句义，选择"或者"句或"还是"句构句

（1）我也不清楚他是姓王还是姓李。

（2）你或者自己做，或者请别人帮你做，反正今天必须做完。

（3）我是跟他结交朋友，还是跟他对立到底？

（4）大学毕业以后，我或者参加工作，或者继续读书。

（5）今天下午有两场比赛，你是看篮球比赛，还是看足球比赛？

（6）晚上小林、小王过生日，我们或者在小林的房间，或者在小王的房间，给他们搞个生日晚会。

练习九　根据句义，选择"不是……就是……"或"不是……而是……"填空

（1）不是……就是……　　（2）不是……就是……　　（3）不是……而是……

（4）不是……就是……　　（5）不是……而是……

练习十　根据句义，选择"与其……不如……"或"宁可……也/（决）不……"填空

（1）宁可……也……　　（2）与其……不如……　　（3）宁可……也……

（4）宁可……也……　　（5）与其……不如……　　（6）与其……不如……

练习十一　根据句义，选择合适的表递进关系的关联词语填空

（1）不但没有……反而……　　（2）不但……而且……

（3）不仅不……反而……　　（4）何况　　（5）不仅……而且……

（6）不仅不……反而……　　（7）不但……而且……

练习十二　根据所给词语，造出完整的补释关系复句

例：（1）新来的大学生很多，有的学经济，有的学管理，有的学法律。

（2）刚才有人打电话来，那人好像是她的男朋友。

（3）李白也好，杜甫也好，白居易也好，他们都是我喜欢的唐代诗人。

（4）他有一个习惯，那就是紧张时会搓手。

练习十三　用适当的关联词语，将下列句子改写成联合关系的复句

（1）她一穿衣服就习惯地照照镜子。

（2）或者你去，或者我去，或者他去，去一个就行。

（3）是先读基础书呢，还是先读专业书呢？

（4）她不但把房子借给了我，还主动照顾我的生活。

（5）不懂的人很多，不光我不懂，他不懂，还有许多人也不懂。

（6）你们或者骑自行车去，或者走着去。

（7）她既不低头，也不出声，更不流泪。

（8）或者参加武术队，或者参加网球队，你只能参加一个。

（9）她先把笔纸准备好，然后认真地写起来。

（10）你是自己去，还是跟同学一起去？

（11）我宁可不休息，也一定要完成任务。

（12）今天天气又晴朗又温暖。

（13）她总是一边吃饭，一边看电视。

（14）与其闷在心里难受，不如说出来痛快。

（15）这件事不但没把他打下去，反而使他更加坚强了。

练习十四　改病句

（1）这次放假，我们打算去一处旅游，或者去八达岭长城，或者去颐和园。

（2）我不仅不嫉妒，反而很高兴。

（3）谁说他没来？他不但来了，而且来得很早。

（4）这个地方不但穷，而且文化方面也很落后。

（5）我又生气，又难过，离开了他家。

（6）星期六下午，我们常常去外边玩儿，或者去商店买东西。

（7）他问："打完电话我付钱还是对方付钱？"

（8）她不但不惊慌，反而坦然地笑了。

（9）当了妈妈以后我才懂得做妈妈的辛苦。

（10）第一次参加这样的活动，我又紧张，又兴奋。

（11）今天天气这么好，与其待在家里，不如去公园玩儿。

（12）第一次见面我就感到她是个好人，后来发生的事情证明我的感觉是对的。

（13）我宁可不吃饭，也要把这本书看完。

（14）这里的服务又周到，又热情，深受顾客好评。

（15）我们把房间收拾好，然后去外面打球。
（16）这个钱包不是王立的，就是黎明的，这里只有他们俩来过，不会是别人的。

第三十五课　偏正复句　关联词语的隐现与位置　紧缩复句

练习一　根据下列句子，造出完整的因果关系复句

（1）因为这里清静，所以她总来这里读书。
（2）老板之所以批评他，是因为他迟到了很长时间。
（3）由于他认真努力，所以取得了好成绩。
（4）既然你跟老马是朋友，你就应该去看看他。
（5）她只知道给他做吃的，从来不管他想什么，可见她不懂什么是爱。

练习二　根据句义，用合适的表条件关系的关联词语填空

（1）只要……就……　（2）只有　（3）只有……才……／只要……就……
（4）除非　（5）要是　（6）不管……都……　（7）如果……就……
（8）无论……都……

练习三　根据所给词语造出完整的条件关系复句

（1）如果天气不好，我们就改期。
（2）只要有打工的地方，他就去。
（3）无论工作怎么忙，他都抽时间来看我。
（4）除非生病，否则他从不缺席。
（5）不管父母是否同意，她都要跟那个外国人结婚。

练习四　根据句义，造出完整的转折关系复句

（1）我虽然在那儿住过，可是没住上几天。
（2）这人很面熟，只是我一时想不起来了。
（3）他走得不算太快，然而每一步都很坚实。
（4）文章虽然不长，但是读起来却意味深长。
（5）每天坚持写日记很有意义，不过很不容易。
（6）你说得很正确，只是不该用那种态度。
（7）他的发言虽然简短，却十分有感染力。
（8）我其实很想去看看，只是没有时间罢了。

（9）他的脾气一向很大，不过现在好多了。
（10）这菜看上去不怎么样，可是吃起来还是挺不错的。

练习五　根据句义，造出完整的让步关系复句

（1）即使明天刮风下雨，我们也要准时出发。
（2）即使是在春天里，这里也到处是冰天雪地的。
（3）就是他发了些脾气，也是事出有因的。
（4）哪怕前面有刀山火海，也不能后退半步。
（5）他认为，就是在城里当小时工也比在乡下务农强。

练习六　根据句义，造出完整的目的关系复句

（1）咱们走小路吧，这样好节省时间。
（2）你应该经常跟家里保持联系，免得家里人担心。
（3）把汽车检修一下，以免中途出现问题。
（4）有了消息赶快告诉我，我好通知他。
（5）顺便帮我捎一份报纸，省得我再跑一趟。

练习七　用适当的可连接偏正复句的关联词语填空

（1）只有……才……　　（2）却　（3）如果……就…… / 假如……就……
（4）虽然……但是……却……　　（5）只要……就……　　（6）以便
（7）因为……所以……　　（8）无论 / 不管……还是……都
（9）如果 / 假如　　（10）免得　　（11）宁可……也……
（12）即使……也……

练习八　将括号中的关联词语放到句中合适的位置上

（1）<u>只要</u>天气好，我们<u>就</u>去。
（2）<u>因为</u>外面下雨，<u>所以</u>他没去跑步。
（3）他儿子<u>不但</u>成绩过关了，<u>而且</u>体检也过关了。
（4）你<u>与其</u>这样讲，还<u>不如</u>不讲。
（5）<u>不管</u>你什么时候来，我们<u>都</u>欢迎。
（6）<u>尽管</u>时间很紧张，我<u>也</u>要把这份计划搞完。

练习九　把下列紧缩复句扩展成一般复句

（1）即使你不说，我也知道。
（2）不管睡多少，也不够。
（3）只要一不高兴，他就摔东西。
（4）只有多听多说，才能提高口语水平。

（5）（谁叫他是我孙子呢！）即使他长得再丑，我也喜欢。

练习十　把下列一般复句改写成紧缩复句

（1）谁来也不怕。
（2）不想唱就别让他唱了。
（3）一拿起书就想睡觉。
（4）你说得再多也没有用。
（5）有理走到哪儿都不怕。

练习十一　将下列各组句子改写成复句

（1）这篇文章虽然不长，但是内容却很丰富。
（2）他本来可以爬到山顶，为了陪我而没有爬上去。
（3）因为同学们都去春游了，所以校园里很清静。
（4）老人心里很明白，只是不愿意对别人说。
（5）只要你们真心相爱，你们的目的就一定能达到。
（6）由于他坚持不肯离婚，所以他妻子只好上法院起诉离婚。
（7）无论这篇文章好还是不好，我都要看。
（8）既然事情已经这样了，你说得再多也没有用。

练习十二　改病句

（1）学习固然重要，但是身体健康更重要。
（2）他的自行车虽然很旧，但是从来不出毛病。
（3）他虽然学了两年多汉语，但是还不会说。
（4）无论他们俩谁当代表，我都赞成。
（5）既然你不喜欢他，就不要跟他结婚。
（6）虽然他比我大十岁，但是我们俩却成了好朋友。
（7）小李为大家做了不少好事，只是他从来不说。
（8）虽然他已经六十多岁了，但是头发还没有白。
（9）把手机充足电，免得不够用。
（10）你说今天没有时间，怎么却在这儿闲着看电视呢？
（11）只要努力，多听多说，就一定能学好汉语。
（12）虽说他做得不太好，但是却尽了最大的努力。
（13）要是没有你们的帮助，我就无法生活下去。
（14）东郭先生救了狼，狼却没有感谢他，反而要吃他。
（15）我们去参观的时候，无论走到哪儿，都能看到热情的人们。
（16）虽然试验被迫停止，但是我们决不停止研究。

（17）他各方面都很好，只是身体不太好。

（18）不光姐姐长得漂亮，妹妹也长得很漂亮。

第十三单元综合练习

一、选择关联词语填空

1.（1）D （2）A （3）C　　2.（4）C （5）B　　　3.（6）B （7）A

4.（8）A （9）B　　　　　　5.（10）B/C （11）A （12）D

二、选择关联词语填空（每个限用一次）

（1）如果……就……　　（2）既……又……　　（3）虽然……但是……

（4）不仅……而且……　（5）因为……所以……　（6）只有……才……

（7）即使……也……　　（8）只要……就……　　（9）先……然后……

（10）尽管……但是……　（11）无论……都……　（12）不但……反而……

三、选择适当的关联词语（注意不能重复），将下列各组句子改写成复句

（1）19岁那年我虽然什么财富也没有，但是却拥有青春。

（2）我很想帮助他，可是不知道该怎样帮助他。

（3）这山很陡，一旦失足，就会掉下去摔死。

（4）妈妈不但没有责备我，反而还来劝慰我。

（5）如果你有兴趣游览，我就给你当一回向导。

（6）你说得没有错，只是太直率了。

（7）尽管他已经七十多岁了，然而身体一向很硬朗。

（8）我宁可几天不睡觉，也要把这次考试复习好。

（9）我说不清楚会议是在会议室开还是在礼堂开。

（10）这种快餐既经济、实惠，又很方便。

四、改病句

（1）不论我有多忙，他也不帮我。

（2）只要抓紧时间，你就能按时完成。

（3）我没有病，只是身体有点儿不太舒服。

（4）对于我来说，请客不是一种负担，而是增进我和朋友友谊的桥梁。

（5）姑娘长得很清秀，但是眼睛什么也看不见。

（6）只有下水去实践，才能学会游泳。

（7）他身体虽然很瘦，但是没有病。

（8）她一边走着，一边伤心地流着泪。

（9）来，谁来唱支歌或者讲个笑话什么的，活跃一下气氛。

（10）他接过录像机，调整了一下，然后交给小刘。

（11）读书是学习，使用也是学习，而且是更重要的学习。

（12）他也不说，你也不说，我怎么会知道呢？

（13）我宁可多受点儿累，也要找到他。

（14）我学习很忙，所以没有给你写信。

（15）他们的文化水平很高，但是生活却不富裕。

（16）有时候人口多不是缺点，而是一种力量。

汉语语法水平测试卷

一、选择合适的词语填空

（1）C （2）B （3）A （4）B （5）A （6）C （7）B A
（8）B （9）C （10）A （11）B （12）A （13）C （14）A
（15）B （16）C （17）A B （18）C （19）A （20）B

二、判断括号中的词语应该放在句中哪个位置上

（1）B （2）A （3）C （4）C （5）C （6）B （7）A （8）B
（9）B （10）B （11）C （12）D （13）A （14）B （15）C

三、选择合适的词语填空（每个限用一次）

1.

经过一阵搏斗，<u>终于</u>救出一个哇哇叫的孩子。看着这刚救出来的孩子，我心里想：<u>不</u>救活你家大人，谁养活你呀？这时候，屋里的火更大了，家具好像也都烧<u>着</u>了，噼噼啪啪作响，我鼓足勇气又一次踹开了门，一头钻进火门里，在烟中摸索着。突然我摸<u>到</u>了刚才看到的那个大人，就使足了劲儿拉，可是一点儿也拉不动。我凑近一看，只见她脸<u>上</u>流下来的血已经把胸前的衣服染红了，眼睛也闭<u>上</u>了，鼻孔里一点儿气也没有了。我知道她不行了，<u>才</u>赶忙跳出门外，扑灭身<u>上</u>的火苗，抱起这个无父无母的孩子。

2.（1）这座桥已经有一千多年的历史了，到现在还保持着原来的雄姿。虽然曾经有过残损，但是经过彻底修整，这座古桥又恢复了青春。

（2）战士们就要出发了，汽车缓缓地动起来了，可是亲人们还在拉着战士们的手，舍不得放开。

（3）广阔的田野里，几个农民正在辛勤地劳动着。

3.（1）好像她老是在微笑着，即使是生气的时候也掩盖不住她那美丽的影子。

（2）我和他是大学同学，所以我对他很熟悉。

（3）他比先前没什么大的改变，只是老了些。

（4）与其整天这么闲着无聊，不如先凑合找点儿事做。

（5）十年不见，他不但变了，而且变得很厉害。

（6）无论什么时候，社会都需要有知识、有文化的人才。

四、改病句，并指出错在哪里

（1）她每天中午都是边吃饭，边看电视。

（2）这几份纪念品都很好，我都想买。

（3）天津马路上那么多的自行车，使我感到惊讶。

（4）我觉得这里的老师对我们都非常热情。

（5）这个饭店的饭菜不比我们食堂的贵。

（6）北京大学比我们学校大多了。

（7）现在她有点儿累了，想休息一会儿。

（8）来中国学习是我最大的愿望，现在我的愿望终于实现了。

（9）她怎么那么痛苦？你知道怎么回事吗？

（10）听说她只喜欢外国电影。

（11）那次见面以后，我们俩再也没联系过。

（12）这个旅馆离学校稍稍远点儿，换一处近点儿的吧。

（13）在这里，我遇见很多好心人。

（14）这个问题我还不太懂，你能给我说一说吗？

（15）昨天的晚会是在哪儿举行的？

（16）在中国的这两年，我过得最愉快。

（17）你能不能帮我把这些东西给小林捎去？

（18）你放心，一个月以后，我还会回来的（或"回中国来的"）。

（19）他从来不抽烟、不喝酒。

（20）随着汉语学习时间的延长，我越来越喜欢汉语了。

错误原因见"要解"。

五、按要求，用括号中的词语改写句子

1. 单句

（1）我昨天把一本十万字的小说读完了。

（2）连我这个从来不喝酒的人，今天晚上也喝酒了。

（3）五楼最西头儿的那个房间是我的房间。

（4）他的汉语表达能力不如我好。

（5）考上大学使他步入了新的生活里程。

2. 复句

（6）雨越下越大，天也越来越暗。

（7）除了这两本书，别的我还都没看呢。

（8）他无论对学习还是对工作都很认真。

（9）既然她不想去，就不要勉强她。

（10）生命是一种自然现象，而生活却是具有深刻的社会意义的。

第二部分
要点解析

第一单元　名词及相关语句

第一课　名词及名词的功能

练习一　比较下列词语有词缀和没有词缀的差别

亮—亮儿："亮"是形容词；"亮儿"是名词，表示亮光。

胖—胖子："胖"是形容词，"胖子"是名词。

想—想头："想"是动词，"想头"是名词。"动语素＋头"这类词都可表示该动作有做的意义或价值。

小鱼—小鱼儿："小鱼儿"较"小鱼"带有喜爱的感情色彩。

哥—阿哥："阿哥"较"哥"增加了亲切的感情色彩。

椅—椅子："椅"是不成词语素，不能单独使用，只能用于"桌椅"等词中构词。单独使用时只能说"椅子"，后缀"子"具有构词功能。

腿—腿儿："腿儿"较"腿"增加了小巧的色彩，如：你看看这小细腿儿。此外，"腿儿"多用来指物体类似"腿"的部分，如：桌子腿儿。只指人、动物下肢肢体部位名称时，应用"腿"，如：你的腿怎么了？

火—火儿："火"与"火儿"使用的范围不同，"火"使用范围广泛，"火儿"常用于比较小的"火"，如"小火儿、借个火儿"等。此外，指人发脾气，应用"火儿"（"发火儿"）。

学—学法："学"是动词；"法"是准词缀，"学法"即"学"的方法，是名词。

练习二　注意下列每组词语中带点的部分，比较一下词语的意义差别

花儿（名词后缀）　　—　幼儿（名语素，小孩子）

老师（名词前缀）　　—　老人（形容语素，年龄大）

木头（名词后缀）　　—　抬头（名语素，头部）

女性（名语素，性别）—　理性（准名词后缀）

歌手（准名词后缀）　—　双手（名语素，身体上肢能拿东西的部位）

桌子（名词后缀）　　—　男子（名语素，指人）

练习三　选择词缀"~者/~员/~士"填空

（1）"~员"表示专职领域内、范围内或单位内的成员，如"技术员、服务员、售票员、管理员"等。在阅览室负责图书管理的人被称为"图书管理员"。

（2）"~士"是指有一定的能力、技术、学问、修养或受到一定程度尊敬的人，如"战士、护士、女士、绅士"等。汉语中获得不同学位的人被称为"学士"、"硕士"和"博士"。

（3）"~者"用在动语素或形语素后，构成名词，表示此范围内任意的人。本题是在动词"患"后加"者"构成一个新的名词"患者"，意思是"生病的人"。

（4）同（1），火车上的服务人员被称为"列车员"。

（5）第一个空儿同（1），参加体育运动竞赛的人被称为"运动员"；第二个空儿同（3），获得胜利的人被称为"胜利者"。

（6）同（2），在医院里专门负责辅助产妇生小孩的专业医务人员被称为"助产士"。

练习四　略。

练习五　根据句义，选择所给词，再加上适当的词缀填空

（1）"养"的东西只能选择"小猫、小狗"，句中说它们"十分可爱"，为了表现这种对小动物喜爱的感情色彩，"小猫"和"小狗"后应加上词缀"儿"。"儿"往往可以表达喜爱的感情色彩。

（2）做领导的人应该为人民服务，所以该句第一个空儿应选用"领导"加上"者"，表示"领导"这类人。

（3）"达上万人"是指参加比赛的人数，所以该空儿应选用"参赛"，并在"参赛"后边加上表示"……的人"的词缀"者"。

（4）这里表示拿出一点儿时间的意思，所以可以用"空"加上词缀"儿"组成名词"空儿"，表示空闲时间的意思。

（5）"小伙"加"子"表示强壮、大的意思。后缀"子"一般用于稍大的事物。

（6）因为是"爷爷"，所以也是"老头"，但是这里说的是"好老头"，有喜爱的色彩，所以在"老头"后应加"儿"。

（7）这里说的是在"眼科"这一学科中有专门研究的人，即专家（"专"加上"家"表示）。

（8）"包"和"饺"分别加上后缀"子"构成日常食品名称"包子"和"饺子"。

（9）跟"知识""能力"相关的应是"创造"，"创造"加上"性"可以表示具有创造力的性质或素质。

（10）"菜"是"吃"的，所以 A 句应选"吃"，这里表示越吃越好吃、越吃越有滋味的意思，所以"吃"后应加词缀"头"；B 句表示值得想，不忘记，所以应选择"想"，并在"想"后也加词缀"头"。"动语素＋头"这类词都可表示该动作有做的意义或价值的意思。

练习六　根据句义，在横线上填上适当的名词或名词性短语

（1）"生活"一定是谈论关于人的，所以第一个空儿一定要填指人的名词，"解决"应与"问题、困难"等搭配。

（2）句子的主语是"我"，所以句首应该是状语，能做状语的名词一般是时间名词。"在屋里""看"的可以是"书"或"电视"等。

（3）和"养成"搭配的宾语一般是"习惯"。句首缺少主语，根据句意，能养成习惯的一定是人，所以第一个空儿要填指人名词，另外，句中说是养成"学习"习惯，所以跟学习有关的人一般为"学生"或"孩子"等。

（4）"感动"的宾语应该是指人名词，能感动人的应该是"故事、事迹"等。

（5）句中缺少谓语。能直接做谓语的名词有时间名词、节日、节气、籍贯、职位、专业、身份等。句子的主语是"明天"，所以要填跟时间有关的名词做谓语。

（6）句中缺少主语和宾语。根据句意，主语和宾语之间有因果关系，如：音乐给人们带来快乐。／春天给人们带来希望。／战争给人们带来灾难。

（7）能"说一说"的东西，可以是想法、看法、建议、困难等等。

（8）句中缺少谓语。另外主语是"他"和"我"，能和指人主语搭配的名词谓语可以是表示年龄、职业、专业、国籍、身份等名词。如：他十九岁，我二十岁。／他工人，我农民。／他物理专业，我中文专业。／他美国人，我中国人。／他律师，我医生。

（9）通过"飘飘洒洒的""银色的"等词语可以推测该句在谈论"雪"，"飘飘洒洒"的应该是"雪花"，把我们带进的应该是银色的"世界"。

（10）受量词"双"修饰的名词有"筷子、鞋、袜子"等。

（11）受量词"条"修饰的名词有"裤子、领带、鱼、路"等。

（12）有些名词与"一"连用后，后面还可以加"的"，以加强描写性，"一"在这里不表示数目，而表示满、遍、整个的意思，有描写作用。"一头的"就是"满头的"，后可接"水、汗、白发"等。

（13）"一桌子"即"满桌子"，意思是桌子上都是，可接"菜、好吃的、书、文件"等词。

（14）受量词"场"（chǎng）修饰的名词有"比赛、演出、考试"等，表示一次。另外，读 cháng 时表示事情整个经过，如"一场大雨、一场大战"等。

（15）"一大片"后接表平面面积较大的词语，如"树林、庄稼、草地、楼房"等。

练习七　判断正误，错误的请改正

（1）"专家"是名词，"不"是副词。汉语中，一般情况下，副词不能直接修饰名词；另外，一般情况下，句中要有谓词性词语陈述主语和支配、连接宾语。该句缺少谓词性成分，所以应改为：他不是专家，我要请专家。

（2）汉语中，少数情况下，名词也可以充当谓语，但必须是有条件的，如时间名词、表示身份、职业、籍贯、国籍等词语，当它们是用来说明时间、身份、职业、籍贯、国籍等情况时，尤其是在对举说明的情况下，可以直接充当谓语。该句"浙江绍兴人"是用来说明"鲁迅"的籍贯的，所以可以直接充当谓语，因此该句是正确的。

（3）"也、还"都是副词，不能直接修饰名词性成分，所以不能位于"我、她"之前。从意义上说，"教了好几遍"一直都是"不会"，所以"还"应位于"不会"前，修饰"不会"；虽然从开始到现在都"不会"，但她都"不急"，所以"也"应位于"不急"之前，修饰"不急"。应改为：教了好几遍，我还不会，她也不急。

（4）"经验"是名词，它没有连带宾语的功能，所以不能做谓语。应把"经验"改成"经历"，"经历"是动词，可以连带宾语"事情"。应改为：这一年中，我经历了很多事情。

（5）"乐趣"是名词，它一不能连带宾语"旅游"，二不能接受程度副词"很"的修饰，所以不对。应改为：我对旅游很感（或"有"）兴趣。

（6）"人们"是有所指的人。这里不是，应该用"人"。另外，"~们"本身已含有众数意义，所以，有"~们"的名词语前后不能再有数量短语或表数词语。句中已有"很多""几百"，它们不能与"~们"搭配使用，应该去掉"们",改为:展览馆里人真多,差不多有好几百人。

(7)汉语名词可以接受数量短语修饰,但通常不能直接跟数词结合,要在数词和名词间加上量词。"一地图、两杂志"应改为"一张地图、两本杂志"。"今天"是"我"做"买"这一动作的时间点,应位于谓语动词之前,即:我今天去书店买了一张地图、两本杂志。或:今天我去书店买了一张地图、两本杂志。

(8)"友谊"是名词,名词不能接受程度副词"很"的修饰,名词"友谊"也不能做谓语,所以不对。该句应改为:她待我们很热情、很友好。

(9)"电话"是名词,不能支配"你",所以该句应改为:晚上我再给你打电话吧。

(10)"生命"是名词,不能支配"他",所以该句应改为:她拉着大夫的手说:"请您再给他一次生命吧!"

(11)"食欲"是名词,名词不能接受程度副词"很"的修饰,也不能做谓语,所以此句不对。应改为:在整个旅途中,我一直很有食欲。

(12)"愿望"也是名词,同样没有支配宾语的功能,应换成动词"要"或"想"等。应改为:一问他们路,他们就会很热情地把你送到你想(或"要")去的地方。

第二课 方位词语 "的"字短语

练习一 略。

练习二 用适当的方位词填空

(1)小猫应该睡在沙发的"表面""之上",所以应该说"沙发上"。

(2)"一片盛开的月季花"应该在户外,所以应该用"窗前"或"窗外"。

(3)飞机在空中飞,所以要用头顶"上"。

(4)"参加各种各样的活动"的时间一般在下课以后,所以用表示时间的方位词"后"。

(5)"打算"的一定是将来的事,所以用表示时间的方位词"下"。

(6)把"手机"看做一个容器,短信就可以说是在手机"里"。

(7)"我还看到他了"这个事件已经发生,所以这里用表示过去时间的"……前"。

(8)老奶奶最有可能在他的旁边,填"旁",和"身"一起构成方位短语。

（9）歌声"传来"一定要经过一定的距离，所以用"外面"比较合适，"外面"是组合式方位词，可以独立充当主语。

（10）这里是表示几个处所的方位关系，所以可以用"左边……右边……"或"前面……后面……"等方位词。

练习三 从"里、中、上、下"中选择方位词填空

（1）指照片表面，用"上"。

（2）"山脚"是指山的下位，所以用"下"，构成方位短语"山脚下"。

（3）"中"可表示动态的过程中，该句指设计进行过程当中，所以选"中"。

（4）"会场"是个有围域、具体的空间，所以用"里"。

（5）"印象"比较抽象，书面语色彩较浓，这种情况下一般用"中"。

（6）"上"可以引申出"方面、范围"的意思，"书本上"即"书本的范围"。

（7）根据常理，"细沙"应该是踩在脚下的，所以用"下"表示细沙在"脚"的低处。

（8）"上"可以引申出"方面、范围"的意思，"在穿上"即"在穿这方面"。

（9）"意料"没有显性的围域，不是真实的空间，比较抽象，这时要用"中"。

（10）把"相机"看做一个有一定边界围住的空间，所以用"里"；"夕阳的余晖"是比较抽象的空间，又富有一定的诗意，用"中"比较好。

练习四 改病句

（1）"上面"指在物体具体的表面或上方。该句的"身"不是一个具体位置，有表"范围"的意思，所以应改为：他身上没带钱。

（2）介词"在"后常接表示处所、范围等词。"生活"是普通名词，其后应加方位词"中"构成方位短语。应改为：在生活中，人际往来很重要。

（3）"国际"后加表示范围的方位词"上"，构成方位短语，引申为"在……范围内"。应改为：中国的产品在国际上的销路不错。

（4）单纯方位词"中"表示在某范围内，而"中间"表示同两个端点距离相等的位置。原句要表达的应该是：第一排最中间那位男老师就是我们班的老师。

（5）"~里"表示有围域的具体的空间，而"~上"可以表示在物体的表面。"字"应该在"纸上"，所以原句应改为：这张纸上什么字也没写。

（6）时间词"过去、现在"不与方位词连用。应改为：代沟无论在过去还是现在都是大问题。

（7）方位短语的结构是"名词性词语+方位词"。应改为：银行就在商店旁边。

（8）"……里"表示有围域的具体空间，"……中"通常表示非具体或非真实的空间，常用于较抽象的事物。应改为：他在朋友中很有人缘儿。

（9）"自行车、行人"应该在草地上方行走，所以原句应改为：自行车、行人都在草地上走。

（10）"……里"表示有围域的具体空间，"……上"可以引申出"在……范围内"的意思。所以原句应改为：世界上有多少动物濒临灭绝！

（11）介词"从"常常要接一个表示处所的词语。"报纸"是普通名词，其后加上表范围的方位词"上"可构成一个方位短语。应改为：我从报纸上找到这条招聘广告。

（12）"床"是普通名词，后面加方位词"上"构成方位短语，做"在"的介词宾语，所以原句应改为：她总是躺在床上看书。

（13）国名、城市名、地区名等的后面不能再加方位词"里"，所以原句应改为：我家有五口人，可是他们都在韩国。

（14）"……里"表示有围域的具体空间。"街"是个开放的空间，没有围域，"骑自行车的人"应该在"街"的表面上走。所以原句应改为：街上骑自行车的人很多。

（15）"……里"表示有围域的具体空间。"历史"没有具体空间。"上"可以引申出"范围"的意思，所以原句应改为：历史上有很多这样感人的故事。

（16）"前"可以放在表时间的词语前表示某时间，而"前面"不可以表示时间。应改为：春节前没有休息日了。

（17）"以"有时间划界作用，位于某动作后，那个动作就是它的时间分界，构成的方位短语结构通常是：动词性词语+"以前"/"以后"。所以原句应改为：明天下班以后你在办公室等我一下，好吗？

（18）"……里"不能表示时间，"上"可以引申出"范围"的意思，"课上"就是"上课期间"的意思。所以原句应改为：麦克昨晚在歌厅玩儿到很晚，今天在课堂上睡着了。

练习五、六 略。

练习七 在下列句中的"的"字短语下画线

（1）你喜欢吃<u>辣的</u>吗？（形容词+"的"，指食物）

（2）男的在那边，女的在这边。（形容词+"的"，指人）
（3）红的、黄的、白的……花坛里盛开的鲜花美极了。（形容词+"的"，指花）
（4）最可贵的是，她学会了关注别人的需要。（形容词+"的"，指事情）
（5）上边的那件是你的，我的是三个X的。（代词+"的"；数量名短语+"的"，都指衣服）

练习八 略。

第一单元综合练习

一、填空

1. 根据句义，选择适当的词缀填空

（1）"员"是表示专职人员等的名词后缀，与"职"构成"职员"，专指公司等单位里的专门工作人员。"老"是一个名词前缀，与"板"构成名词，指公司里的负责人。

（2）后缀"家"是个准词缀。"~家"指掌握某种专门知识或从事某种专门活动并具有一定影响的人，如"数学家、文学家"等。

（3）后缀"儿"常带有喜爱的感情色彩，后缀"子"一般用于稍大的事物，所以"小伙儿"含有喜爱意，"小伙子"含有强壮能干的意义，都可以。

（4）"~主义"指形成系统的理论学说、思想体系、社会制度、政治体系或思想作风等意思，如"浪漫主义、社会主义、自由主义"等。

（5）"~者"用在动语素或形语素后，构成名词，表示此范围内任意的人；"~员"表示专职领域内、范围内或单位内成员。凡是读书的人都可以称为"读者"，在图书馆里负责管理的专职人员可以称为"管理员"。

（6）"~者"用在动语素或形语素后，构成名词，表示此范围内任意的人。做表演的任意的人都可以称为"表演者"，任何围观的人都是"围观者"。前缀"老"具有构词功能，和"汉"构成一个新词"老汉"，"老汉"是对老年男子的称呼。

（7）后缀"子"和"头"是名词性后缀，分别构成名词"汉子"和"骨头"。

（8）准后缀"性"有性质、本性的意思。"代表性"就是有代表意义的性质。

（9）名词后缀"头"可放在名词后，如"木头"；也可放在动词后，如"想头"；也可放在形容词后，如"甜头"。"甜头"是好处、利益的意思。

2.填方位词

（1）停车场和两个楼分别是独立的场所，所以说停车场在两个楼"中间"或"之间"都可以。

（2）汽车通常停在户外，所以说汽车停在"门前"或"门外"。单音节的词要配单音节的方位词。

（3）根据常理，商店通常在马路"旁边"。

（4）慢慢走的应该在"后面"，与之相对，第一个空儿要用"前面"。

（5）圣诞树一般都放在室内，所以填"里"。

（6）"山脚"本身就指山下面的部分，与表示位置在低处的"下"构成"山脚下"。

（7）"……中"表示在抽象的范围内。

（8）"心"是有围域的、具体的空间，所以说"心里"。

3.填名词或名词性短语

（1）本句句首应该是全句的状语。时间名词可以做状语，所以第一个空儿要填一个时间名词，如"这些年"。产品提高的部分应该是"质量"或"产量"。

（2）"既整洁又干净"应该是指场所及衣物等。

（3）"新建的""一排一排的"一般是指建筑物，如"楼房、大楼、房子"等。

（4）和"提"搭配的宾语一般是"意见"或"建议"，其主语一定是指人名词。

（5）"不行"指的应该是做菜的"手艺"或"技术"，手艺或技术不行的人应该是"新手"或"学徒"等。

（6）乘车的人是"乘客"或"旅客"，表示人很多可以加表示复数的后缀"们"。乘客离开的交通工具可能是"火车"，离开的场所应该是"车站"。

（7）和量词"条"搭配的名词是"街"或"路"等，下班的时候在路上应该是"人"或"车"多。

（8）"小男孩儿"用一个"儿"后缀有表示小而可爱的意思。"当"的宾语一般是表示职业的名词。

二、三 略。

四、改病句

(1)"只"是副词,副词的作用是修饰谓词的,不能修饰名词及名词短语,所以要把"只"放在动词"喜欢"前。应改为:听说她只喜欢看爱情小说。

(2)副词"很"不能修饰名词"兴趣"。应改为:他们的话题我很感兴趣。或:我对他们的话题很感兴趣。

(3)"搬到"的宾语应该是一个表示处所的方位短语,而"门"是普通名词,不表处所,所以宾语用得不对。应改为:这些行李先搬到门外,一会儿车来了好装车。

(4)方位词"上"可引申出"表方面或范围"的意思,本句意思是说他在古代小说研究方面很有名。应改为:他在古代小说研究上很有名。

(5)"们"本身含有众数意义,其前不能再有数量短语或表数词语。应改为:除了阿里以外,同学们都去旅行了。或:除了阿里以外,别的同学都去旅行了。

(6)"桌子"是普通名词,要表处所,需加方位词构成方位短语。应改为:她把蛋糕放在桌子上。

(7)"们"本身含有众数意义,其前不能再有数量短语或表数词语。应改为:我还有几个朋友要来这儿学习。

(8)方位短语的基本结构是:名词性词语+方位词。"以南""以北"是方位词,"以"有划界作用,要放在表划界的名词后面。应改为:长城以北不如长城以南发展得快。

(9)"从"后要接处所词,普通名词"山"要接方位词后构成方位短语才表示处所。根据"跑下来",可以知道人应该在山的上面。所以应改为:孩子们欢快地从山上跑下来。

(10)方位词"上"可引申出"表方面或范围"的意思,而"里"没有类似用法。所以应改为:大家要从思想上认清这一点。

(11)方位短语的基本结构是:名词性词语+方位词。方位词"旁边"要放在名词"阅览室"后。应改为:休息室在阅览室旁边。

(12)"里"表示有围域、具体的空间;"中"表示的通常是非具体、非真实的空间,没有显性围域或围域不清楚,带有一定想象的空间,可用于较抽象的事物或有书面语色彩的语境。应改为:厂长很有能力,在群众中有威信。

(13)"上"除了指物体之上、上端,还指物体的表面。"下"只限于物体之下有空间的部分或位置在低处。"大吊扇"应是连接在房顶的"表面"。

所以应改为：教室的房顶上挂着好几个大吊扇。
（14）"名词/动词性短语＋方位词"构成方位短语可以表示时间。"后"是方位词，应该放在"吃饭结束"后面。应改为：吃饭结束后，我坐公共汽车回到公寓。
（15）国名、地名本身就是区域名称，不能再与"里"组合。应改为：回国以后，我一定要把中国的事讲给家里人听。

第二单元　动词及相关语句

第三课　"是"字句　"在"字句　"有"字句

练习一　下列哪些句子的主语和宾语可以互换？

（1）"鲁迅"和"周树人"两个名字同指一个人，判断词"是"表示"等于"意义，所以主语"鲁迅"跟宾语"周树人"之间可有互换关系。

（2）"李四光"不能等于"中国有名的地质学家"，而是属于其中之一，判断词"是"表示"属于"意义，所以主语"李四光"跟宾语部分的"中国有名的地质学家"没有互换关系。

（3）判断词"是"表示"存在"意义，主语表示存在的处所，宾语表示存在的事物，它们没有等同性，所以没有互换关系。

（4）一般来讲，一个公司只有一个经理，所以"我"和"这个公司的经理"可能具有等同性，可有互换关系。

（5）"三室一厅"是房子的一种规格，代表一种规格的类，这套房子是属于这一种类的，所以它们之间没有等同性，不存在互换关系。

（6）"最大的心愿"和"去中国留学"指的是同一件事情，有相互解释的关系，"是"表示"等于"意义，所以二者可有互换关系。

（7）"用来画画儿的"是说明笔的功能，笔的功能跟笔不等同，所以它们之间没有互换关系。

（8）"这辆车"和"他的"是属于关系，前者是后者的一部分，位置不能互换。

（9）"五月初五端午节"不等于"中国民间传统节日"，而只是其中之一，所以没有互换关系。

练习二　用"是"或"是"附加其他成分与所给的词语一起组成完整的句子

（1）如果理解为代表团只能有一个团长的话，"他"跟"代表团的团长"就是"等于"关系，可以构成"他是中国代表团的团长"，也可以构成"中国代表团的团长是他"。

（2）"学习"可以有各种方式，"旅游"是"学习"的一种方式，"是"表示"属于"意义，可构成：旅游也是学习。

（3）"是"表示对一种存在的判断，"宿舍前边"是处所，要判断什么地方存在什么，可构成：宿舍前边是一个小花园。

（4）"谦虚"是美德的一种，"是"表示"属于"意思，可构成：谦虚是一种美德。

（5）"鱼类"是鱼这一物种的总称，"鲸"是另外物种的个体，所以构成否定句为：鲸不是鱼类。

（6）"是"前后两部分内容是一种相互解释的关系，所以它们有互换关系，既可以构成：中国古代的四大发明是造纸、印刷术、火药和指南针。也可以构成：造纸、印刷术、火药和指南针是中国古代的四大发明。

（7）"刚修好的"也是一种属性，所以可构成：这条公路是刚修好的。

（8）"阴天"是明天天气具有的一种属性，所以可构成：明天是阴天。

（9）判断词"是"连接的前后两部分应具有相同属性。"考英语"和"考汉语"都是谓词性短语，它与参加考试的人具有不同属性，将它们后边分别加上"的"构成"的"字短语可表示人，这样前后两部分内容就具有了同类性，由"是"可构成相互解释的关系。可构成：一组是考英语的，二组是考汉语的。也可构成：考英语的是一组，考汉语的是二组。

（10）如果主语是"他组装的自行车"，那么"坏"是说明"自行车"的性质，前后不具有同类性，所以要在"坏"后加"的"，构成"的"字短语，表示属于"坏的"这一类的自行车。即构成：他组装的自行车是坏的。也可以在"他组装"后面加"的"构成"的"字短语，指"坏的自行车"，构成：那辆坏的自行车是他组装的。

练习三　改病句

（1）汉语可以用动词的肯定和否定相叠的形式表示疑问，这种句子中句末不能再用"吗"表示疑问。应改为：这条街是不是王府井大街？或：这条街是王府井大街吗？

（2）汉语中，表示确指事物时，名词前一般不用数量形式；表示不定指的事物，可用"数+量+名"形式。该句可有不同改法：小花园在湖边。或：湖边是一个小花园。用"在"字句时，处所词"湖边"在后，"小花园"是个确指事物；用"是"字句时，处所词"湖边"在前，"小花园"是个不定指事物。

（3）"高级"是表示性状的词，不表示种类意义，要表示种类意义，应在"高级"后加"的"。说明前后种属关系时，用判断词"是"做谓语。应改为：这个商店里的服装都是高级的。

（4）"是"和"不是"之间有词语间隔开来时仍是一种肯定和否定相叠表疑问的形式，所以不能跟疑问词"吗"同现。应改为：他是你的朋友不是？

（5）"是"表示判断，跟动态事件过程无关，对它的否定只能是"不"，不能是"没"。应改为：刚才看病的那个医生不是他。

（6）"都"是个表示遍指全部的副词，副词是修饰谓词的，所以本句中"都"应位于谓词"是"前而不是其后。应改为：这些书都是儿童读物。

（7）判断词"是"连接的前后两部分应具有相同属性。"维修汽车"是谓词性短语，与"公司"属性不同，应在其后加"的"，构成"的"字短语表示公司，前后才有种属关系。应改为：这个公司是维修汽车的。

（8）"是"表示一种判断，跟动态事件的过程无关，"是"后不能出现表示动态意义的助词"了"。应改为：昨天晚上来的那位客人是他。

（9）"这个娱乐中心"和"孩子们"之间不能建立种属关系，在"孩子们"后面加"的"构成"的"字短语后，它们之间才存在种属关系。应改为：这个娱乐中心是孩子们的。

（10）"是"表示判断，跟动态事件的过程无关，"是"后不能出现表示动态意义的助词"过"，要表示过去时间，只需在"是"前加上时间词语即可。应改为：过去，这个工厂是他们公司的。

练习四 用所给的词语加动词"在"构成完整的句子

（1）用表示"存在"意义的"在"做谓语动词的话，句子的基本结构是：$NP_{1人或事物}$ + "在" + $NP_{2处所词语}$。此句中，处所词语是"抽屉里"，名词是"钥匙"，应构成：钥匙在抽屉里。

（2）处所词是"书柜顶上"，名词性词语是"大花瓶"，应构成：大花瓶在书柜顶上。

（3）处所词是"南面"和"北面"，名词是"图书馆"，应构成：图书馆不在南面,在北面。或:图书馆不在北面,在南面。

(4) 处所词语是"广场中央",名词是"纪念碑",应构成:纪念碑在广场中央。

(5) 处所词是"办公室",名词主语是"经理","刚才"是指动作发生的过去时间,应位于动词前,构成:经理刚才在办公室。

(6) 处所词语是"我心中",名词性词语是"她","永远"是时间副词,应位于动词"在"前,应构成:她永远在我心中。

(7) 处所词语是"楼下",名词性词语是"小王的自行车",应构成:小王的自行车没在楼下。

(8) 处所词语是"柜子里",名词性词语是"全部文件","都"是副词,表示动作遍指全部范围,应位于动词"在"前,构成:全部文件都在柜子里。

练习五 改病句

(1) "邮局"的位置是固定的,否定一个固定不变的情况应使用"不"。而"没"总是否定事件过程的改变、变化。应改为:邮局不在商店那儿。

(2) "在"是动词,肯定与否定相叠的形式已表示疑问,所以句末不能再用"吗"。应改为:李明在不在家?

(3) "小卖部"是名词,"小花园"也是名词,"在"后面应是一个表处所的词语。所以应在"小花园"后加表处所的"里、旁边"等。应改为:小卖部在小花园里。

(4) 表示存在的"在",跟动态事件的过程无关,"在"的后面不能出现表示动态意义的"了"。应改为:王刚三年前在东京。

(5) "大桥"只是一个名词,它本身不能表示处所,应在其后加上方位词,才能表示所在位置。应改为:那片大草坪就在大桥下。或者将"大草坪"变成不定指事物,用"有"做谓语,改为:大桥下有一片大草坪。

(6) "着"是一个表示状态持续的动态助词,表存在意义的"在"不表示动态性,所以二者不能同现。应改为:他现在正在房间里。

(7) "一楼"可表具体处所,不需要再加方位词。应改为:餐厅在一楼。

(8) "出租车"只是一个名词,本身不能表处所,加上方位词才能表具体位置。应改为:我在出租车上,马上就到了。

(9) "没"只用于否定动作、状态的发生或完成,所以只用于过去或现在,不能用于将来。该句"明天"是将来,不能用"没"否定,只能用"不"否定。应改为:他明天可能不在公司,听说要出差。

练习六　请将练习四的各题换用动词"有"构成完整的句子

（1）"有"字句的基本结构是：处所词/时间词＋"有"（＋修饰限制语）＋名词性词语。此句中，处所词是"抽屉里"，名词是"钥匙"，"有"字句表示存在的人或事物通常是不确定的，所以"钥匙"前需加数量词"一把"，构成：抽屉里有一把钥匙。

（2）处所词语是"书柜顶上"，名词性词语是"大花瓶"，需前加数量词"一个"表示不确定，构成：书柜顶上有一个大花瓶。

（3）处所词是"南面、北面"，名词是"图书馆"，"有"只能用"没"来否定，否定句中宾语前一般不用不确指的数量词。应构成：南面没有图书馆，北面有一座。或：北面没有图书馆，南面有一座。

（4）处所词语是"广场中央"，名词是"纪念碑"，需前加数量词语"一座"表示不确定，构成：广场中央有一座纪念碑。

（5）处所词是"办公室"，名词是"经理"，如果经理不止一个，可构成：刚才办公室里有一位经理。如果经理只有一位，就是确指的，就不应该使用"有"字句。

（6）处所词语是"我心中"，名词性词语是"她"，"她"虽是确指的，但如果具备某些条件，也能构成"有"字句。如反驳别人，别人认为他心中没有她或现在没有她，他可以说：我心中永远有她。

（7）处所词语是"楼下"，名词短语是"小王的自行车"，"小王的自行车"虽是确指的，但如果是反驳别人，还是可以构成"楼下没有小王的自行车"这样的句子。

（8）处所词语是"柜子里"，名词性词语是"全部文件"，"柜子"只有一个，不能用"都"遍指，所以这个句子不能改成"有"字句。

练习七　用"有""是""在"做谓语，说说下面两幅图中有什么以及人和物体的位置

- "有"字句表示存在时基本结构是：处所词＋"有"（＋修饰限制语）＋名词性词语。本句中，处所词语是"湖中央"，名词短语是"小亭子"，"有"字句表示存在的人或事物通常是不确定的，宾语前要加数量词语"一对"。可构成：湖中央有一对小亭子。

- "是"可表示对一种存在的判断，句子的基本结构应是：$NP_{1处所}$＋"是"（＋数量等修饰语）＋$NP_{2人或事物}$。本句中"湖旁边"是处所词语$NP_{1处所}$，"是"用来表示"树林"存在的地方，可构成：湖旁边是一片树林。

- 用表示"存在"意义的"在"做谓语动词的话，句子基本结构是：$NP_{1人或事物}$＋"在"＋$NP_{2处所词语}$。本句中，"游客"是名词，"小桥上"表处所。可构成：游客们在小桥上。
- 本句中，处所词是"海里"，名词是"快艇"，"有"字句表示存在的人或事物通常是不确定的，宾语前要加表示不确指的数量词"一艘"。可构成：海里有一艘快艇。
- "是"可表示对一种存在的判断，句子基本结构应是：$NP_{1处所}$＋"是"（＋数量等修饰语）＋$NP_{2人或事物}$。本句中，"岸边"是处所词语，"沙滩"是名词。可构成：岸边是一片沙滩。

练习八 略。

练习九 左边一列词语中哪些加"有"后可以和右边一列中的词语搭配？哪些搭配后，"有"前可以加"很"，"有"后可以加"了"？（每项只能用一次）

- 这里"俱乐部里"加"有"跟"很多人"可搭配，"河上"加"有"可跟"一座桥"搭配，因为"有"前都是表示处所意义的词语，"有"在这里表示"存在"。"每天上午"加"有"可以跟"四节课"搭配，因为"有"前是表示时间的词语，"有"表示"存在"的意义。表示这种意义时，"有"前不能加"很"，"有"后不能加"了"。
- "我跟他"加"有"可以跟"来往"搭配，因为"来往"必须是两个人或双方的，而"我跟他"表示的是两个人。"这台机器"加"有"可以跟"毛病"搭配，表示机器坏了。如果"有"理解为"存在"的意义，"有"后不能加"了"；但是如果理解为"具有"的意义，又表示原来不具有而现在具有了的意思时，"有"后可以加"了"。这两个"有"后，都可以加"了"，表示后一种意义；不加"了"，表示前一种意义。
- "这孩子"加"有"可跟"礼貌"搭配；"李教授"加"有"可跟"学问"搭配；"这些年轻人"加"有"可跟"理想"搭配，因为这几个句子的宾语都是表示主语属性的。又因为这些做宾语的名词都是抽象意义的，所以这几个"有"前都可以接受程度副词"很"的修饰。
- "人民的生活水平"加"有"可跟"很大提高"搭配；"他对这个问题"加"有"可跟"认识"搭配，这里的"有"可以理解为"具有"的意思。这里具有的是某种新情况的发生或出现，所以"有"后都可以接表示实现或变化意义的动态助词"了"。

练习十　选择"是""在""有"填空

（1）可选择"有"，在此句中表"具有"的情况。

（2）只能选择"是"，表示属性或种类的意义，即"他不属于这种人"。

（3）只能选择"有"，在这里是表示"存在"的意义。

（4）动词后是处所词，所以要选择"在"，表示"存在"的意义。

（5）宾语"实力"是一个抽象名词，动词前才会有副词"很"与之配合，该动词只能是"有"，表示"具有"的意义。

（6）这里前后部分是等于关系，所以只能选择"是"。

（7）"开往上海的火车上"这个短语的中心语是"火车上"，"火车上"是处所词语，位于动词后的部分，所以动词只能是"在"。

（8）动词后是意义较抽象的名词，表示新情况的出现或发生，所以只能选择动词"有"。

（9）动词前后的部分具有等同性，所以应选择动词"是"。

（10）"是"和"在"后都不能接动态助词"过"，"有"可以，表示"曾经具有"的意思，所以这个句子只能选择"有"。

练习十一　用"有"做谓语改写下列句子

- （1）、（3）两句属一种类型，其中的"有"都表示"领有"的意义，"女儿"和"图书馆"是"有"的直接连带成分，"一岁半"做"女儿"的修饰成分，"六层楼"做"图书馆"的修饰成分。因为"女儿"和"图书馆"都是宾语，是不定指的人或事物，所以在宾语部分之前都要加上数量成分。此外，"一岁半"和"六层楼"分别是中心语"女儿"和"图书馆"的描写性成分，所以在中心语之前都要加"的"。

- （2）、（4）两句属一种类型，因为"这里""门前"都是处所名词，所以"有"在这里都表示"存在"的意义。"游乐场""杨树"都是"有"的连带成分，当然也是中心语，所以"很大"和"高大"只能放在它们的前面。"很大"和"高大"也是描写性成分，在中心语之前都要加"的"。"游乐场""杨树"也都是宾语，是不定指的事物，所以在宾语部分之前都要加上数量成分。

- （5）、（7）两句是一种类型，宾语表示的是一种抽象意义的属性，所以"有"前可以加"很"，句子应重新分别组织为：（5）小女孩儿很有礼貌。
（7）他很有组织能力。/ 他有很强的组织能力。

- （6）、（8）两句属于一种类型，其中的"有"都表示某种新情况的发生或出现，所以"有"后都可以接表示实现或变化意义的动态助词"了"。这两个句子要根据"有"字句结构的需要重新组织,(6)句应为:两国在经济互助上有了发展。(8)句应为:他的汉语又有了进步。

练习十二　改病句

(1)"有"和"没有"同时出现已表示疑问,句末不能再接表示疑问语气的"吗"。应改为:星期天你有时间没有?或:星期天你有没有时间?

(2)"上课"是谓词性短语。表示"存在"意义的"有"一般应跟名词性词语发生连带关系。应改为:明天下午有课吗?

(3)"门前"是处所词语。处所词语用在句首时,不能用"在"表示存在,可以根据表达的需要选择"有"或"是"。应改为:门前有一个大草坪。或:门前是一个大草坪。

(4)对"有"的否定只有"没"。该句否定词用错了,应改为:这种录音机一般商店没有卖的。

(5)"图书馆"是主语,通常情况下,应是定指的,它的前面不应有数量成分。"有"表示"存在"意义时,"有"前不能接受程度副词的修饰。应改为:(这个)图书馆里有很多图书和报刊杂志。

(6)"没有"表示否定时,已把所有的都否定了,所以"没有"后面通常不接数量成分,除非说话人为表达其他特定的意义(如辩驳时)。应改为:今年太忙了,我没有机会去上海了。

(7)"下雨"是一个谓词性短语,不能做"有"的宾语。应改为:听说今天夜里有雨。

(8)句中缺少谓语动词,应加上动词"有",改为:他对这个问题又有了新的认识。"又"表示已经重现,所以动词"有"后应加"了"。

(9)"帮助"前不能接受程度副词"很"的修饰。说话人在这里是想表示报告所具有的抽象性属性,所以应该用"有"字句,改为:他的报告对你们很有帮助吧?

(10)单独进行否定回答时,一般不单用"没",而该使用"没有"。

(11)这个句子较特殊。首先,"屋里"是个处所词语,它位于句首,说明它只能是个"有"字句,而不可能是个"在"字句。其次,说话人为了某种强调的目的,把本来应该居于"有"后的名词性成分提到了动词前。这个句子应改为:屋里一个人也没有。

(12)句中有表示已重现的副词"又",动词"有"后或句末应加"了"。应改为:这台电脑又有问题了。

(13)"那个汽车公司"和"他爸爸"不能建立领属关系,"他爸爸"后加

"的"后,它们之间才具有领属关系,所以该句改为:那个汽车公司是他爸爸的。

(14) "有"后的宾语在表示不定指的事物时,宾语部分前应有数量成分。应改为:中国现代有一位著名的文学家叫巴金。

(15) 此句跟(6)句是同样的道理,否定词"没有"后都不应接数量成分。应改为:A:你现在有没有中国朋友? B:我没有中国朋友。

(16) "我的书柜里"和"各种各样的图书"之间可以用"有"连接,表示存在的意义;也可以用"是"连接,表示对存在的判断。应改为:我的书柜里有各种各样的图书,你去看看吧。或:我的书柜里是各种各样的图书,你去看看吧。

第四课　动词　离合动词

练习一　将下面两列可以搭配的词语用线连接起来

(1) 做这个题时应注意以下几点:

a. 注意动词的意义及跟后面的词语意义搭配上的选择。例如"参加"。"参加"表示参与某种组织或活动,所以能够跟它搭配的可以有:~组织/~学会/~工作/~会议/~战斗/~训练,等等。本题中表示活动的词语有"体育活动",所以"参加体育活动"可以搭配。再如"讨论"。"讨论"表示交换意见和进行辩论,所以能与它搭配的可以有:~问题/~试验方案/~经济形势/~候选名单,等等。本题里表示可以交换意见和辩论的词语有"问题",所以"讨论问题"可以搭配。

b. 注意搭配时词性上的限制。例如"进行"。"进行"表示从事某种持续性活动,所以它要求跟持续性动词相搭配。如:~讨论/~审查/~推广/~演说,等等。本题中"讨论"是一个表示持续性动作的动词,所以"进行讨论"可以搭配。再如,"认为、开始、感到"几个词都需要跟谓词性成分搭配,所以本题中"认为可以""开始上课""感到舒服"分别可以搭配。

c. 注意词语之间选择时的相互协调,因为这些词中有的词可以跟多个词搭配,但是有的词只能跟某个词搭配,这样就需要先选择那种唯一可选择的搭配,然后再去注意那些有多项选择的搭配。

(2) 左列都是副词,所以需要注意动词的种类、意义跟副词的关系。例如,"非常、最"是表示程度的副词,表示心理活动的动词才能接受程度副词的修饰。本题中只有"感动"和"想念父母"可以跟它们组合。再如,"正"是表示在时间上持续的副词,它通常要求动词后有"着、呢"等表示持续性的助词与之呼应,本题中"听着音乐"可与它组合。"写完了"表示写得多,与"都"搭配比较好。"马上"属于现在以后的时间,表示立刻要做,与"打电话"配合较好。

练习二　用适当的动词和下列各句所给的词语组成完整的句子

（1）跟"作业"搭配,意义上最合适的动词是"写、做"等。

（2）"听广播了"是个谓词性短语,与之搭配的谓语动词可选择"开始、打算"等动词或"要"等能愿动词。

（3）跟"自行车"直接有关的动词是"骑",此外还可以是"修、擦、买"等。

（4）时间是"下星期",后面又是一个谓词性短语,所以动词可选择"打算、要"等。

（5）"非常"是程度副词,后面的动词应是表示心理活动或意愿的动词,最好选择"喜欢、想要"等动词。

（6）可考虑选择能反映"大家"对"我的意见"的态度方面的动词,所以可选择"同意、赞成、支持、反对"等动词。

（7）"十分"是程度副词,要求动词是表示心理活动或意愿的动词,最好选择"喜欢、爱好"等动词。

（8）"来中国学习汉语"是个谓词性短语,要求谓语动词是个能连带谓词性短语做宾语的动词,如"希望、愿意、打算、计划"等。

（9）"很"是程度副词,要求动词是表示心理活动的,受到宾语"孩子的成长"的意义制约,最好选择"关心"这个动词。

（10）"音乐"是宾语,能支配它的谓语动词应是"听、欣赏"等。"都"是副词,应出现在谓语动词"听、欣赏"的前面。

练习三　选用贴切的动词,准确表述下列各图中人物的动作

1. 根据动作,与"晚报"搭配,最合适的动词是"读"或"看"。

2. 根据动作,与"领带"搭配,最合适的动词是"打"或"系"。

3. 根据动作,表示使用电脑时敲击键盘,应选择"打",即"打字"或"打电脑"。

4. 根据动作,与"眼镜"搭配,最合适的动词是"戴"或"摘"。

5. 根据动作,与"箱子"搭配,最合适的动词是"搬"。

6. 根据动作,与"自行车"搭配,最合适的动词是"骑"。

7. 根据动作，与"行李箱"搭配，最合适的动词是"拉"。

8. 根据动作，与"挂历"搭配，最合适的动词是"翻"。

练习四　用合适的动词填空

（1）跟"联欢会"搭配的动词有"开、举行、举办"等。

（2）受"好好"修饰，跟"奶奶"搭配的动词应是"照顾"。

（3）"一班"可表示一班的全体成员，与"一班"搭配的动词可以是"集合、出发"等，"明天早上五点半集合"是个谓词性短语，所以要求谓语动词是个能够带谓词性短语做宾语的动词，如"打算、计划"等。

（4）根据句子的意思，应选择有关对"自己"和"大家"的态度的动词，如"考虑、着想"等。

（5）"跟我"可能是"谈话、见面"等，这是个谓词性短语。"下午"是将来时间，所以第一个动词应是能够连带谓词性短语做宾语的表示将来意义的动词，如"想、要"等。

（6）根据句子的意思，"不用……"应搭配"管"。"我跟李力"后面应是相互动作，应是"商量"等动词。

练习五　用括号中所给动词的适当形式和所给词语组成句子

离合动词的动、宾两个语素间关系不够紧密，有以下几种情况：

- 在动宾之间可以插入时量成分。如（1）"一晚上"是动作的时间长度，可组成"聊了一晚上天儿"；（3）可组成"散了一会儿步"。
- 动宾间可插入动量成分，如（4）可组成"游了几次泳"，（5）可组成"离过一次婚"。
- 动宾间可插入修饰名语素的数量成分，如（6）可组成"遭了很多罪"。
- 这类动词一般不能再带宾语。（2）句的"送行"只能组成"我去机场为朋友回国送行"或"我去机场送朋友"。

练习六　改病句

（1）"进行"表示从事某种持续性的活动，要求跟持续性动词搭配。而该句宾语"舞会"只是一个表示事物的名词，不能跟"进行"搭配。常与"舞会"搭配的动词可以是"举行、举办"。应改为：这个周末我们要举行一个舞会。

（2）"打算"这个动词要求跟谓词性短语搭配，而"一次上海的旅游"是一个名词性短语，所以不能搭配。应改为：他们打算去上海旅游一次。

（3）"希望"这个动词要求宾语是个谓词性词语，而"职业"是个名词，所以不能搭配。应改为：现在，他希望从事两种职业。

（4）"病"这个动词不能接受程度副词"很"的修饰。应改为：小王病得很厉害，我想去看看他。

（5）"知道"这个动词不能接受程度副词的修饰。可改为：他们知道应该怎样生活。或：他们非常清楚应该怎样生活。

（6）"知道"是个一经得知就完成的动作，所以不存在"不太、非常"等程度高低的问题，此句应选用"了解"这个动词，了解得怎么样是有程度区别的。应改为：我还不太了解中国，我想多多了解它。

（7）"毕业"是不及物动词，要表示毕业的时间、学校等，可用介词"于"引进。应改为：他是学国际经济的，毕业于南开大学。

（8）"谈话"是个不及物动词，表示交谈对象，可用介词"跟"引进，放在动词前。应改为：明天我们公司老板要跟我谈话。

（9）"旅游"也是个不及物动词，应该说"去哪儿旅游"，不能说"旅游哪儿"。该句应改为：在中国，我去过很多地方旅游。

（10）"出发"也是个不及物动词，要表示出发的起点，可用介词"从"引进，放在动词前。应改为：下午，我们从校门口出发。

（11）"集合"也是不及物动词，"门前"是集合的地点，可用介词"在"引进地点。应改为：大家在门前集合，一会儿出发。

（12）"理发"是离合动词，"理"是动语素，与"发"有动宾关系，如果有动作结果，应放在动语素后，不应放到具有宾语性质的名语素后。应改为：我理完发就过去找你。

（13）"着陆"是不及物动词，"北京国际机场"是着陆的处所，可用介词"在"引进，放在动词前。应改为：飞机中午在北京国际机场着陆。

（14）"考试"是离合动词，"考"是动语素，与"试"有动宾关系，如果有动作时间段，应放在动语素后，不应放到具有宾语性质的名语素后。应改为：同学们今天一天一共考了六个小时试，累坏了。

第五课　动词重叠式

练习一　下列句中动词重叠后表达哪一种意义？

（1）该句是请求祈使句，动词重叠的目的是使语气变得和缓一些，所以选 C。
（2）动词重叠后中间加"了"，一般表示短时意义，所以选 A。
（3）动词重叠后用以例举，表示轻松、随意地做事，所以选 D。
（4）该句是表请求的句子，动词重叠（或中间加"一"）是为了使语气缓和一些，所以选 C。
（5）从内容上看，"听听"是试试的意思，所以选 B"尝试"。
（6）与（2）题相同，选 A。
（7）与（3）题相同，选 D。
（8）动词"去"重叠后，后面紧接一个"就"，前后意义配合，表示短时意义。所以选 A。
（9）与（5）题相同，选 B。

练习二　改病句

（1）谓语动词重叠后可表短时意义，动词后不应再接动作结果。二者分别表示时间意义，放在一起相互矛盾。该句主要要表示动作结果，所以应改为：你最好听清楚了再回答。
（2）"一边……一边……"表示两个动作同时发生，跟重叠动词所表示的短时意义相矛盾。应改为：她一边哭，一边说。
（3）"了"表示完成或实现的时间意义，不能跟表短时的重叠动词同用，所以"了"不能放在"看看"后边。可把"了"放在重叠动词的中间，改为：他又一次看了看小敏，转身走了。
（4）动词重叠式可表短时意义，其后不能再加表一定时间意义的趋向补语。应改为：孩子们立刻认真地做起来。
（5）"正在"是表动作此时进行的时间副词，它跟重叠动词所表示的时间意义不一致，用了"正在"，动词就不能再用重叠式了。应改为：大家正在讨论那个问题。
（6）"找"在句中不是做谓语，而是做定语，是修饰限制"那个人"的，跟短时的时间性无关，所以不能用重叠式。应改为：他正是我要找的那个人。
（7）动词"学习"后的"过"表示过去时间动作的经历，与动词重叠后表

（8）"一遍"是动量补语，表示动作过程中的一个节点，跟动词重叠后表示的短时态相互矛盾。应改为：请大家把这份报告认真看一遍，然后谈谈你的意见。

（9）"我穿这件衣服"是主谓结构，在下位层次结构中做主语，其谓语动词不能用动词重叠式。应改为：你觉得我穿这件衣服合适吗？

（10）动词重叠表示请求的意思时，往往在句子后面加上"吧"。"帮忙"是个不及物动词，后面不能带宾语。应改为：她现在遇到了困难，我们帮帮她吧。

（11）"一次"是动量补语，补充说明动作，应放在动词后面，它表示动作过程中一个节点，与动词重叠后表示的短时态相互矛盾，所以句中动词不能使用重叠式。应改为：我每星期收拾一次房间。

（12）表示轻松随意的列举性陈述往往用动词重叠式，"见面"是个不及物动词，后面不能直接加宾语"朋友"，可用介词"跟"引进见面对象。应改为：周末跟朋友见见面，一起喝喝酒，聊聊天儿，觉得特别有意思。

练习三　略。

练习四　根据提供的情景，选择合适的动词形式完成交际活动

（1）因是建议，应缓和语气。可以说：我们去劝劝小王吧。

（2）因是请求，应缓和语气。可以说：小张，帮我开开门。

（3）同（2）题。可以说：玛丽，把你的VCD盘借我看看，好吗？

（4）"随便转"表示"她"没有目的性，可用动词重叠式表示。

（5）妈妈让小丽收拾房间，语气可软也可硬。

（6）他打算做几件事，可采用动词重叠式，表示轻松随意的例举动作。可以说：他打算周末跟朋友打打网球、聊聊天儿、看看电视什么的。

第二单元综合练习

一、下列句中的动词重叠式表示哪一种意义？

（1）后一句是"他马上就来"，说明前句的"坐坐"表示短时，所以选A。

（2）这是表请求的祈使句，重叠动词"帮帮"起缓和语气的作用，所以选C。

（3）这里动词重叠后用以举例，表示轻松、随意做事情，所以选 D。

（4）"动词重叠＋看"表示尝试意义，这里是"做做看"，表示尝试做一下，所以选 B。

（5）"点了点"用于已经发生的动作，表示短时意义，所以选 A。

二、用适当的动词填空

（1）李白属于著名诗人之一，所以都应填"是"。

（2）处所词在句首，全句又表"存在"意义，所以应填"有"。

（3）动词后边的"我这儿""小王那儿"是处所词语，所以都应填表存在意义的"在"。

（4）此句可填表示"具有"的"有"，能与"突破"搭配，表示"获得"的意思。

（5）"非常"是程度副词，能够接受程度副词修饰而后边又能连带宾语的只能是心理活动动词。本句宾语是个谓词性短语，要选择能够连带谓词性短语的动词才合适。所以可填"希望"。

（6）"让"是个使令意义的动词，告诉他好消息，是要使他出现好的心理状态，所以动词应填"高兴"的动词重叠式，即"高兴高兴"，表示"使……变为高兴"的意思。

（7）"理想、才华"都是抽象意义的名词，动词前又都有"很"这个程度副词，所以动词只能是"具有"意义的"有"。

（8）这里连续例举所做事情，说话人又用了一种轻松、随意的态度说话，所以应选用动词重叠式，使含有轻松、随意的意味。从动宾搭配看，第一个空儿应该用"打打"；第二个空儿应该用"听听"；第三个空儿应该用"看看"。

（9）动词后面的"楼下"是处所词，动词应填表"存在"意义的"在"。

（10）"商店里"是表处所意义的词语，动词可填表"存在"意义的"有"。

（11）"刚刚下飞机的"是对客人的说明，指的是客人，所以应填判断动词"是"。

（12）根据前后内容，第一个空儿可填"病""回来"等；第二个空儿只能是"下"；第三个空儿应选择重叠式"看看"，因为这是一个表商量请求的祈使句，语气应缓和。

三、用括号中的动词和所给词语造句

（1）"这"用来确指"学习计划"。可构成：这是一份学习计划。

（2）"在"表存在意义，后边应连带处所词语。但是"8路汽车站"和"火车站"是两个不同的处所，不应该用"在"直接连接，应构成"火车站+那儿"表示具体处所。可构成：8路汽车站在火车站那儿。

（3）"才干"是抽象名词，"有"表示"具有"与抽象名词搭配时，可用程度副词"很"修饰，构成：这个小伙子很有才干。

（4）"外面"是处所词，用"去"或"到"连带后放到"走走"前，表示走的处所。可构成：我们去外面走走，好吗？

（5）"爱好"是心理动词，应连带事物，可受程度副词修饰。可构成：她爱好集邮。

（6）"希望"应连带谓词性宾语。可构成：他希望到中国学习汉语。

（7）"现代化工厂"做"参观"的宾语时，应是不定指的，所以其前应加上数量词语。可构成：昨天我们参观了一座现代化的工厂。

（8）"着想"不能连带宾语，可将"着想"的对象用介词"为"介引到动词前，构成：他总是为别人着想。

四、用下列词语组成句子

（1）"工作"不能连带宾语，应将"在电视台"放在动词前，构成：我在电视台工作。

（2）"经常"是副词，应放在动词前。根据事件的发生顺序，应构成：我们经常去工厂参观。

（3）"十分"是程度副词，应修饰心理动词"担心"，构成：妈妈十分担心他。

（4）"旅游"不能连带宾语，应将"去南方"放在动词前，构成：我和朋友们去南方旅游。

（5）"一年"补充说明动作"相处"的时间长度，应放在动词后，构成：我和小王相处了一年。

（6）"就要"是时间副词，说明动作马上要发生，放在动词前，构成：哥哥和女朋友就要结婚了。

（7）"敬礼"是不能带宾语的动词，"敬礼"的对象应该用介词"向"引到动词前，构成：同学们一齐向这位救人英雄敬礼。

（8）"一下午"补充说明动作"交流"的时间长度，应放在动词后，构成：我们和中国学生交流了一下午。

五、改病句

（1）"是"表判断，跟事件的动态过程无关，所以"是"后不能接动态助词"过"和"了"。应改为：过去他是经理，现在只是一般的职员了。

（2）这里的"经济合作关系"是指一种具体的关系，而不是抽象的属性，所以"有"前不能接受程度副词的修饰。应改为：中国跟许多国家都有经济合作关系。

（3）"起草"是谓词性短语，"是"的宾语应是名词性的，这样才能跟主语构成属性关系。将"起草"后加"的"，可构成"的"字短语，使之具有名词性。应改为：这份旅游计划是他起草的。

（4）"在"表示"存在"意义，不表示事件的动态过程，所以"在"后不能接动态助词"着"。应改为：他正好在房间，你去找他吧。

（5）动词"有"的否定形式只有"没有"，所以应改为：他怎么到现在还没有打算？

（6）"网球的比赛"是名词性短语，动词"希望"要求后接成分是谓词性的，所以应改为：我希望参加（或"看/打"）网球比赛。

（7）本句"学习"是动词，做谓语，"在美国"是介词短语，表学习的处所。"过"要放在表示动作行为的动词后。该句应改为：这几位学者以前都在美国学习过。

（8）"立交桥下"是处所，如果表示判断，应将处所词语放在句首，改为：立交桥下是一片绿色的草坪。如果表示存在，应该使用动词"在"，将"绿色的草坪"应放句首，并改成确指的，即"那片绿色的草坪在立交桥下"。或者改为"有"字句：立交桥下有一片绿色的草坪。

（9）动词重叠后不能再跟表示结果意义的补语结合在一起。可有两种改法，一是：最好把这个房间收拾收拾再用。二是：最好把这个房间收拾整齐了再用。

（10）在重叠动词中间加"了"只能表示"短时"的意义，从后续句"一直到很晚"来看，不应是"短时"动作。本句可有两种改法。一是：晚上，大家在湖边说着、笑着、唱着，一直到很晚。动词后加"着"可表示动作持续的状态，符合本句意思。二是：晚上，大家在湖边说啊、笑啊、唱啊，一直到很晚。"啊"放在连续几项名词或动词等词语后，可表示例举，也符合本句的意思。另外，如果改成"晚上，大家在湖边说说，笑笑，唱唱，一直到很晚"也可以，此时的动词重叠式含有轻松随意的意味，通常也用于例举。

（11）"边……边……"只表示两个动作同时发生，是动作发生后的一种状态，跟动作的完结点没有关系。而动词重叠式表示短时，跟动作过程的结束点有关，所以该句有误。应改为：时间不够了，他只好边吃饭，边复习。

（12）"决心"是作出决定的意思，不是心理感受性的动词，所以不能接受程度副词的修饰。可改为：他决心实现自己的理想。或：他有决心实现自己的理想。

（13）"过"表示过去动作的一种"经历"，不能与动词重叠式共用。应改为：那个展览他去看过，好像不太好。

（14）"送行"是个离合动词，不能再连带宾语。可改为：下午，他要去机场为朋友送行。或：下午，他要去机场送朋友。

（15）"能力"是"职员"具有的属性，应该在二者中间加"有"，改为：这里的职员都很有能力。

（16）"屋子"是普通名词，要加上方位词才能构成处所，应改为：屋子里有几个陌生人。

（17）"帮忙"是个不及物动词，后面不能接宾语，并且这个句子是个请求祈使句，应重叠动词来缓和语气。应改为：他还太小，你帮帮他吧。

（18）"歌曲"跟"较有名的流行歌曲"是属性关系，句中缺少表属性判断的谓语动词"是"。应改为：歌曲的名字叫《忘记他》，在中国是较有名的流行歌曲。

六、略。

第三单元 数词、量词及数量短语

第六课 数词及概数表示法

练习一 略。

练习二 用"二"或"两"填空

- 根据"2"单个数用于量词前用"两"的规律，"两个人""两倍""两条裤子""两篇文章""三两个人"都应该用"两"。
- 根据基数的尾数都用"二"的规律，"二十二个班""十二支笔"都用"二"。
- 根据以"2"开头的"千"以上位数前可以用"两"，"百"以下位数前用"二"的习惯，"两千人"用"两"。

- 根据中国传统度量单位习惯用"二","二"和"两"后引进度量单位时"二""两"不分的情况,"~米多"中用"二/两"都可以,"~斤"用"二/两"都可以。
- 根据分数用"二"的规律,"二分之一"用"二"。

练习三 用"半"表示下面的数

"半"表示二分之一,所以(1)、(3)、(5)、(6)中的"二分之一"都可以改写为"半",用在量词前。小数点后面有 0.5 的,要把前面的整数和量词读出来之后再加"半",所以(2)应为"一斤半",(4)应为"两米半"。

练习四 略。

练习五 用数字连用的概数表示法表示下列数字

相邻的两个数字连用可以表示概数。"十"以上的数表概数时共用一个十位,然后将个位的两数相连,(2)、(7)、(9)、(11)都是这种情况。以 0 结尾的数,可以将十位、百位、千位的两数相连,(1)、(3)、(5)、(6)、(10)、(12)是这种情况。相连的数字从小到大排列。不相邻的两个数只限于"三五""百八十",(4)、(8)属于这种情况,写为"三五个月""百八十斤"。

练习六 用数量词的概数表示法(如"来/多")表示下列数字

"来/多"都可以表示概数,"来"表示接近前面的那个数,"多"表示多于前面的那个数。

(1)"斤、两"是表示连续量的单位,"三斤二两""三斤三两"多于前面的数量"三斤",属于接近三的数量,所以可构成:买了三斤来苹果。

(2)同(1)题,4.6 或 4.7 离 4 远,可选用"多"。构成:大约四里多路程。

(3)"一个小时 59 分或两个小时零几分"接近"两个小时",可构成:用了大约两个来小时。

(4)"月、天"是连续量,"20–25"表示多于前面"一个月"的数量,可构成:出去转了一个多月。

(5)同(1)题,可构成:这条河有三米来深。

(6)"多""来"表示概数可直接用在以"0"结尾的数后,可构成:一次就买了五十多本书。

(7)"十年""十一年"更接近十年,所以可构成:在这里住了十来年。

(8)同(1)题,可构成:论文写了一万来字。

(9)同(6)题,可构成:今天花了三百来块钱。

（10）同（6）题，可构成：来参加会议的有一百五十多人。

练习七　用概数表示法表示下列数字（表示方法尽量不重复）

- 相邻的两个数字连用可以表示概数。如"六七斤""二三十本""一百一二十棵"；不相邻的两数连用仅限于"三五"和"百八十"，如"三五天""百八十人"。
- 表示接近某数或比某数多的概数可以用"来/多"表示，用于1–10的范围内的基本结构是：数＋量＋来/多＋名词。其中的量词应是表示连续量的，如"三个来小时"。10以上或以"0"结尾的数构成的基本结构是：数＋来/多＋量，如：三十多个，十多张，四十来天，一百来辆。
- "把"只用在位数词"百、千、万"和个别量词之后，句子中不用系数词"一"，但表示的概数是"一"，如"个把月"。
- 接近于某数，比某数略多或略少可以用"左右、上下"表示，如：一百台左右，二十个月左右，一百岁上下。"前后"只用来表示时间的概数，如"十号前后"。

练习八　判断所给选项哪个与加"·"词语意思一致

（1）"几"可以活用表示概数，多用于表示数量少；该句中又用"这么"表示程度低，所以肯定不是"九个以内"的本义，应该是B"很少很少"的概数义。

（2）"三"和"两"合用表示概数义，是短时间内的意思，所以应选A。

（3）"六十岁以上"是指以六十岁为界以上所有的人，不应是不到六十或只在六十岁的人，所以选项应是A。

（4）"两"可活用表示概数，多用于表示数量少。该句是这个意思，所以选B"少量的话"。

（5）"把"是概数表示方法之一，可以直接用在量词后，表示与这个单位量接近的概数，所以应选A"一个小时左右"。

（6）"来"是概数表示方法之一，可以直接用在数词后，表示与这个数的接近数，所以应选B"九到十二个人"。

练习九　用概数表示法改写下面的句子

（1）"两个月零几天"接近两个月，可以用"来"表示，构成"两个来月"。

（2）"80–90"是以0结尾的数，将十位的两个数字相连表示概数，构成"八九十分钟"。也可以表示成"一个多小时"。

（3）"3斤2–3两"接近三斤，"斤""两"是连续量，可构成"三斤来重"。

（4）"7-8天"是相邻的数字，可用数字相连形式表示，构成"七八天"；也可说成"个把星期"。

（5）"1500至1600"是以0结尾的数，将百位数字相连表示概数，构成"一千五六百"。

（6）"160""180"都是接近"一百七十"的数，比"一百七十"略多或略少，可用"左右"表示概数，构成"一百七十辆左右的汽车"。

（7）"26""27"是相邻数，可将个位的两数相连，构成"二十六七岁"。也可说成"20多岁"。

（8）表示接近某年龄的范围，可用"上下／左右"表示。该句可构成：他五十岁上下的年纪。

练习十　改病句

（1）增加多用倍数，减少多用分数。所以应该说"减产二分之一"。

（2）"一月"是序数用法，表示"一月份"的意思。该题说的是时间长度，应改为：一个月的时间。

（3）根据年龄的大小，汉语可有几种问年龄的方法。"几"通常指"十"以下数字，所以"几岁了"一般用来问孩子的年龄；"多大了"用来问一般人的年龄；"多大年纪了"用来问老年人的年龄。所以该句应改为：大娘，您今年多大年纪了？

（4）"三两天"是用来表示数量少的意思，该句是说明明有病，当然不是要说他病的时间那么短的意思，所以应该用"两三天"表示实际的时间概数。

（5）"多进三倍"是指在原有数字基础上增加的倍数，即不包括原有的三百册，加上原有的三百册，就是一千二百册了，这不符合九百册的数字。所以"比上个月多进了三倍"应改为：比上个月多进了两倍。

（6）"左右"表概数仅限于数字形式，如"5点左右""一个月左右"等，不能用在非数字的名词后。"前后"表大概时间，可用在时间名词后，所以此处应改为"春节前后"。

（7）"来"可接在以"0"结尾的数后，表示接近这个数的概数，也可放在量词后表示接近这个单位量的概数，但是这个单位量一定是个连续量，否则就不存在概数意义了。该句中"个"不是连续量，所以"来"不能放在"个"后，只能放在"十"后，表示接近"十"这个数字的概数。

（8）"多"应该用在以"0"结尾的数后，不要放在量词后，所以应改为：五千多块钱。

（9）"左右"表示概数时，如果是"数+量+名"结构，应放在名词后。该句应改为：八个月左右。

（10）"多"和"左右"是两个表示不同概数意义的词，不能共用于一种情况。该句如要表示超过"二十岁"，可选用"多"；要表示跟"二十岁上下"的数，可选用"左右"。

（11）"多"表示概数超过10的，应以"0"结尾。"二十二"不是以0结尾。应改为：这个城市很小，只有二十多万人。

（12）汉语中，两个相邻数字连用可表示概数。"多"也可表示概数，但意义不同。此处是"十三、十四"，可选用数字连用形式，应改为：她找了十三四天才找到。

（13）表示七万或八万可采用数字连用的形式，应改为：攒了七八万块钱了。

（14）这里的"人"是"人次"的意思，可表量，所以应改为：这个礼堂可以坐两千人左右。

（15）此句应构成"数+量+名+'左右'"的结构，改为：他一个月左右就回来了。

（16）在有整数时，"半"应该用在整个数量后。应改为：他一共用了两个半小时的时间。

第七课　量词

练习一——三　略。

练习四　用"一点儿"或"有点儿"填空

"一点儿"和"有点儿"功能不同，所以在句中的位置也不同。"有点儿"是副词，出现在谓词性词语前，如（3）、（5）；"一点儿"是数量词，多出现在谓词性词语后或修饰名词性词语，如（1）、（2）、（4）、（6）。

练习五　选择适当的量词填空

（1）对老先生应当尊敬，所以选用有尊敬色彩的量词"位"。

（2）"帮""伙"是用于计量人的，"群"可以计量人，也可以计量动物。这里是动物，所以选用"群"。

（3）"批"跟批量地进出有关，"群"主要用于无目的性集聚的群体，"帮"可用于为一定目的而结合的群体，所以这里选用"帮"比较好。

（4）"系列"只能跟"一"结合（"一系列"）；"点儿"不能跟具有"多"义的"好"结合，因为它本身只有"少"的意义；"些"可以跟"好"结合（"好些"），表示"多"的意义。

（5）"副"表示两个成对的东西，跟它具有的整体性有关，因过去常将两只手套用一根带子连结起来，这种情况跟眼镜很相似，所以它常用"副"来称量。

（6）"趟"跟往返移动动作有关，此句是往医院跑，所以应选"趟"。

（7）"座"是从事物外形高大的、固定不动的方面来说的；跟经营有关的地方可用"家"来计量。这里是"饭店"，所以应选"家"。

（8）句中说到"一共五张"，说明应选用集合量词。邮票如果多张在内容上有关联而形成一体的话，便组成"套"。所以应选"套"。

（9）"累"是形容词，出现在它前面的词，表示微量程度，应选择"有点儿"；出现在动词"休息"后的量词，表示休息的时间长度，应选用"一会儿"。

（10）前后两个空儿都可选用"B"或"C"，都有不大的程度或量的意义。

练习六　用适当的借用名量词填空

某些名词之所以能被临时借用为量词，是因为它跟称量的事物发生了盛、载等关系。

- 牛奶可以用杯或瓶盛，所以"杯"或"瓶"可临时借用为"牛奶"的量词。
- 屋子里或车里可承载很多客人，可临时借用"屋子""车"为"客人"的量词。
- 泪水挂在脸上，可把"脸"作为"泪水"的量词。
- 东西可以放在箱子里、筐里、桌子上等，"箱子/筐/桌子"都可临时作为"东西"的量词。
- 书可放在箱子里、书架里、桌子上等，"箱子/书架/桌子"都可临时作为"书"的量词。
- 衣服可以放在箱子里、穿在身上，"箱子、身"可以临时作为"新衣服"的量词。
- 汗出在头上或身上，"头"或"身"就可以临时作为"汗"的量词。
- 画儿可挂在墙上，"墙"就可以临时作为"画儿"的量词。
- 用盒子或盘子盛糕点，"盒"或"盘"就可临时作为"糕点"的量词。
- 头发长在头上，"头"可临时作为"黑发"的量词。
- 酒席、饭菜等可放在桌子上，"桌"可以临时作为"酒席"的量词。

- 照片可以挂在或贴在墙上,"墙"可以临时作为"照片"的量词。

练习七 略。

练习八　将下列句子换成带有动作量的表达形式

（1）"去医院送……"是移动的动作,可选用动量词"趟"。
（2）"检查"是由开始到结束的完整过程,应选用动量词"遍"。
（3）动作表现为不易的、经过努力的、花费时间的,可选用动量词"番"。
（4）表示时间长的、完整的一次雨雪过程,可选用动量词"场"(读 cháng)。
（5）有场次的文娱、体育、报告、会议等活动,可选用动量词"场"(读 chǎng)。
（6）表示骤发的、短时的动作,可选用动量词"阵"。

练习九　用适当的借用动量词填空

某些动作要借助某些工具或人体的某个部位才能完成,被借助的事物就可以临时作为称量的量,这就是借用量词。

- "看"的动作要用眼,所以"眼"可临时作为"看"的借用量词。
- "踢"的动作要用脚,所以"脚"可临时作为"踢"的借用量词。
- "吐"的动作要通过口,所以"口"可临时作为"吐"的借用量词。
- "切"的动作要用刀,所以"刀"可临时作为"切"的借用量词。
- "射"的动作要用箭,所以"箭"可临时作为"射"的借用量词。
- "剪"的动作要用剪子,所以"剪子"可临时作为"剪"的借用量词。
- "砍"的动作要用斧子,所以"斧子"可临时作为"砍"的借用量词。
- "舀"的动作要用勺子或瓢,所以"勺"或"瓢"可临时作为"舀"的借用量词。
- "打"的动作可用巴掌,所以"巴掌"可临时作为"打"的借用量词。

练习十　根据句义,用借用量词改写下面的句子

（1）新衣服穿在身上,可借"身"为临时量词,即:他穿了一身新衣服。
（2）水撒在地上,"地"成了承载水的地方,可借"地"为临时量词,即:撒了一地水。
（3）暖水瓶是盛载水的工具,可借"暖水瓶"为临时量词,即:装了一暖水瓶水。
（4）礼品摆在桌子上,"桌子"是承载礼品的地方,可借为临时量词,即:摆了一桌子礼品。

（5）缸子是装载金鱼的地方，可借"缸子"为临时量词，即：养了一缸子金鱼。
（6）"书包"是装东西的工具，可借"书包"为临时量词，即：塞了一书包东西。
（7）花盆是装载花的地方，可借"盆"为临时量词，即：种了一盆花。
（8）"斧头"是砍的工具，可借"斧头"为临时动量词，即：砍了两斧头木头。
（9）"拳头"是打的工具，可借"拳"为临时动量词，即：打了三拳。
（10）"剪子"是剪的工具，可借"剪子"为临时动量词，即：剪了两剪子就剪出一个窗花来。

练习十一　改病句

（1）该句有两处不当：一是根据药的形状不同，可以选用"片、粒、丸"等不同量词，不应该用"个"；二是"一点儿"应放到形容词后，表示低的量度。
（2）该句有两处不当：一是立交桥是高大而固定不动的建筑，应选用"座"为量词，不应该用"所"；二是"个""层"都是量词，不应连用，这里应是"层"。
（3）"有些"不能作为宾语的修饰语，应改为"一些"，即"发生了一些矛盾"。
（4）问句是问有多少人去了，答句也应回答有多少人，而不是多少车，车是承载人的工具，可借为临时量词，改为"去了三车人"。
（5）"一些"不能修饰谓语，修饰谓语可用"有些"，即"有些明白了"。
（6）用手打人，可能是用拳头，也可能用巴掌，而不是"手"，另外，表人宾语要放在动量词前。应改为：他打了我一拳（或"巴掌"）。
（7）"些"是个不定的"量"，而"册"又是个确定的"量"，所以是矛盾的。改这个句子的方法是"些"和"册"取一个就可以。
（8）旅游公司有多少汽车，是在说它怎么样，而不是说高大的外形，所以不能用"座"，而应该用"家"作为量词。
（9）"个"和"篇"都是量词，不应连续用两个不同的量词。"文章"的量词是"篇"。
（10）表示反复的动作的量应该用"次"，不能用"个"，所以应改为：通过这两次失败，我真正懂得了实践的重要。
（11）"有的……有的……"是用来代指不同照片的，是一种定指的用法，无需用"张"。应改为：这些照片有的照得好，有的照得不好。

（12）"电影、著作"等用"部"做量词，不是"片"。

（13）动量词"下"表示时间短、强度不大的动作，或者带有轻松的语气。句子里的"说"是训斥的意思，"狠狠地说"表明训斥达到一定量，所以动作量不应是"一下"，而应是"一顿"。另外，表人宾语应放在动量词前。应改为：为这事，妈妈还狠狠地说了我一顿。

（14）"三次"是动作"来"的数量，"已经"表明动作达到了某数量，所以应将"三次"放到"来中国"后，改为：他已经来中国三次了。

（15）"我们俩"是复数意义，"个"是单数个体量词，它们搭配在一起相互矛盾。"一对"是复数意义，跟"我们俩"的数相吻合，所以应改为为：很快我们俩就成了一对好朋友。

（16）该句有两处错误：一是，表示"冷"的微量程度，应该用"有点儿"，放在形容词前；二是，所有在上身穿的衣服都应该用"件"，"毛衣"是上身穿的衣服，当然也应该用"件"。

练习十二 略。

第八课 量词短语 数量词重叠 时间表示法

练习一 选择形容词填入下列短语中（不必填的可以不填）

- "一把伞""一家商店"中的量词是专用量词，不是可分切事物，不是集合量词，也不是借用量词，所以数量间不能加进"大、小"等形容词。

- "一群工人"的"群"是集合量词，表示"多"。数量间一般只用"大"，不用"小"。

- "两把土""三间屋子""一块月饼""一片草地"，其间的量词都是集合量词，或事物都是可分切事物，所以数量词之间可加进"大、小"等形容词。

- "两杯咖啡"的"杯"原本是名词借用成量词，可根据杯子的大小，在数量间加进"大"或"小"等形容词，也可以根据装满的情况，加进"满"这个形容词。

- "一勺盐"的"勺"同样是名词借用成的量词，可以根据勺的大小，在数量间加进"大"或"小"等形容词，也可以根据装满的情况，加进"满""平"等形容词。

- "一头汗"的量词"头"是借用量词，但数词"一"表示的是"满"的意义，不能再受"大、小"等形容词的修饰。

练习二　说说下列句中重叠的数量词语表示哪一种意义

- "数量+数量"做状语时，一般都是描写动作一个接着一个做的意思，所以（1）、（5）应是C。
- 量词重叠后做主语，表示"每一"的意思，所以（2）应是B。
- 时间量词重叠做状语，即用来修饰谓词性成分时，表示"每一"的意思，所以（4）应是B。
- 数量重叠做定语，即用来修饰名词性成分时，可表示"多"。所以（3）、（6）应是A。

练习三　选择量词或量词的重叠形式填空

（1）用于描写数量状况时，应该使用数量的重叠式，并把它放到动词前的位置上，所以该句的正确选项是B。

（2）跟"事"有关的量词应该用"件"，所以正确选项是C。

（3）"顿"不用于计量"掌声"；"阵"用于计量突发的、短时间的动作。"掌声"是突发性的，所以该句的正确选项是B。

（4）"个个"做句子主语时，有表示"每一"的意思，所以正确选项是A。

（5）"年年"重叠后做状语有表示"每一年""逐年"的意思，所以最好选B"年年"。

（6）这里表现的是天气逐渐变"暖和"的情况，所以应选用"天"；句意要表示"一天比一天"的意思，所以应选用"天"的重叠式。数量重叠式做状语可以表示"逐~"的意思。所以该句的正确选项是C。

练习四　用适当的量词和数量形式填空

（1）此句要表示的是"每一天"的意思，所以应选用数量的重叠方式"天天"。

（2）汉语中，有时为了不突出"一"的数而把量词前的"一"省掉或故意不说。本题应选用动量词"趟"。

（3）同（2）题，应选用名量词"个"。

（4）该句要表示"坏消息"多，重在描写，应选用数量的重叠方式"一个个"。

（5）饭要"逐口地吃"，事要"逐件地做"，描写方式应该用"一口一口""一件一件"表示。

（6）要表示的是"每一句"的意思，应选用数量的重叠方式"句句"。

（7）要表示的是"逐个地进行"的意思，应选用数量的重叠方式"一个一个"。

（8）同（4）题，应选用数量重叠方式"一片片""一条条"表示。

练习五　比较下面左右两列中数量短语的意义区别

（1）"25号"是指某一日，所以是"时点"；"25天"是时间长度，所以是"时段"。

（2）"十二个月"是时间长度，所以是"时段"；"十二月"是十二月份，所以是"时点"。

（3）"淋了一身水"的"一"，不能换作"二"，表示的是"满""遍"的意思；"买了一身西服"的"一身"可以换成"两身""三身"等，说明"一身"表示的是实际数量。

（4）"一小块蛋糕"的"小"修饰的是"块"，说明是变成"小"的"块"的蛋糕，也就是从大的蛋糕上切下来的"小块"；"一块小蛋糕"的"小"，修饰的是"蛋糕"，说明它是一个块小的蛋糕。

（5）"一夜"是从晚上到早上的时间长度，是时段的意义；"一个……夜晚"表示的是某个晚上，是时点的意义。

（6）"订了一桌菜"的"一桌"可以换成"两桌""三桌"等，说明"一桌"表示的是实际数量；"摆了一桌子菜"的"一"，表示布满桌子的意思。

练习六　选择填空

（1）"白天""夜晚"都是名词，它们的前面不能直接用数词；"天"和"夜"既是名词，也可用作量词，所以其前可以直接加数词，不需要另外加量词"个"。所以选A。

（2）"两个"加"半个"应该等于"两个半"，正确表达方式是"两个半小时"。

（3）表示大概时间时，"前后"可以用在时间名词后，而"左右"不能。所以选C。

（4）"多长时间"是问时段，而"半夜"是时点，"半个晚上"才是时段，所以选B。

（5）"帮忙"是动宾式离合动词。有说明动作时态、时段等的词语时，应放在动语素后；有修饰限制名语素的成分时，应放到名语素前。C"帮了我一天的忙"符合这两点，所以选C。

练习七　将句中的时间词语改成时段表达方式，重新组织句子

（1）从"三月"到"九月中旬"是半年多的时间，所以改为：他这个设计搞了半年多才搞完。或：他用了半年多的时间才搞完这个设计。

（2）从吃完午饭到傍晚，是整整一个下午的时间，所以改为：她写了（整整）一下午作文。

（3）从星期一到星期六是一个星期的时间，所以改为：他（整整）一个星期没在公司。

（4）从六点到七点半是一个半小时的时间，所以改为：她每天早上练打一个半小时的太极拳。

（5）从晚上到第二天早上是一夜的时间，所以改为：他们整整热闹了一夜。

（6）从 1990 年初到 1995 年 8 月是五年半的时间，所以改为：他在中国学习了五年半。

练习八　改病句

（1）汉语中数词一般不能直接修饰限制名词，常构成"数＋量＋名"的形式。此句中，"季节"是名词，它直接被"四"这个数词限制，所以不对，应改为：一年有四个季节。

（2）汉语中数字和"们"不能同现，应分别使用，即用了数字就不能用"们"，用了"们"就不能再用数字。所以此句改为：我的朋友们晚上来给我过生日。或：有五六个朋友晚上来给我过生日。

（3）"封"是专用个体量词，"信"是不可分切的事物，量词"封"前不能用形容词修饰，所以改为：他给朋友写了一封短信。

（4）"钟头"只有名词一种用法，名词前不能直接接数词。应改为：下午，我听了三个钟头的讲座。

（5）"十月"是"十月份"的意思，表示的是时点。本句时间词语用在动作后，表示的应是时段，所以应改为：他在美国学习了十个月。

（6）汉语的"半"如果前面有整数，应放在数量后，即"一个半小时"；"作文"的量词应是"篇"。应改为：我用一个半小时写了一篇作文。

（7）"点"是时点，表示时段应该用"小时"。应改为：他下午看了两个半小时电影。

（8）"多长时间"是问时间长度，应把表示时段的词语放在动词谓语后，改为：你每天晚上睡多长时间觉？

（9）"天天"表示"每一天"，一般只做状语。该句错用作定语修饰名词，所以应改为"每天"。

（10）跟（2）题相同，把"几十个孩子们"改成"几十个孩子"或"孩子们"。

（11）该句表示的是经过了的某一天，所以应改为"这一天"。

（12）"前天"专指昨天的前一天，若表示某时间的前一天应该用"某时间（的）+ 前一天"的表达方式。所以应改为：每当提交作业的前一天，我都开夜车。

（13）用确指的方式来指某事物，可用"'这/那'+ 量 + 名"形式。所以应改为：那个系的学生都非常厉害。

（14）表示较短的时间段应该用"一会儿"，不用"一点儿"。应改为：她休息了一会儿，感觉好多了。

（15）"上网"是动宾式离合动词，有说明动作时段的词语时，应放在动语素后，不要放在名语素后。应改为：他今天上了一下午网。

（16）从"孩子们"可知"小脸"是多张，应选用数量重叠方式"一张张"来表示多。

（17）"推敲"说明在反复做，应将数量重叠起来用在谓语动词前，表示"逐字地……"这种方式。应改为：每次作诗，他都是一字一字地认真地推敲着。

（18）"夜"既是名词，也是量词，可以直接接数词。应改为：为了抢救伤病员，大夫连续几夜不休息。

第三单元综合练习

一、填空

1. 用"二"或"两"填空
- "千"以上的位数，"2"打头时读作"两"，所以填"两千二百二十人、二十二万、两万二千吨"。
- 分数用"二"（"二分之一"）。
- 倍数用"两"，读作"两倍"。
- "2"用于量词前用"两"，如"两段话""两把扇子""两张床"。
- 中国传统度量单位习惯用"二"，后引进的国际度量单位"二""两"都可以，所以填"二斤""二/两公里"。

2. 用量词或时量短语填空（不能重复使用）
- "椅子"有用手抓拿的靠背，用"把"。

- "沙子"是颗粒状的东西，可用"粒"；若用集合量词，用手抓，可用"把"。
- "毛衣"是上身穿的衣服，用"件"。
- "西服"一般是上衣跟裤子配套的，可用"套"。
- "路"一般用"里"或"公里"来计算长度，可用"里"或"公里"。
- 对"老人"应尊敬，可用"位"。
- "汗"流出来后可能在脸上或身上，可用"脸"或"身"等。
- 从所听内容的完整性上，可用"遍"；也可选用表示时段的词语，如"一上午"。
- 可选用表示时段的词语，如"睡了一上午（或'一夜/一晚上'）"等。
- 若要表示反复的动作，可用"次"，即"借了两次"。
- "去"是移动性动作，可以用"趟"。
- "流氓"是坏人，可以用"伙"。
- "楼房整齐地排列着"，说明不是一座楼，可用"座"的重叠式以表示"多"。
- "广场两侧"说明不是"一棵"或"一排"，可用"排"的重叠式以表示"多"。

二、判断变色词语的意义

（1）"一晚上"表示的是整个晚上的时间长度，所以选 B。
（2）"几个"前用"这么"表示少的程度，所以选 A。
（3）"大"修饰的是"筐"，说明是筐大，所以选 B。
（4）"三"与"两"连用，与"就"配合，表示动作在时间上"快""早"的意思，所以选 B。
（5）"把"表示接近前面数的概数意义，所以选 A。
（6）"两"可以活用为表示不确定的数目，一般表示"少"，所以选 B。

三、根据句义，在横线上填上表示动量的数量短语

（1）表示不长的动作时间段，可用"一会儿"。
（2）做"看"的动作，用的是眼睛，可借"眼"为临时量词，所以填"一眼"。
（3）表示由开始到结束完整的"讲"的过程，可用动量词"一遍"。
（4）表示阵发的或骤发的，动作经历不太长的一个时间段落，可用动量词"一阵"。

（5）有反复过程的动作，且动作表现为不易的、经过努力的、费时的，可用动量词"一番"。

（6）"放"凭借的工具是"枪"，可借"枪"为临时量词，所以填"一枪"。

四、根据要求，重新组织短语或句子

1. 用概数表示法表示下列数字（表示方法不能重复）

- 在位数或量词后加上"把、多、来"可以表示概数，所以本题中的"19—20岁""99台""两小时零五分"可以说成"二十来岁""百把台""两个多小时"。
- 数字连用可以表示概数，题中"21个—22个人""4万—5万"可以说成"二十一二个人""四五万"。
- 个别不相邻的两个数字放在一起也可表示概数，题中"3天—5天"可说成"三五天"。
- "~以上""~以下"也可表示概数，题中"31斤"可说成"30斤以上"。
- 在表示不同范围的"数+量"后，加上"上下""左右""前后"等也可表示概数，题中"9月—11月"可说成"10月前后"。

2. 根据意思，用借用量词组成数量短语重新表述

（1）教室里满是学生，可借"教室"为临时量词，用"一"表示"满"，改为：坐了一教室学生。

（2）盛苹果的工具是"小包"，可借它为临时量词，改为：装了一小包苹果。

（3）"假期"是写论文所用的时间长度，可用"假期"做临时量词，改为：写了一假期论文。

（4）"眼睛"是看的工具，可用"眼"做临时量词，改为：看了他几眼。

（5）"嘴里"有烟味，可用"嘴"做临时量词，用"一"表示"满"的意思，改为：抽烟抽得一嘴烟味。

（6）"板子"是拍的工具，可用"板子"做临时量词，改为：拍了他两板子。

3. 用时段表示法表示句中的时间词语

（1）从早上上班到晚上下班是一天的时间。可改为：他在实验室里待了整整一天。

（2）从晚上到早上是一夜的时间。可改为：他屋里的灯亮了一夜。

（3）从两点半到四点是一个半小时的时间。可改为：她每天下午听一个半小时的广播。

(4)从四月到十月是半年的时间。可改为：他在美国学习了半年。

(5)"整个下午"是"一下午"的时间，动作所用时段应放在动宾之间。可改为：红红看了一下午漫画。

(6)从上一周的星期一到这一周的星期六是两周的时间。可改为：他在医院里住了两个星期。或：他住了两周的医院。

五、改病句

(1)"左右"表示概数时应位于"数＋量＋名"结构之后，所以"五千左右块钱"应改为"五千块钱左右"。

(2)"山"是自然的事物，不可分割，所以"大"不能放在量词"座"前。"大"应修饰"山"，改为"一座大山"。

(3)这里是从"服务"的角度说明旅馆怎么样，量词不应该用表现建筑外形高大的"座"，而应该用"家"。

(4)"多"表示零结尾数字的概数时，应直接位于数字后，不应放在量词或名词后，应改为"一百多人""四百多人"；增加了"~倍"，不应包含原有数字，应改为"增加了三倍"。

(5)"钟头"只有名词用法，没有量词用法，不能构成"数＋钟头"结构。应改为：我兴致勃勃地参观了两个钟头。

(6)"个"和"层"都是量词，一个事物不应同时用两个不同意义的量词来表示。表示楼层的量词应是"层"。应改为：这座教学楼共有六层。

(7)"左右"表示大概的时间时只限于用于数字形式，如"5点左右""一个月左右"等，不能用在时间名词后。"前后"可用在时间名词后，所以改为"新年前后"。另外，表示旅游的次数而不表示动作的全过程，用量词"次"。

(8)补充说明动作数量多少，应位于动词后。应改为：老师说了我一顿。

(9)"门"是非连续量词，"来"应该用在零结尾数字后。应改为：他一共选了十来门课。

(10)"家"一般用于有商贸经营的部门，"学校"一般用"所"作为量词。该句应改为：这所大学有两万多人。

(11)"场"一般跟有场次的、完整过程的事物有关，"欢呼声"是骤发性的，所以不能用"场"。"阵"可用于骤发性的事情，所以改为：会场里响起一阵阵欢呼声。

(12)"睡觉"是动宾式离合动词，表示动作时段的词语应放在"睡觉"的动宾之间。应改为：他昨天夜里只睡了三四个小时觉。

（13）这里要表示的是序数，应在数前加"第"，否则就成基数了。应改为：这是他第一次来中国。

（14）汉语中用数字来表示复数和用"们"来表示复数是不能共现的。应改为：每天早上，这里都有一二百位老人做气功。或：每天早上，这里都有老人们做气功。

（15）"扇子"是用手抓拿才能使用的东西，应该用"把"做量词，改为"五把工艺扇子"。

（16）询问"多长时间"的部分应放在动词性成分后。应改为：你打算在中国留学多长时间？

（17）"三月"表示某个月份，是时点。该句要表示时段，应改为"来这里三个月以后"。

（18）"一点儿"是数量词语，可出现在谓词性词语后，谓词前应该用"有点儿"；"一次"表示反复重复的动作，该句要表示的是"休息"的时间短，所以应改为"休息一下"。

第四单元 形容词、区别词及相关语句

第九课 形容词及相关语句

练习一 判断句子正误，错误的请改正

（1）形容词可直接做谓语，无需用"是"连接。应改为：孩子年纪虽小，书法却写得很好。

（3）"热情"是形容词表示性质，不能带宾语，应该用介词"对"引进对象。应改为：服务员对我们非常热情。

（6）形容词"多"不能单独修饰名词，需要加上适当的程度副词"很""非常"等才可以。应改为：他的父亲有很多钱。

（7）"巩固"是行为动词，不能受副词修饰。可改为：大卫学了就用，很好地巩固了学到的汉语。

练习二 说出下列句中形容词谓语句暗含的意思

形容词在句中做谓语时，如果没有程度副词修饰它，也不是重叠形式，往往暗含对照、比较的意义。
（1）该句有将"外边"跟"屋里"对照的意义，即外边风大，屋里没风。
（2）该句有将王芳跟班里其他同学进行比较的意思，即王芳歌唱得好，别的同学不如她。
（3）该句有将湖那边跟湖这边进行比较的意思，即湖这边的风景没有那边美。
（4）该句有将这间屋子跟别的屋子进行比较的意思，即别的屋子没有这间大。
（5）该句有将这本教材跟别的教材进行比较的意思，即别的教材太容易。
（6）该句有将早上跟一天中别的时间进行比较的意思，即早上比别的时间空气清新。

练习三　判断句子正误，错误的请改正
（1）形容词的肯定式与否定式并列使用可表疑问，如果是双音节形容词，可只重复第一个音节。可改为：你今天玩儿得开不开心？
（3）性质形容词主要表示事物的性质，所以否定式一般用"不"而不用"没"。可改为：他脑子并不聪明，就因为学习刻苦成绩才好的。
（6）性质形容词单独做谓语时通常含有暗比的意义，这两句对话中只是陈述事实，不表示对比，可以采用"'很'+形容词"。答句应改为：南开大学经济学院很有名。

练习四　写出下列形容词的重叠形式
● 单音节形容词绝大多数都可重叠，重叠方式为AA式。即：白白（的）、长长（的）、低低（的）。
● 双音节形容词可以有三种重叠形式：
一种是基本形式，即AABB式。这里有"大大方方""热热闹闹"等。
一种是不完全重叠式，即只重叠词的一部分——"A里AB"式。重叠为这种形式的形容词往往在意义上含有厌恶、轻蔑的意味，所以一般只限于含有贬义的、不如意的形容词。这里，"糊涂、流气、小气"带有贬义，所以它们都可以重叠为"A里AB"式，即：糊里糊涂、流里流气、小里小气。
一种是特殊的重叠方式，即ABAB式。这种形容词的后一语素是表示性状的，前一语素常含比喻、比拟义——像……那样的。"焦黄、冰凉、漆黑、滚烫、血红"都属于这一类，即重叠为ABAB式，如"焦黄焦黄、冰凉冰凉、滚烫滚烫"等。

练习五　带·的词可以有"AABB"和"ABAB"两种重叠方式，请根据下列句子的意思，将它们变成适当的重叠形式，并说明它们的意思

性质形容词可以重叠为"AABB"式，用来描写事物动作的状态，属于状态形容词，如（1）、（3）、（6）、（7）、（10）。在表意需要的情况下，可以重叠为"ABAB"的动词形式，此时该形容词具有"使……"的意义，属于动词用法，如（2）、（4）、（5）、（8）、（9）。

练习六　下列词语中哪些不能用"很""不"修饰？

状态形容词主要用来形摹事物的样子、动作的样态，不能用"不"否定。在构词上都有强化描写的要素或形式，如含某种比喻的语素，如"漆黑、滚圆"，或重叠形式，如"暖洋洋、通红通红的、慌里慌张、大大方方、亮亮的"，不能再受程度副词的修饰。

练习七　改病句

（1）形容词的重叠方式不能再接受程度副词的修饰。应改为：听了这话，他高高兴兴地回去了。

（2）汉语形容词可以直接充当句子谓语，不需要"是"连接；在没有表示比较意思时，形容词谓语前应有程度副词；用"虽然……但是……"等连词连接的句子，当前后两个分句说的是一个主语时，这个主语应放在"虽然"之前，前后分句共用一个主语。该句应改为：她虽然很年轻，但是很有生活经验。

（3）该句跟（2）句用"是"的问题一样，应改为：这三个地方的风景都很美丽。

（4）形容词"肯定式＋否定式"跟动词的"肯定式＋否定式"一样，具有疑问功能，所以使用这种方式后，不能再用表疑问语气词的"吗"。该句应改为：你们的业余生活丰富不丰富（或"丰不丰富"）？或：你们的业余生活丰富吗？

（5）"深沉"一般用来形容声音、心情、性格等，看问题的"看"是表示对问题的认识，应该用"深刻"。应改为：我们看问题要更实际、更深刻一些。

（6）该句跟（1）句一样，即重叠方式的形容词不能再受程度副词的修饰。应改为：她马上动手，把屋子打扫得干干净净。

（7）不是把她的声音跟别人的声音作比较时，"好听"的前面应加程度副词。应改为：我觉得她说话的声音很好听。

（8）"血红"的"血"已表示了"红"的程度，不能再接受程度副词的修饰。应改为：他瞪着血红的眼睛，毫不让步。

（9）"友好"是形容词，不是动词，不能连带宾语。应该使用介词把"友好态度"所及对象引介出来，并放在形容词前。改为：中国人民对我国人民非常友好。

（10）"合适"是形容词，后面不能带宾语，应改为动词"适合"。

（11）"幸福"不能重叠。应改为：我感觉他们的生活不幸福。

（12）否定事物性状时，应选用否定副词"不"。应改为：这两天身体不舒服，吃饭总觉得不香。

（13）该句的一个错误跟（2）句一样，即形容词可以直接做谓语，不需要"是"连接。另一错误跟（7）句一样，即当不是把她的学习成绩跟别人作比较时，"突出"前面应加程度副词。应改为：她很努力、很用功，所以成绩也很突出。

（14）"小里小气"是"小气"的一种重叠方式。任何一种形容词的重叠方式都不能再接受程度副词的修饰。应改为：他花钱比我小气。或：他花钱小里小气的。

（15）该句错误跟（8）句一样，即"笔直"的"笔"已经表示了"直"的程度，这类形容词不再接受程度副词的修饰，可用"笔直"的重叠形式来加强对"笔直"的描写。"宽"如果没有对比意义时，应采用"很＋形容词"形式。应改为：城市很整洁，马路很宽，笔直笔直的。

（16）状态形容词只是描写一种客观样态，不与"了/着/过"结合。应改为：他以前总是马马虎虎的，现在不了。

（17）"健康"是形容词，不能连带宾语。应改为：他经过一段时间的疗养，终于恢复了健康。

（18）"好"是描写她的心情的，用"不"否定，不用"没"；"高高兴兴"是描写高兴的样子，这里应该用"高兴高兴"，表示"使她高兴"的意思。应改为：她最近心情不好，我们大家给她过个生日，让她高兴高兴好吗？

练习八 略。

第十课 形容词修饰的功能与条件

练习一、二 略。

练习三 改病句

（1）双音节形容词做定语一般要加"的"，所以"勤奋学生"应改为"勤奋的学生"。

（2）形容词"多"与程度副词一起构成短语修饰名词时，一般不加"的"。应改为：我相信他，他总是有很多主意。

（3）单音节形容词做定语时一般不加"的"。应改为：妈妈给我买了一件红衬衫，让我本命年穿。

（4）形容词做定语时，与中心语意义上的搭配要贴切。"充实"在意义上与"理由"不搭配，"充分"可与"理由"搭配。应改为：我有充分的理由选择他。

（5）"程度副词＋形容词"做定语，一般要加"的"。应改为：我设计了一件非常漂亮的礼服。

（6）状态形容词（"金灿灿"）做定语要加"的"。应改为：金灿灿的麦田预示着又是一个丰收年。

练习四 略。

练习五 将左右两列可以搭配的词语用线连接起来（注意"地"的正确使用）

- "句号"是圆的，所以"圆圆"可与它组合。"圆圆"是形容词重叠式，需加"地"。
- "清清楚楚"可与"听见"组合；"清清楚楚"是重叠形式，描写动作状况时，可加"地"，也可不加"地"。
- "随便"可与"写点儿"组合。"随便"是双音节形容词，是否加"地"没有限定，可取决于表达的需要。
- "容易"可与"学"组合，主要表示难易"学"的性质，不在于描写，可不加"地"。
- "晚"可与"来一会儿"组合，因是单音节形容词，表示"晚"的性质，无需加"地"。
- "痛快"可与"答应了"组合。因为"痛快"在意义上是描写动作者情态的，修饰动作时应加"地"。

- "冷冰冰"可与"说道"组合。因为"冷冰冰"是描写性强的状态形容词，做状语时一般要加"地"。
- "舒舒服服"可与"躺在那里"组合，因是重叠式，又是对人躺的感觉、样子的描写，所以应该加"地"。

练习六、七 略。

练习八 改病句

（1）"程度副词+形容词"做状语，一般要加"地"。应改为：宣传人员非常形象地演示着。

（2）这里描写性很强，应将单音节形容词重叠后加"地"，改为：她长长地舒了一口气。

（3）带叠缀的状态形容词描写性强，做状语时一般需加"地"。应改为：他还在傻乎乎地暗自高兴呢。

（4）"清楚"的意义指向听到的内容，修饰动词时需加"地"。应改为：小张清楚地听到，老师确实是这样说的。

（5）形容词单独做谓语会暗含比较义，这里没有此意，应在形容词"忙"前加表程度的副词；量度形容词"多"不能单独做名词的修饰语，可构成短语"那么多"。全句改为：现在我很忙，没有那么多时间给你写信。

（6）单音节形容词单独做状语很受限制，"快"单独不能做状语，应构成短语"很+快"，改为：在大家的帮助下，我很快习惯了这里的生活。

（7）带叠缀的形容词单独做谓语时，描写性都较强，一般要在其后加上"的"。应改为：屋子里乱哄哄的。

（8）"晚"表示"来"的性质，应做状语，放在动词前，改为：他可能晚来几天。

（9）这是个典型的描写句，谓语动词"吹着"表现的是一种状态，所以"轻"应重叠。应改为：春风轻轻地吹着。

（10）形容词"伤心"意义指向动作者，需要用"地"，改为：听到这个消息，她伤心地哭了起来。

（11）"浓""淡"是形容词，不能被"吃"，应将它们加"的"构成"的"字短语代指吃的东西，改为：东京人爱吃浓的，京都人爱吃淡的。

（12）"多"不能单独做定语修饰名词，应构成"很+多"短语，改为：虽然工作中有很多困难，但是我们一定会克服的。

（13）"大大方方"是描写动作者样态的，其后应加"地"。应改为：她大大方方地介绍着公司里的情况。

（14）单音节形容词重叠后修饰名词时，其后需加"的"；形容词做谓语无暗含比较义时，应受到程度副词修饰。应改为：这个小伙子高高的个子，方方的脸，粗粗的眉毛，大大的眼睛，很英俊。

第十一课　形容词与比较句

练习一　根据提供的条件，将下列各句改写成"比"字句和它的否定式"没有"句

（1）根据"比"字句"（A+）'比'+B+形容词/谓词短语"的基本结构形式，本句可改写为：词典比课本厚。"没有"比较句要考虑形容词的积极意义，所以可改写为：课本没有词典厚。

（2）"比"字句表示性质具有的数量，应放在形容词或谓词短语后，本句可改写为：笔记本电脑比台式电脑贵2000元。"没有"比较句只否定性质即可，可改写为：台式电脑没有笔记本电脑贵。

（3）解释同（1）。

（4）本句是比睡得早晚，谓语部分应是谓词短语。"比"字句可改写为：老张晚上比小李睡得晚。或：小李晚上比老张多睡一两个小时。"没有"比较句可改写为：小李晚上没有老张睡得晚。

（5）本句是比喜欢做什么，谓语部分应是谓词短语。"比"字句可改写为：我比我男朋友喜欢看电影。"没有"比较句可改写为：我男朋友没有我喜欢看电影。

（6）因为有具体温度，所以可比温度相差数量。"比"字句可改写为：上周平均气温比这周高6度。"没有"比较句可改写为：这周平均气温没有上周高。

（7）解释同（2）。

（8）本句是比早来或晚来多长时间。"比"字句可改写为：敬一比英玉早来中国一年多。"没有"比较句可改写为：英玉来中国的时间没有敬一长。

练习二　改病句

（1）"比"字句是比性质，非比较性程度副词不能修饰形容词或谓词短语，含比较意义的程度副词"更"或其他副词"还"则可以。该句应改

为：我朋友比我更想家。

（2）"比"是介词，引进比较的人或事物，应放在谓语形容词前面，并且形容词前不能使用非比较意义的程度副词。应改为：他做得比我好。

（3）"没有"句中表示比较结果的形容词通常是具有积极色彩、如意倾向的形容词，"细"在该句中具有消极色彩，所以应改为：那棵树没有这棵树粗。

（4）"比"的数量词语应放在形容词或谓词短语后。应改为：我的表比你的（表）快一点儿。

（5）解释同（2）。

（6）解释同（3）。

（7）"没有"句是"比"字句的否定形式，应构成"（A+)'没有' + B + 形容词"的结构。应改为：这条连衣裙没有那条漂亮。

练习三 略。

练习四 根据所提供的条件，将下列句子改写成"不比"句

（1）小王的朋友认为小王的脚大，但实际上他俩只差半号，说明差别不大，应该用"不比"句。改写为：我（小王）的脚不比你（朋友）的大多少呀。

（2）人们普遍认为：农村的住房条件没有城市好，但实际上这里农民们住的是漂亮的别墅式小洋楼。否定人们这种普遍认识，应该用"不比"句。改写为：农村的住房条件不比城市差。

（3）乙的手机只比甲便宜100元，配置却低了不少，他认为自己的手机很便宜。否定乙这种认识，可用"不比"句。改写为：乙的手机不比甲的便宜多少，但配置却低多了。

（4）乙同学只比甲同学少写了十来个字，相差不大，甲同学却认为乙写得太少了。否定甲这种认识，可用"不比"句。改写为：甲同学写的作文字数不比乙同学多多少。

（5）甲同学认为乙同学学习不如自己，但考试成绩显示这种认识是错误的。否定甲这种认识，可用"不比"句。改写为：乙同学的学习成绩不比甲同学差。

练习五 略。

练习六 根据所提供的条件，将下列各句改写成"不如"句

（1）"不如"句是否定 A 项、肯定 B 项的比较句，表示"A 比不上 B"的意思，从感情态度上，说话人更加肯定 B。该句肯定爸爸，而否定儿子，所以应改写为：儿子开车不如爸爸稳当。

（2）该句肯定了马克，也就表示对别的同学的否定，所以应改写为：我们班谁唱歌也不如马克好。

（3）该句表示今年夏天比不上去年夏天凉快，肯定去年夏天凉快，所以应改写为：今年夏天不如去年凉快。

（4）该句表示艳艳比不上小丽会说话，肯定小丽会说话，所以应改写为：艳艳不如小丽会说话。

（5）该句表示所有的照片都比不上这张，肯定这张，所以应改写为：别的照片都不如这张好。

练习七 改病句

（1）"跟……一样"中"一样"前不能受非比较性程度副词的修饰，但可以加表示程度接近或不够"一样"的词语，如"差不多、几乎、不太"等；肯定各方面都一样时，可以用副词"完全"表示。该句应改为：他的答案跟我的完全一样。

（2）"跟……（不）一样"是一种比较两者异同的比较句，基本结构是"（A+）'跟'+B+'一样'+形容词/谓词短语"。该句应改为：我朋友跟我一样喜欢打网球。

（3）该句可能要表示儿子和爸爸具有共同的特点——"不聪明"，所以应改为：儿子跟爸爸一样不聪明。如果想说聪明的类型不同，可改为：儿子跟爸爸的聪明类型不同。

（4）用"不"否定"一样"，表示不同。该句应改为：节日期间，他跟我休息的日子不一样。

（5）这里两个比较项分别是"这周演讲的报告"和"下周演讲的报告"，根据"（A+）'跟'+B+'一样'+形容词/谓词短语"的基本结构，应改为：这周的演讲报告跟下周的一样。

练习八 根据提供的条件，将下列各句改写成"跟……（不）一样"比较句

（1）该句的意思是我吃东西的口味跟他的不同，根据"（A+）'跟'+B+'一样'+形容词/谓词短语"的基本结构，可改写为：在吃的方面，我喜欢的口味跟他的不一样，我喜欢辣的，他喜欢甜的。

（2）句义是最近几天的温度差不多，所以可改写为：今天的气温跟昨天差不多一样。

（3）该句意思是去年和今年树上结苹果的量几乎一样。所以可改写为：这棵苹果树今年的产量跟去年几乎一样。

（4）该句意思是哥哥的性格和弟弟的不同，所以可改写为：哥哥的性格跟弟弟不一样，看着弟弟做事，哥哥总是着急。

（5）该句意思是姐姐和妹妹长相非常像，所以可用"完全"表示没有什么分别。可改写为：姐姐跟妹妹长得完全一样，谁都分辨不出来。

练习九　根据句子内容，在横线上填上适当的跟比较有关的词语

（1）句末是"便宜多少"，表示价钱相差不多，所以应选择"不比"。

（2）在"这个服务员的态度"和"那个"相比时，应该用介词"比"引进相比项，所以第一个空儿应填"比"；表示比较的形容词"好"的后面只能出现表示数量意义的词语，这里可用"多了"，所以第二个空儿可填"多了"。

（3）表示比较的两者不需要用介词引进而同时出现时，可以用"一样""不同"等表示它们相同和不同的情况，所以这里第一个空儿可用"一样"表示相同，第二个空儿可用"不同"表示不一样。为了前后音节规则搭配，第二个空儿最好选择"不同"。

（4）用"一样"表示比较时，表示比较方面的词语（动词或形容词）可以放到"一样"后面，所以该句应该是用"一样"表示比较的形式，即第一个空儿用介词"跟"引进比较对象，第二个空儿用"一样"表示他们的相同，句末的"笨"是表示他们在"笨"的方面。

（5）从后句"怎么显得那么拥挤"的意思来看，说话人不是要说明两个房间相比，他的房间小的意思，而是要说明房间并不小，跟他的房间差不多大，不应该拥挤的意思，所以该空儿应填"不比"。

（6）这句话说话人倾向选择"骑自行车"，认为更加方便，所以应选择"不如"。

（7）该句第一个空儿联系了前后两个比较项，即"现在孩子的生活条件"和"我小时候的生活条件"，而且形容词"好"后有表示数量意义的"不少"，所以该空儿只能填"比"。转折词"却"表示后句跟前句意思相反，所以后一个空儿应选择"不如"。

（8）后一句句子的格式是"（A+）'比'+B+形容词+＿＿＿＿"，只有"比"字句可把表示数量差别的词语放在形容词后，所以该句应该是"比他说得好多了"。根据后句，前句应是两人学汉语的时间不同，应该用"没有"句。

（9）"他能去，我为什么不能去？"是在质问"他""我"情况差不多，为什么对待的态度不同，所以该句不是为了比较差距，而是在于说明两者"差不多"，应选用"不比"。

（10）该句只有相比的"A＿＿＿B"项，没有比较的性质词，说明所应填的表示比较的词是做谓语的，所以应选择"不如"。

（11）一般人们认为学知识是难的，学交往不是专门的知识，所以不应该是难的。可是现代社会的复杂性使得人们要好好学习交往，所以要表示这种意念，应选择"比"和"还"。

（12）表示比较远近差距的，应选用"比"和"差"。

（13）该句肯定大饭店，以此为衡量标准，可选"没有"；如果想表示说话人倾向于选择大饭店，也可选择"不如"。

（14）从所给的条件看，A、B身高差不多，A同意C的说法，所以应选择"不比"，表示两人个子"差不多"的意思。

练习十　改病句

（1）"比"字句的基本结构是"（A+）'比'+B+形容词/谓词短语"。形容词"高"前不能接受"很""非常"等一般程度副词，只能接受表示比较递层意义的程度副词"更""还"等，所以该句应改为：他对我的要求比别人更高。

（2）"比"字句中，形容词前面不能使用一般程度副词。而该句用了"太"，所以不对，可将此意用"多了"表示，改为"比我们国家的多多了"。

（3）表示比较异同时，被比项应该用介词"跟"介引进来，构成"（A+）'跟'+B+'一样'+形容词/谓词短语"的格式，改为"跟这里一样"。

（4）用"不如"表示比较时，对所搭配的性状词语应从积极意义的角度进行选择，而该句用的是"没有意思"，是消极意义的词语，所以应改为：这部电影不如那部电影那么有意思。

（5）"比"字句中，形容词"凉快"前不能接受"很""非常"等一般程度副词修饰，如果想表示比较结果的性状有多少差别，可在形容词后加上表示数量差别的词语。应改为：秋天到了，天气比前一阵凉快多了。

（6）与第（5）句相同，形容词"美"前不能用程度副词。应改为：我觉得黄山的风景比别的名山美多了。

（7）表示否定性比较高低差距时，应选用"没有"，而且否定词不能放在形容词前边。所以改为：我的翻译水平没有其他人高。

（8）这里表示"来"的动作早了多少时间，所以应将"早"放在动词"来"前。应改为：我比他早来半个多小时。

（9）A、B比较项的内容应在形容词前，而该句的"接待游客"放到形容词后了。所以应改为：今年接待游客比去年多了一倍。

（10）"习俗"是比较的方面，应放到前面。应改为：中国有些节日的习俗跟我们国家的一样。

（11）"水平"的本义是跟水平线达到的刻度位置有关，而不是跟占有空间位置多少有关，所以跟它搭配的词应跟"高""低"有关。水平向上可以用"提高"表示。所以应改为：我的汉语水平比以前提高了不少。

（12）"一样"是表示异同的比较。表示相同时没有程度差别，只有所及是否全部的问题。表示全部等同，可用"完全"表示。应改为：在这一方面，我们两国习惯完全一样。

练习十一　略。

第十二课　区别词

练习一、二　略。

练习三　改病句

- 区别词不能单独充当句子的主语、宾语，如果用它来指事物，得构成"的"字短语才可以。（1）、（2）、（4）、（5）、（6）分别应改为：西式的；素的；高档的，低档的；正式的（或"非正式"）；木本的，草本的。
- 区别词一般不能受副词修饰，所以（3）应改为：他拿了一些彩色图片。如果想表示图片色彩很浓，可改为：他拿了一些色彩艳丽的图片。

第四单元综合练习

一、写出下列词语的重叠形式

- 典型形容词的重叠方式：单音为AA；双音节为AABB。所以形容词"紧、直、舒服、马虎、安心、麻烦"分别可以重叠为：紧紧（的），直直（的），舒舒服服，马马虎虎，安安心心，麻麻烦烦。
- 状态形容词"瓦蓝""笔挺"只能重叠为"瓦蓝瓦蓝""笔挺笔挺"，因为"瓦"是"蓝"的修饰语，表示"像瓦那样的"的意思；"笔"是"挺"的修饰语，表示"像笔那样的"的意思。
- "牛气、马虎、麻烦"都带有一定贬义，可用"A里AB"式重叠，重叠后加强了"厌恶、轻蔑"的意味，所以"马虎""麻烦"还可重叠为"马里马虎""麻里麻烦"的形式，"牛气"可重叠为"牛里牛气"。

另外，"舒服、干净、漂亮、麻烦"还可能有"ABAB"这种典型的动词重叠方式，使用这种重叠方式时，词中含有"使、让"的动词意义，即：使……舒服/干净/漂亮/麻烦，相当于动词。

二、下列哪些词可以受"很"的修饰？（可以的在括号内画"√"，不可以的画"×"）

- "自由、美丽、绿、难、老实、骄傲"都是典型的性质形容词，都可以接受程度副词"很"的修饰。
- "雪白雪白、黄澄澄、白白的、结结实实、慌里慌张"都是形容词重叠式或有重叠的形容语素，属于状态形容词，对状态描写有加强作用，都不能再接受"很"的修饰。
- "花白"不论是否重叠都不能接受"很"的修饰，因为"花"表示"白"的程度或样子，属状态形容词，不能再接受"很"的修饰。
- "精装、恶性、金、彩色"都是区别词，对事物起到区别作用，都不用"很"修饰。

三、略。

四、用括号中的词语改写句子

(1) 根据"比"字句"（A+）'比' + B + 形容词/谓词短语"的基本结构形式和相同比较项部分可省的原则，该句可改写为：这个故事的情节比那个故事简单。

(2) 根据"不如"比较句"（某方面）A + '不如' + B + 形容词/谓词短语"的基本结构形式和形容词语应具有积极意义的特点，该句可改写为：这本古代寓言不如那本小说有意思。

(3) 根据"一样"句"（A+）跟 + B + 一样"基本结构形式，该句可改写为：她（现在）跟从前一样爱跳舞。

(4) 根据"没有"比较句"（A+）'没有' + B + 形容词/谓词短语"的基本

结构形式和形容词应具有积极意义的特点，该句可改写为：他的身体没有以前健康。

（5）该句语境可能是：有人认为这儿太吵了，建议去那儿。说话人则认为，那儿也不安静，比这儿好不了哪里去。要表达这种意思，选择"不比"句比较贴切。所以该句应改写为：这儿是比较吵闹，可是那儿也不比这儿安静多少。

五、改病句

（1）构成"（A+）'比'+B+形容词/动词性短语"这种比较格式时，形容词或动词性短语前面不能使用非比较意义的程度副词，所以该句"多"前用"很"不对。应改为：节日里公园里的人比平日多多了。

（2）"新式"是区别词，不能单独充当谓语。"非谓形容词+的"相当于名词，所以可把前半句改为判断句，即：这些家具不是新式的。

（3）"一样"比较句是比较异同的，"一样"前不应该用程度副词。表示一点儿差别也没有，可以用"完全"。所以该句应改为：你们的想法跟我们的完全一样。

（4）"冰凉冰凉"是状态形容词，用来做谓语，应该使用加强描写的形式，即"形容词重叠式+'的'"的形式。该句应改为：海水冰凉冰凉的，不能游泳。

（5）"比"字句中，如果想表示比较的性质具有多少数量，应在形容词或动词性短语后加有表示数量意义的词语。该句应改为：我们学校比他们学校多了两千人。

（6）"多"是表数形容词，不能单独做名词的修饰语，应该使用"很+多"形式做定语。后半句应改为：在国外生活遇到很多麻烦。

（7）该句有三个方面不合适：一是该句表示的应是比较高低差距的否定句，所以不应该用"比"字句，而应该用表否定的"没有"句；二是否定词应放在B项之前，不应放在形容词"高明"前；三是A、B两个比较项有相同部分时，通常省略后项。所以该句应改为：他的驾驶技术不比我的高明。或：他的驾驶技术没有我的高明。

（8）"高"是一个单音节形容词，做定语时无需加"的"。应改为：他那高水平设计十分引人注目。

（9）"兴趣"是比较的方面，应该放到"一样"前面，改为：王力和李明兴趣一样。

（10）"整齐"是形容词，不能带宾语"会场"，所以后半句应改为：一会儿就把会场整理整齐了。

（11）"一样"比较句表示否定时，否定词应放在"一样"前。应改为：他的志趣跟我不一样。

（12）"笔直"是状态形容词，本身已经含有程度深的意义，不能再接受程度副词的修饰。做谓语时，应该用重叠式加"的"的形式来加强描写。所以应改为：通往北京的高速公路笔直笔直的。

（13）"不如"比较句中表示性状的形容词应是有积极意义的。"小气"是消极意义的形容词。所以应改为：我待朋友不如他大方。

（14）"越来越……"表示随时间推移而变化的意思，所以性状词前不能加任何表示程度意义的词。该句应改为：中国经济的发展越来越迅速。

六、七　略。

第五单元　代词及相关语句

第十三课　指代人和事物的词语

练习一　用合适的人称代词或代词短语填空

（1）"我们"和"咱们"在这里可以通用，都可以包括听说双方；"安娜"是女性的名字，所以第二个空儿用"她"。

（2）第一个空儿陈述在场的所有人，可用"大家"。后面是指说话者"赢了"，所以直接引语中应该用第一人称。

（3）本句确指王师傅，"人家"可以确指第三人称，所以用"人家"。本句可能是对话，所以后一个空儿可以用第二人称"你"。

（4）指说话对象用第二人称"你"。"自己"指某人或某事物自身，这里均指"你"。

（5）"别人"用来指所指人以外的人。"自己"指某人或某事物自身，这里指句子的主语"他"。

（6）人称代词在单位、集体、机构、国家等名称前表示领属时，常常选用复数代词，且不用"的"。本句为了表达简洁，可减缩为二字形式——"我国"。

（7）人称代词修饰亲属关系名词时，可以不加"的"。用"他们"指"父母"，"他们"可代有男有女的情况。

（8）第一个空儿填"人家"，可确指第三人称，此处指"丽丽"。第二个空儿填"自己"，指"丽丽"，强调是"丽丽自身"。第三个空儿也用"人家"，泛指或不确指第三人称。

练习二 改病句

（1）在口语中多用"单音节+单音节"形式，如"咱爸、你姐、他家"等。应改为：他家白天几乎没有人。

（2）人称代词做宾语时，如果动词带有数量补语，动词应位于数量补语之前。所以代词"他"应放在数量补语"一顿"之前。应改为：哥哥训了他一顿。

（3）人称代词修饰方位名词时，不用"的"。应改为：你们当中有谁会法语？

（4）指称单位、集体、机构、国家等名称时，常常选用复数代词，且不用"的"。应改为：你们国家有多少学生在这儿学习？

（5）这句话是说"电视"自身不会自己打开。要突出所指人或事物自身，可用代词"自己"。应改为：电视不会自己打开吧？一定是你走的时候忘关了。

（6）此句没有主语，所以要加个主语"我"。前后两句的主语相同，其中一句的主语可以不说。指代"小男孩"应该用第三人称"他"。"它"常用于指代事物和动物。应改为：看到一个小男孩掉到水里，我赶忙跳下去把他救了上来。

练习三 用指示代词"这/那"做定语，将每组的两句话改写成一个句子

（1）在时间上，"昨天"相对于现在较近，应该用"这"来指示；"上次"相对于现在较远，应该用"那"来指示。可改写为：昨天照的这些照片不如上次照的那些好。

（2）"北部夜空"在距离上很远，应该用"那"指示。可改写为：北部夜空那颗亮星叫北极星。

（3）"讲虚荣的人"是一类人，用"那"来指示。可改写为：我讨厌那种只讲虚荣的人。

（4）"售货员"不在说话人跟前，应该用"那"来指示。可改写为：站在柜台左边的那个售货员服务态度好极了。

（5）用穿的什么衣服来描写所说的人，说明那个人不在说话人跟前，应该用"那"来指示。可改写为：你应该感谢那个穿着夹克衫的小伙子，是他帮助了你。

练习四　用"这儿／这里""那儿／那里"做中心语改写下列句子

普通的表示人或事物的词语，像这几个句子中的"眼睛、我、小王、我妈妈、词典、立交桥"等，不能用来指代处所，要想指代处所，就应加上适当的表指示处所的代词。

（1）用"眼睛+这儿/那儿"指代眼睛附近的地方。改写为：她眼睛那儿长了颗痣。

（2）"我"是说话人，应该用近指，用"我+这儿"指代"我的房间"。"小王"是他人，应该用远指，用"小王+那儿"指代"小王的房间"。改写为：我这儿没有热水，小王那儿有。

（3）用"我妈妈+那儿"指代"我妈妈家"。改写为：星期天我想回我妈妈那儿一趟。

（4）用"词典+那儿"指代"词典旁边"。改写为：笔就在桌子上的词典那儿。

（5）用"立交桥+那儿"指代"立交桥附近"。改写为：立交桥那儿就有一家书店。

练习五　用合适的指示代词、指量短语或人称代词填空

（1）通过上下文我们知道，这个小朋友是一个人在玩儿，指他自身用"自己"。说话者就在小朋友玩儿的现场，所以介词"在"的后面要用表近指的指示代词"这儿"。人称代词修饰亲属关系名词时，可以不加"的"，第三个空儿填"你"就可以了。

（2）人称代词或表人、物的名词，通常接代词"这里/这儿/那里/那儿"，构成处所短语。专有名词"北京大学"后接"那儿"可构成表示处所的短语。

（3）名词有限定语并需要确指时，前加"'这/那'+量"构成指量短语。本句填"那个"。

（4）"'这/那'+量"构成的指量短语表示确指，第一个空儿填"这台"。因为这台洗衣机是"全自动"的，"漂洗""排水进水""甩干并停机"都是由自身来完成的，所以后三个空儿都填"自己"。

（5）这件事已经过去，离现在较远，确指较远时间应该用"那时"。

（6）确指一定数量的人或物用"这些"或"那些"。从句子中不能判断是远指还是近指，所以两个空儿都可以填"这些"或"那些"。

（7）通过上下文可知"书"应该在说话现场，句中"在"后缺少地点宾语。第一个空儿可以填表近指地点的代词"这儿"。第二个空儿用"它们"指代上文提到的"书"。人称代词或表人、物的名词，通常接代词"这里/这儿/那里/那儿"，构成处所短语。所以普通名词"书柜"后加"这儿"或"那儿"可表示处所，又因为"书柜"离说话者相对较远，所以填"那儿"。

（8）人称代词或表人、物的名词接代词"这里/这儿/那里/那儿"，可构成处所短语。如果说话人和听话人在一起，可填"这儿"；不在一起，可用"那儿"，指"你"所在的地方。

（9）"不会上网"是过去的事，离现在较远，所以填表示确指过去时间的"那时"。

（10）这段话是说老师告诉在现场的所有学生一个消息。第一个空儿可填"大家"。说话者老师和听话者学生都是"有新书"的人，所以填"我们"或"咱们"都可以，二者都表示包括听话人的一方；"这/那+量"构成的指量短语表示确指，所以第三个空儿填"这个"确指老师刚刚说过的消息。陈述者是学生，指的是"高兴"的人，所以第四个空儿用第一人称复数"我们"。

练习六 改病句

（1）"让朋友去修"的应该是确指的不在这儿的电脑，所以"电脑"前要加指示代词"那"。应改为：那台电脑坏了，我让朋友修去了。

（2）"去"的宾语应该是一个处所短语，所以在"老师"后加"这里/这儿/那里/那儿"，构成处所短语。"去"的地方不是这儿，所以用"那儿"。应改为：一会儿我想去老师那儿一趟。

（3）认识"跑步的人"应该是确指的，其前要加指示代词，因那个人不在说话现场，所以用"那"。应改为：你认识那个跑步的人吗？

（4）B的回答是汽车停放的处所，"食堂"不是汽车停放的处所，应加上"这儿/那儿"构成处所短语。食堂应该不是说话现场，其后应加"那儿"。B的话应改为：停在食堂那儿。

（5）主语"羽绒服"是谈论的对象，应该确指，其前要加上指量短语"这件"。应改为：这件羽绒服真不错！真暖和！

（6）第二句谈论的是五十年前的情况，应加上时间状语"那时"指代

"五十年前"。应改为:我想起了五十年前的往事。那时我只有八岁,为了读书,每天上山砍柴去卖。

练习七　用合适的疑问代词填空

(1) 问时间,可用"什么+时候"。

(2) 问人,可用"谁"。

(3) 问事物,可用"什么"。

(4) 用"'什么'+名词"问具体事物的类别。如果问确定的类别范围,还可用"哪些"。

(5) 问指定的人可用"'哪'+量词"。"大力士"是受到尊敬的人,所以用"哪位"。

(6) 用"'什么'+名词"可以问具体的职业、身份、关系等。"那个人是你的什么人?"的意思是"那个人跟你是什么关系?"。

(7) 问少于十的数,一般可用"几"。

(8) 问较多数量,可用"多少"。问确指的人,可用"哪些"。

练习八　就句中带"·"的部分选用恰当的疑问代词提问

(1) 问事物,用"什么"。问事物具体的类别,也用"什么",后加名词。

(2) 询问职业、身份、关系等用"什么"加相应的名词。

(3) 问人用"谁",询问职业用"什么"。

(4) 问人用"谁",问数量或时量用"多少"。

(5) 问指定的人或事物等用"哪"加量词。

(6) 问人用"谁",问事物具体类别用"什么",问处所用"哪儿"。

练习九　改病句

(1) 说话时是"前几天","来看我的那位朋友"应不在说话现场,所以改为:前几天来看我的那位朋友是我在中国认识的。

(2) 说"你看"时一定就在箱子跟前,所以用"那"指示包里的衣服,用"这里"指示箱子里。后一句应改为:把包里那两件衣服也放这里吧。

(3) 该句引用的是母亲想的原话,不应该用代词"她",应改为"我"。

(4) 指代处所不应该用人称代词,应改用指代处所的词语。后一句应改为:那些地方的风景都很美。

(5) 当说话人与听话人要区分开是两部分人时,不能用"咱们",因为"咱们"是将听话人包括在内的。该句显然不包括听话人,所以应该用"我们""你们"区分双方关系。应改为:暑假我们要去大连旅游,你们去哪儿？

（6）同时在一句话中用"她"代指不同的两个人，会造成代指不清的问题。所以应改为：王华和大娘再次在车上相遇，她亲热地跟大娘打招呼。

（7）该句所说的是过去的事情，应该用"那时"指代。

（8）"张老师"是对人的称谓，本身不能表处所，而"从"的后面应接处所词语，所以"张老师"后面应加"那儿"。应改为：这两盆花是从张老师那儿搬来的。

（9）"好像见过"应是确指的人，应加上指示词语"这/那"。应改为：医院门口的那个男人，我好像在哪里见过。

（10）从问话中得知，问话人之前知道听话人要来，用"怎么"问的是原因，表达的意思是说话人不知道对方要来，所以不对。"跟朋友一起来"是来的方式，现在朋友没来，是"一个人来"的，所以句中应该用反身代词"自己"指"你"。前一句应改为：你怎么自己来了？

（11）"它"是代称事物的代词，要指代处所，应该用指代处所的"这里/那里"等。后一句应改为：我特别喜欢那里的居民和风景。

（12）这个句子中，将说到的双方全用"他们""他"等代替，会造成听话人对所指人的混乱，所以应改为：如果他们把自己的困难告诉司机，司机会帮助他们的。

（13）"这"回指前面说过的时间时，应构成"'这'+量+名"形式。此句应改为：我永远也忘不了这个日子。

（14）这个句子有两处错误。一是，说话人叙述事情是要讲给听话人听的，所以叙述的事情中不应包括听话人在内，因此句中两处"咱们"都应改为"我们"。二是，句中说"这是我们最盼望的时刻"，是说话人把自己置身于学生们打开饭盒当时的那个情景中，应该用"这时"，不应该用"那时"。

第十四课　指代动作和性状的词语

练习一　用合适的代词填空

（1）"温和"是形容词，形容词前可以接受程度副词的修饰。"这么/那么"能够代替程度，所以可以出现在形容词前。该句叙述的是，"她"不在眼前，最好选用"那么"。

（2）"爱好"是心理活动动词，可以接受程度副词的修饰，选择的根据同

（1）句，选用"这么/那么"都可以。

（3）这是一个问句，问的是原因，"怎么"可以问原因，所以应选用"怎么"。

（4）"重"是形容词，它前边的空儿应选用"那么"，根据同（1）句。第二个空儿询问的是方式，应选用"怎么"。

（5）"多"是形容词，它前边的空儿应选用"那么"，根据同（1）句。

（6）该句问的是一种状态，"怎么样"可以问状态，所以应选用"怎么样"。

（7）该句表示在多种玩具中不清楚具体种类、样子的玩具，所以应选用"什么样"。

（8）该句问的是原因，"怎么+了"可以单独用来问原因，所以应选用"怎么"。

（9）该句问的是具体情景的情况，"怎样"可以用来问具体的样子，所以应选用"怎样"。

（10）该句问的是原因，"怎么"可以问原因。"冷静"是形容词，出现在形容词前的应是程度副词性质的词。所以第一个空儿应选用"怎么"，第二个空儿应选用"这么"。

（11）第一个空儿应选用"怎么"，根据同（10）句。某些表示不定数量的词语，它们也能够接受程度副词的修饰，像"一点儿、一会儿"，接受"这么/那么"修饰后，可以表示说话人嫌数量少的主观意义。该句表达的就是这种意义，所以应选用"这么/那么"。"这么"指在现场，"那么"指谈论过去的事。

（12）第一个空儿应选用"怎么"，根据同（10）句。第二个空儿是代指已经作出的具体的决定，所以应选用"这样"。

（13）"这样"修饰动词"看书"，表示看书的方式，意思是"用这种方式看书对眼睛不利"。

（14）该句问的是"能够吸引观众的表演"的具体样子，所以用"怎样"或"什么样"。

练习二　就句中带"·"的部分提问并回答

（1）"又甜又沙"是说西瓜的样子，所以应该用"怎样"或"怎么样"来提问。回答要回答出样子来，即"又甜又沙的大西瓜"。

（2）"昏迷过去了"，是说出现了一种情况，所以应该用"怎么了"来提问，即"她怎么了？"回答时要回答出这种情况，即"她昏迷过去了"。

（3）"特别漂亮"，是说长的样子，所以应该用"怎么样"来提问，即"她姐姐长得怎么样？"回答要回答出长的样子，即"长得特别漂亮"。
（4）"一句一句"，是说学的样子，所以应该用"怎样"来提问，即"她怎样认真地学着？"回答要回答出这种样子来，即"一句一句认真地学着"。"可爱极了"，是说样子，所以应该用"怎么样"来提问，即"样子怎么样？"回答要回答出这种样子，即"样子可爱极了"。
（5）"踏踏实实的"描写的是样子，所以应该用"怎样"来提问，即"他是一个怎样的实干家？"回答时要回答出这种样子来，即"他是一个踏踏实实的实干家"。

练习三　遇到下列情况，你怎样发问？

（1）这里是看到新发生的情况而询问，所以可以问：你的手怎么了？
（2）不清楚发脾气的原因，所以应该用能够询问原因的"怎么"来询问，还可以用能代程度的"那么"来代替"很"所表示的程度意义，因此可以问：他怎么发那么大的脾气？
（3）要表示不清楚为什么没来，应该用能够询问原因的"怎么"来询问，可以说：他怎么没来呢？
（4）要表示不清楚为什么临时改乘火车了，应该用能够询问原因的"怎么"来询问，可以问：你怎么又改坐火车了？
（5）该句要表示学汉语时间短，却说得很好的意思，可以用能代程度的"那么"来表示"流利"的程度，可以用"怎么"来询问原因，所以可以问：他只学了半年，怎么能说那么流利的汉语呢？
（6）可以用能代程度的"那么"来表示"好"的程度，可以用"怎么"来询问不想看的原因，所以可以问：那么好的电影你怎么不想看呢？

练习四　改病句

（1）本句中应该用"怎么"来询问忙成某种程度的原因，用"那么"来代指具体忙的程度。该句应改为：这些日子他怎么那么忙？
（2）用"什么"询问的是事情的内容，用"怎么"才能询问事情发生的情状，所以应该用"怎么"来问，即：我不知道这是怎么回事。
（3）"什么样"问的是外貌，从 B 的回答看，该句要问的是品性等，所以应该用"怎么样"来问，即：你的朋友怎么样？
（4）该句要说的是"说笑"少，应该用"怎么"来代指程度。应改为：她平常不怎么说笑。
（5）"这么"是用来代指程度的，应该用在形容词或某些心理动词前。该句

"这么"出现在名词"事"前不对。该句指的是某种样子的事情,应该用"这样"。应改为:他还小,对这样的事还不会处理。

(6)用"什么样"提问,回答应是具体描述样子。该句只是问对方"身体好不好",应该用"怎么样"问。应改为:你最近忙吗?身体怎么样?

(7)"怎么""怎样"都可以问方式、原因和性状,但只有"怎样"可以做定语。应改为:这是怎样的一种游戏?

(8)"怎么"做谓语时,后面一定要加"了"。后一句应改为:你知道她怎么了吗?

(9)用疑问代词表示疑问时,不能跟表示疑问语气的"吗"同现。该句是反问句,是用确定的语气、肯定的形式表示否定的意义,所以不应该用"怎样"来表疑问,而应该用"这样"来表确定。应改为:有女儿跟父亲这样说话的吗?

(10)这个句子跟(1)句情况类似,应改为:他怎么那么不理解别人?

(11)"怎么"是询问动作的方式或性质的程度等,应出现在动词性词语前。"办法"是名词,"怎么"出现在它之前不对。"怎么办","办"是"做"的意思。后一句应改为:不知道怎么办才好。

(12)该句跟(1)句类似,应改为:这么晚了,这里怎么还这么热闹呢?

第十五课　疑问代词的特殊用法

练习一　用代词的任指形式改写下面的句子

疑问代词表示任指或泛指,可以用句号形式结句。句中的疑问代词指任何一个人、任何一件事或任何一种方式等。句子形式通常是:

　　　　疑问代词+"都/也"……
　　　　"无论/不管"+疑问代词……"都/也"……

(1)用表时间的疑问代词"什么时候"来指"任何时间",可改写成:你什么时候来找我都行。

(2)"各个"是所有的,"方面"是某一点,所以用"哪儿"来指"各个方面"。可改写成:她哪儿都好。

(3)"见解"是事物,"任何"表所有的,所以用"什么"来任指"见解"。可改写成:大家什么见解都可以发表。

(4)这里的"一个人"是"任何一个人"的意思,所以可用表人的疑问代词"谁"来代替它,表任指。可改写成:刚来的时候,他谁也不认识。

（5）这里的"一句话"是"任何一句话"的意思，所以可用表事物的疑问代词"什么"来代替它，表任指。可改写成：不管大家怎么问，他什么也不说。

（6）这里的"凡是……地方"和"一个地方"都表任何地方，所以可用表地方的疑问代词"哪儿"代替它们，表任指。可改写成：他哪儿都想去，可是他哪儿也去不了。

练习二　用代词的不确指形式改写下面的句子

表示不确指，通常可用"疑问代词 A……（就）疑问代词 A……"的形式，即指的是"不确定的某个~"的意思。

（1）该句"写"的事物是不确定的，可用表事物的疑问代词"什么"来代指不确定的事物。改写成：大家想写什么就写什么。

（2）该句"决定买的事物"是不确定的，可用表事物的"什么"来代指，改写成：你决定买什么就买什么。

（3）该句"休假时间的长度"是不确定的，可用表时段的疑问代词"多长时间"来代指不确定的时段。改写成：你想休多长时间就休多长时间。

（4）该句"丽莎旅游的地方"是不确定的，可用表地点的疑问代词"哪儿"来代指不确定的地点。改写成：丽莎想去哪儿就去哪儿。

（5）该句"去的方式"是不确定的，可用表方式的疑问代词"怎么"来代指不确定的方式。改写成：你们想怎么去就怎么去。

（6）该句"捐款的数量"是不确定的，可用表数量的疑问代词"多少"来代指不确定的数量。改写成：救济灾区，大家想捐多少就捐多少。

练习三　用虚指形式来改写下面的句子

（1）说话人此时要坐在一个地方，只是一时还没有确定具体的地方，可用非疑问的表示虚指处所的"哪儿"来指代那个地方。改写成：我太累了，想坐哪儿休息一下。

（2）他们要在某个时间去看老师，只是现在这个时间还没有确定，可用疑问时间的疑问词语来虚指这个时间。改写成：什么时候咱们去看看老师。

（3）要"劝她"一定要说某些话，只是现在还不确定要说的话，可用疑问代词"什么"来虚指这些要说的话。改写成：你说点儿什么劝劝她吧。

（4）要"支持他"的话，就要做某些事情，但现在还不确定具体做什么，可用疑问代词"什么"来虚指那些要做的事情。改写成：我想做点儿什么支持他一下。

(5)他们要找一个地方散散步，只是一时还没有确定具体的地方，可用非疑问的表示虚指处所的"哪儿"来指代那个地方。改写成：他们想在哪儿散散步。

(6)发动机不能发动一定是因为某个原因，但不能确定这个原因，可用疑问代词"怎么"来虚指。改写成：不知道怎么了，汽车发动不起来了。

练习四　用疑问代词填空

(1)"疑问代词＋'都／也'……"表示任指。本句的意思是"你任何时间来都可以"，所以用表时间的疑问代词"什么时候"来指"任何时间"，填"什么"。

(2)用"疑问代词A……（就）疑问代词A……"的形式可以表示不确指，即指的是"不确定的某个～"的意思。该句中"学习的对象"是不确定的，所以可在前后用两个相同的代指人的疑问代词"谁"来代指不确定的人。两个空儿都填"谁"。

(3)"疑问代词＋'都／也'……"表示任指。本句的意思是"他想到任何地方去看看"，所以用表地点的疑问代词"哪儿"来指"任何地方"，填"哪儿"。

(4)用"疑问代词A……（就）疑问代词A……"的形式可以表示不确指，即指的是"不确定的某个～"的意思。该句中"便宜货物的种类"是不确定的，所以可在前后用两个相同的代指指定事物的疑问代词"哪"来代指不确定的种类。所以两个空儿都填"哪"。

(5)说话者让对方坐在某个地方等，但这个地方说话者也不确定，所以用疑问代词"哪儿"虚指让对方坐的地方，所以这个空儿填"哪儿"。

(6)说话者知道自行车的某个地方坏了，但不确定具体什么地方，所以用疑问代词"哪儿"虚指那个坏的地方，所以这个空儿填"哪儿"；也可以是不确定坏的原因，那样也可以填"怎么"。

(7)用"疑问代词A……（就）疑问代词A……"的形式可以表示不确指。该句中"玩儿的方式"是不确定的，所以可以在前后用两个相同的代指方式的疑问代词"怎么"来代指不确定的方式。两个空儿都填"怎么"。

(8)本句是两个反问句，意思是"任何苦都吃过"，"任何人都见过"。"疑问代词＋'都／也'……"表示任指。所以本句可用"什么苦""什么人"来指"任何苦""任何人"。两个空儿都填"什么"。

（9）说话者知道在某个地方见过对方，但不确定具体在什么地方，所以可用疑问词"什么地方"虚指那个他们见过面的地方，这个空儿填"什么"。

（10）你们在某个时间会"放假"，可用"什么时候"来虚指这个放假的时间，填"什么"。

练习五 遇到下列情况时，用所学代词构句可以怎样说？

（1）用"怎么"构成问原因的反问句，表示不满意。"这么"修饰"脏"的程度，因为说话人在现场，可用"这么"。"怎么这么"或"怎么那么"配合时，有表示"嫌"或指责的意味。可以说：你的屋子怎么这么脏啊？

（2）跟（1）句类似，说话人要表示"嫌难记"的意思，可以用"怎么这么"表示。可以说：这个单词怎么这么难记啊？

（3）跟（1）句类似，说话人要表示"嫌不舒服"的意思，可以用"怎么这么"表示。可以说：你睡觉的姿势怎么这么不舒服啊？不用问句也可以，可以用"那么"表示不舒服的程度高，也可以说：我觉得你这样睡觉那么不舒服。

（4）可以用"那么"表示"多"的程度，可以说：困难没有那么多，别担心。

（5）可以用"这么"代替"非常"所表示的程度，用"怎么"代替感谢的方式，可以说：你这么（或"那么"）热情地帮助了我，我不知道怎么感谢你才好。

第五单元综合练习

一、略。

二、根据句子的意思，按要求改写

1. 用"这""那"做定语

（1）说话人说"河对岸"时，应该是站在河这边说话，所以应该用"那"来指示"河对岸"。可改写成：河对岸那只小船叫风刮跑了。

（2）桌子上的笔比起"我"手里的笔相对远些，所以用"那"指示桌子上的笔，用"这"指示"我"手里的笔。可改写成：桌子上那支笔不好用，我手里这支笔好用。

（3）"台上"相对"我"坐的地方要远些，所以用"那"来指示。可改写成：我认识台上唱歌的那个女孩儿。或：台上唱歌的那个女孩儿我认识她。

（4）"我"是昨天去车站接的人，在时间上相对今天要远一些，所以用"那"来指示。可改写成：我昨天去车站接的那个人是我在北京读书时常常帮助我的那个人。

2.用疑问代词改写

（1）用"疑问代词A……（就）疑问代词A……"的形式可以表示不确指，即指的是"不确定的某个～"的意思。该句"写"的内容是不确指的，所以可改写成：这次作文，大家喜欢写什么就写什么。

（2）"劝了好半天"，说明"我"在"劝"上用了很多方式，所以可用表任指方式的"怎么"表明用尽办法。可改写成：不管我怎么劝他，他都不听。

（3）表"任何地方"可用疑问代词"哪儿"的活用方式来表示。该句可改写成：你从哪儿上车都行。

（4）该句表示一种确定的语气，可用反问方式来表示这种语气，改写成：没有决心怎么能做成事情呢？

三、改病句

（1）"怎么"是询问动作方式或性质程度等的代词，应出现在谓词性词语前。"作法"是名词，这里"怎么"出现在它之前是错的，应把"作法"改成动词"做"。即改为：大家怎么做他都同意。

（2）"怎么"语气相对缓和，"为什么"有质问性，语气较强。本句具有"质问性"，应该用"为什么"。应改为：大家都不去，你为什么要去？

（3）"我"显然不住在北大，现在也并不是在北大说话，所以指代"北大"时不应该用"这儿"，而应该用远指的"那儿"。后一句应改为：我有两个好朋友住在那儿。

（4）这里用"怎么"来询问具体的"贵"的程度，所以不应该用一般表示程度的副词而应该用代词来代指具体的贵的程度。该句叙述的是"这些工艺品"，所以最好选用"这么"。应改为：这些工艺品怎么这么贵？

（5）该句有四处错误。照片是小梅正看的那张，说明照片是确指的，不能用"数+量"的方式，应该用"指示词+量"的方式。第一句应改为：你问小梅正看的那张照片吗？另外，该照片是"我"五岁时照的，现在来指那时的时间、情况不能用近指的"这"，而应该用远指的"那"。后几句应改为：那是我五岁时照的，那时我还没上学，样子那么天真。

（6）说话人和听话人显然是不同的班，所以分别说明某班情况时，不能用"咱们"，"咱们"是包括听话人在内的。应改为：你们班的成绩不如我们班，我们班的成绩可好了。

（7）"什么"可以提问，但"什么"后不用"的"，因为"什么"问的是专业、职别等问题，在语序上，它应直接位于"人"这个中心语之前，可以说成：他是什么人？如果用"的"，并在"一个"之前，表现的应是"样子"，具有描写样子的作用，即描写出这个人的性格、品质、态度、年龄、面貌等等，这时该句可以说成：他是怎样（的）一个人？

（8）该句有两处错误。一是这里说的人是明确指的"跑在前面"的那个人，所以不能用"数+量"的方式，而应该用"指示词+量"的方式。第一句应改为：跑在前面的那个人我认识。二是"一天早上"只是"一"，而该句指的是很多，因为句中有"都"，所以句中的"一天"应改为"每天"。

（9）"这么"已经代替了某种具体的程度，所以不需要再用程度副词"很"。应改为：他没想到每天做这么多工作。

（10）用"什么"询问的是事情的内容，用"怎么"才能询问事情发生的原因，这里是要询问事情发生的原因，所以应该使用"怎么"来问，即：怎么回事？

（11）这里用"怎么"来询问具体的"激动"的程度，不应该用一般表示程度的副词，而应该用代词来代指具体激动的那种程度。该句叙述的是"小梅"现在的情况，所以最好选用"这么"。应改为：你看，小梅怎么这么激动啊？

（12）"它们"是代称事物的代词，该句不是要指代事物，而是要指代"地区"，指代处所应该用"这里/那里"等指代处所的代词。该句应改为：有的地区虽然那里的生活比较落后，但是那里的人却很好客、很热情。

四、就句中变色部分提问并回答

（1）"什么"可以用来询问职业、身份、关系等。这里问这位老师具体教的科目类别，所以可以说：他是什么老师？——他是教国际政治的老师。

（2）"漫山遍野"是地点，所以可用问地点的"哪儿"提问：哪儿的花儿开得鲜艳极了？——漫山遍野的花儿。"鲜艳极了"是性状，也可以用问性状的疑问代词"怎么样"提问：漫山遍野的花儿开得怎么样？——鲜艳极了。

（3）问的是"一个叫凯瑞的"留学生，是指定的人，所以用"'哪'+量词"提问。询问对象应是听话人，所以用"你"。可以说：你想找哪个留学生？——我想找一个叫凯瑞的留学生。

（4）"骑自行车"和"坐汽车"都是"去"的方式，可用问方式的疑问代词"怎么"提问：他们原来打算怎么去？现在又想怎么去了？

（5）原句主语"事情"是事物，可用"什么"来提问。因为"没有事情"能够激起他的热情，所以回答时也可以用"什么"任指"激起他热情"的事情。可以说：什么能够激起他的热情？——没有什么能够激起他的热情。

第六单元　副词及其用法

第十六课　副词的意义与功能

练习一　将括号中的副词填到句中适当的位置上

（1）"还"有表示"累加"的意义，即在原有的以外补加。该句指另外有几张票，所以有累加的意义；单音节副词一般应位于动词前，所以"还"应位于动词"有"前。"都"包括"你们"多人"来"的动作，所以位于"来"前。

（2）"就"可表示一个很小的范围——某类事物、某个或某几个人或事等。该句指"你"一个人，所以应把"就"放在"你"前，表示只有"你"一个的意思。"还"有跟隐含的标准比差的意思，该句表示说话人原来已有某标准，拿"你"的条件去比较还可以，所以"不错"前应该用"还"。"可"表示的语气带有夸张意味，该句中对于差距大有所夸大，所以"可"应该用于"差多了"前。

（3）"只"只能用于谓词性词语前，所以只能位于"进行"前。

（4）该句的意思是他不是只有工作好，思想跟工作也一样好。所以"工作好"前应放"光"，表示仅此范围的意义，形容词"好"前放表示"相同"义的"也"。

（5）"快要"是表时间意义的副词，放在"开"前，表示距离开车的时间很近。"才"放在"赶来"前，表示来得晚的意思。

（6）语气副词"幸亏"可以放在句首主语前。副词"也"表示同样、并行的意思，可以放在介词短语"在这儿"前。"麻烦"是形容词，可以用程度副词"很"修饰。

（7）"也许"表示不十分确定的意思，应放在动词"是"前。"十分"是程度副词，应放到形容词"必要"前。

（8）语气副词"明明"要放在时间副词"在"前，即，时间副词"在"和谓语中心语关系更密切，"在"应靠近谓语中心语。"却"不能放在句首，只能放在谓语前。

（9）"刚"表示动作在不久前发生，接近于动作的时间；"就"表示动作在很短的时间内发生了，所以这个句子表示两个动作接连发生。由于"刚"和"就"都是表示时间意义的单音节副词，都应位于动词谓语前，因此"刚"应位于前一个动词"回"前，"就"应位于后一个动词"来"前。

（10）语气副词"其实"可以放在句首，所以第一个空儿填"其实"。"并"常常和否定副词"不"或"没"连用，强调对听话人认为的事实的否定，本句中说话者认为听话者觉得自己了解他，说话者用"并不"对听话者的想法进行否定。时间副词"已经"只能位于主语和谓语中间。

练习二 把括号中的副词放到句中A、B、C、D唯一恰当的位置上

（1）"光"是一个后指的表小范围的副词，表示其后的人、物数量少、种类单一。本句的范围是指他一个人，所以"光"应位于"他"前，即A的位置。

（2）语气副词"究竟"位于主语前，即A的位置，其意义作用于全句。

（3）"都……了"表示级别高、量大，放在谓语前——B的位置。"都小伙子了"意思是"已经是小伙子了"。

（4）程度副词"非常"修饰形容词，应放在形容词"善良"前，即C的位置。

（5）"就"可以是一个后指的表小范围的副词，表示其后的人、物数量少、种类单一。位于主语前——A的位置，相当于"只有"。

（6）"你能……？"是一个表示请求的疑问句。本句请求的内容是让对方重新说一遍，表示重复的副词"再"要放在动词"说"前，即C的位置。

（7）程度副词"很"修饰动词短语"懂礼貌"，"小"前面已经有表示程度

的"这么",所以"很"只能放在C的位置。

(8) 表示范围的副词"都"只能放在谓语动词前。另外本句的意思是所有的人"不会说日语",所以"都"要放在"不会"前,即C的位置。

(9) "这样"指代谓语动词,可受副词修饰。"就"位于条件复句的后续句,只能放在谓语动词前。所以"再"放在B的位置,"就"放在D的位置。

练习三　用括号里的副词完成对话

- 有些副词可以单独用来回答问题。这六个句子中,"也许""一定""有点儿"可以直接单独用来完成回答问题,即可以不用出现动词。如:(2)句可以说"也许",也可以说"也许吧";(3)句可以说"一定";(6)句可以说"有点儿"或"还有点儿"。

- 有些副词不能单独用来回答问题。这六个句子中,"都""就""也"等不能直接单独用来完成回答问题,即回答问题时必须是"副+动(或其他)"形式。如:(1)句应回答"都到齐了";(4)句应回答"没有了,就他们俩";(5)句应回答"也支持他"。

练习四　略。

练习五　选择合适的副词填空(每个词限用一次)

(1) 说话者"想"的行为过去有,到说话时还在持续,所以第一个空儿填表示持续的副词"还"。第二个空儿填"再",表示将来的重复动作。

(2) "想念"是个心理活动动词,又是一个双音节词,所以最好选择双音节程度副词"十分"来表示它很高的程度。

(3) "深"是个单音节形容词,所以最好选择单音节程度副词"极"来表示它的程度。

(4) 第一个空儿后面是动词"过去",所以应选择表示"实现"意义的"已经"。程度副词"太"常常后接"了",所以第三个空儿填"太"。从句子可知,说话者是劝说对方不要难过,所以第二个空儿填表示否定祈使的副词"别","别"总是放在程度副词前。

(5) 第一个空儿表示过去有过"见面"的动作,所以应选择"曾经"。第二个空儿表示对"想到"的发生的否定,所以应选择"没"。第三个空儿表示意想不到,所以应选择"竟"。

(6) 这里表示重复的一年已经开始了,所以应选择表示已经重复的副词"又"。

(7) 具有"感兴趣"的行为指向他们两个人,应选用"都",表示"感兴趣"是两人的共有行为。"感兴趣"表示了一种心理活动，第二个空儿可选择程度副词"非常"。

（8）第一个空儿表示"博士"这一个种类，应选用表示"小范围"的副词"光"。第二个空儿应选择"就"，动词后有数量表多，"就"与表小范围副词这种前后配合的用法，可表数量大。

练习六　改病句

（1）"一共"是副词，它表示的是跟动作行为有关的总计数量，应置于动词"参观"前，即：这次到农村，我们一共参观了四个乡镇企业。

（2）"先"和"再"都是单音节副词，单音节副词除个别外，都应位于谓词性词语前，即分别位于动词"预习"和"讲解"前，即：我们先预习，然后老师再讲解。

（3）"也"不能单独用来回答问题，应跟谓词性词语一起来回答。答句应改为：（我）也报名。

（4）"很"是副词，不能修饰名词"食欲"，应在"食欲"前加动词"有"，"很"可以修饰动词短语"有食欲"。"又"是副词，不能修饰宾语"一碗"，应将"又"移到动词"盛"前。

（5）"又"是单音节副词，应位于谓词性短语"不好"前。"再"也是单音节副词，也应位于谓词"麻烦"前。

（6）"男的外出打工，女的做家务"是说话者要说明的通常情况，所以"通常"应位于句首。

（7）表示任指的疑问代词"怎么"后半句常常和"也"或"都"搭配。本句中"也"是单音节副词，要放在主语后、谓语动词前，所以应改为：我怎么劝，他也不听。

（8）"多么"是副词，表示程度高及感叹语气。程度应该跟性状等相联系，而"时间"是名词，不是性状词，所以不对，"时间"前应加一个表示性状的形容词"长"。该句应改为：那时候，修造这样一座园林需要多么长的时间啊！

（9）表示时间的副词"刚"要放到谓语动词前，即移至动词"到"前。"就"是单音节副词，应位于动词"游览"前。即改为：刚到中国不久，我们就游览了这几个著名的名胜古迹。

（10）"共"是单音节副词，应位于动词"有"前。"一个大院子"是名词短语，不能用副词"也"修饰，所以要在"一个大院子"前加上动词"有"。"也"表示不同主体出现相同的动作行为或性状，而本句的主体只有一个,即"这个家庭",所以应该用表示添加意义的副词"还"。该句应改为:这个家庭共有七口人,有四间房子,还有一个大院子。

(11)"也"是单音节副词,应位于动词前。该句表示对"美术"和"音乐"具有相同的心理状态,所以后一句应加一个跟前一句一样的动词"喜欢","也"置于"喜欢"之前。该句应改为:我喜欢美术,也喜欢音乐。

(12)表示时间的副词"经常"一般只位于谓词性词语前;"互相"是副词,也应位于谓词性词语前,然后再在"思想"前加一个代词"彼此"作为定语。该句应改为:我们经常一起谈话,互相了解彼此的思想。

(13)"更"是程度副词,表示性状意义的词才具有程度差别,而"进步"在此句中只是一个名词性成分,所以不对,应在"更"后加一个形容词"大"。该句应改为:老师希望我取得更大的进步。

(14)句子的主语应该是"城里的空气",表示任指的"怎么"和副词"也"搭配,要放在谓语动词前,这个句子要表达"城里的空气总是没有山里的好"的意思,所以应改为:城里的空气怎么也没有山里的好。

(15)"什么事"的"什么"在这里表示的是"任指"的意思,即任何一个,所以句中应有"都"来配合,表示包括所有的。"学习"是任何事情中的一种,单独提出它,是要将它跟其他事情比较,所以后一句"认真"前应该有表示比较程度进一层意义的"更"。该句应改为:他对什么事都特别认真,对学习当然更认真了。

(16)"那天"是过去时间,"去工厂"的动作是过去时间里没有出现的,所以要用"没"否定。单音节副词"只"要修饰谓词性成分,要放在动词"参观"前。该句应改为:那天时间不够了,我们没去工厂,只参观了学校。

第十七课 常用副词对比分析

练习一 选择"不"或"没(有)"填空

(1)第一个空儿可以用"没",因为"没"否定的是客观的、到说话时已经发生的情况。第一个空儿也可以用"不",表示不了解情况这种性质。第二个空儿应该用"不",是主观意志性的否定,该句是个祈使句,表示阻止别人做某事,所以应该用"不"来表示这种意志性要求。

（2）该句跟客观叙述事实有关，所以否定到说话时已经发生的事情用"没"。

（3）从全句情况看，要表现的是"他"的意志性行为，所以第一个空儿和第三个空儿用"不"否定。第二个空儿可以不表示意志性的否定，如果用客观的、对所叙述事情的发生的否定，应该填"没"。

（4）第一个空儿是从客观叙述的角度，对现在以前事情发生的否定，应该用"没"。第二个空儿表示主观意志性的否定，应该用"不"。

（5）第一个空儿是客观的、对现在以前事情发生的否定，应该用"没"。第二个空儿是对一种心理状态的否定，应该用"不"。

（6）对事物属性的否定，用"不"。

（7）第一个空儿是客观的、对现在以前事情发生的否定，应该用"没"。第二个空儿是对一种心理状态的否定，应该用"不"。

（8）第一个空儿是说话人从客观的角度否定到现在为止发生的情况，用"没"。第二个空儿是主观意志性的否定，该句是祈使句，表示阻止别人做某事，所以应该用"不"来否定。

（9）"熟悉"与时间没有直接联系，这是对客观属性的否定，用"不"。

（10）对一贯性、规律性的否定，用"不"。

练习二　把下列句子改成否定句

（1）"贵"是形容词，表示一种性状，对性状的否定应该用"不"。改成否定句是：听说今天足球赛的门票不贵。

（2）"好"是形容词，表示一种性状，对性状的否定应该用"不"。原来打算出去玩儿，现在因为天气不好不打算出去玩儿了，这是一种表示意志性的否定，也应该选用"不"。从"去玩儿"到"不去玩儿"是一种计划的改变，所以句末应加上"了"。改成否定句是：今天天气不好，我们不出去玩儿了。

（3）该句叙述的是"昨天晚上"即过去的事情。表示否定到现在为止事情的发生、实现，应该用"没"。"没"否定了事情的发生或改变，所以句末不能再用"了"。改成否定句是：昨天晚上我没去小王那儿。

（4）该句可以从两处分别进行否定：一是对"说"的否定，如果是否定到现在为止"说"的发生，应选用"没"；如果是否定"打电话"，说明是一种决定的改变，应选用表示意志性否定的"不"，句末要加表示变化的"了"。改成否定句是：李老师没说今天晚上给我打电话。或：李老师说今天晚上不给我打电话了。

（5）表示否定到现在为止"试"的发生，应选用"没"；否定改变明天试机的计划，应选用表示意志性否定的"不"，句末要加表示变化的"了"。改成否定句是：他们昨天没试机器，明天也不打算试了。

（6）"应该不应该"是从意愿上来说的，应选用"不"否定。改成否定句是：你不应该买这幅画儿。

（7）表示否定到现在为止事情的发生、实现应该用"没"。副词"还"常常和"没"搭配，表示到现在为止一直未发生或实现。所以对"已经学会"的否定用"还没"。改成否定句是：同学们还没学会使用这个软件。

（8）这里是一种决定或计划的改变，应选用表示意志性否定的"不"，句末要加表示变化的"了"。改成否定句是：张伟和李丽国庆节不结婚了。

（9）表示否定到现在为止事情的发生、实现，应该用"没"。副词"还"常常和"没"搭配，表示到现在为止一直未发生或实现。所以对"苹果红了"的否定用"苹果还没红"。"可以"在本句中是一种认定或判断，应选用"不"否定。改成否定句是：苹果还没红，不能吃。

（10）对过去一种经历的否定，应该用"没"。该句改成否定句是：我没参观过那儿的经济开发区。

练习三 选择"才$_1$、才$_2$、就、都"填空

（1）"才+数量词语"表示数量小和少、时间短等，"就"表示时间早、快等意思。所以该句第一个空儿应选用"才"，表示孩子小；第二个空儿选用"就"，表示懂事早。

（2）同上，第一个空儿应选用"才"，表示球队成立时间短；第二个空儿选用"就"，表示队员发展得快。

（3）第一个空儿选用"就"，表示离开家乡早。在数量或时间词语后用"才"，表示数量大、多，时间晚、慢，等等，所以第二个空儿选用"才"，表示回家乡晚。

（4）"都"表示说话人认为时间晚、长及数量多等。所以第一个空儿选用"都"，表示时间晚；第二个空儿选用"才"，表示走得晚。

（5）应选用"就"表示明白得快，"一……就……"格式表示后一状况紧接着前一行为发生。

（6）该句表示前后两种相对的情况，前一句表示记得慢，后一句表示记得快，所以前句应选用"才"，后句应选用"就"。

（7）"就"表示时间早、快等意。本句表示设计拿出来得快，又因为句末有

"了",不能和"才"搭配,所以填"就"。

（8）"都"表示说话人认为时间晚、长等。所以第一个空儿选用"都",表示四天的时间长；第二个空儿选用"才",表示到上海慢。

（9）"'才'+数量词语"表示数量小、少及时间短等,"就"表示时间早、快等。所以该句第一个空儿应选用"才",表示用的时间少；第二个空儿选用"就",表示不干的时间早。

（10）"'才'+数量词语"表示数量小、少及时间短等,这里填"才"表示课少。

（11）"都"表示说话人认为时间晚、数量大等,句末常用"了"表示其变成的数量。这里表示跑的圈数多。

（12）"'才'+数量词语"表示数量小、少及时间短等,"都"表示说话人认为时间晚、数量大等,句末常用"了"表示其变成的数量。所以第一个空儿选"才",表示吃得少；第二个空儿用"都",表示吃得多。

练习四　选择"又"或"再"填空

（1）"写了一遍"已经发生,用"又"。"老师看"还没发生,是祈使,用"再"。

（2）"做了一次"已发生,用"又"。

（3）"看见了她"已发生,用"又"。

（4）本句为祈使句,"说一下"在说话以后,还未发生,用"再"。

（5）"要"的意愿已显现,所以"'又'+能愿动词+动词"是基本配合关系。本句用"又"。

（6）这是个假设句,对方"客气"并未发生,用"再"。

（7）"奶奶难受了"已经发生,用"又"。

练习五　选择"又"或"也"填空

（1）"老王"和"老张"是不同的主体,出现相同的行为,用"也"。

（2）"迟到"是同一主体累加出现的行为,用"又"。

（3）"我"相对于别人同样"不知道该怎么办",用"也"。

（4）本句表示"等"的行为进一步累加,用"又"。

（5）同一主体"说""笑",是两个行为的累加,用"又"。

（6）"东西"和"行李"两个主体都具有"好了"的性状,两个空儿都用"也"。

练习六 用副词"还"或"再"填空

（1）句中要表达先"考虑考虑"，然后"说"，"说"是将来重复的动作，所以用"再"。

（2）"还"表示持续，即过去原有，到说话时还在持续。"他们"以前"想"，持续到现在仍然"想"，所以用"还"。

（3）"干一会儿"是说话后的动作，所以用"再"。

（4）该句是假设，假设以后继续不吃药可能出现的后果。用"再"表示以后继续。

（5）"还"可表示"累加"，即在原有的以外补加。"填一份表格"是一个祈使句，还未发生，前面应填"再"。

（6）"还"可表示该计划为原有计划，所以填"还"。

练习七 用副词"又、再、也、还"填空

（1）该句表示"干"的情况仍在继续，应选用"还"。

（2）该句表示"阴"的状况已经重复出现，表现出要变天的情况了，所以前后两个空儿都应选用"又"。

（3）该句表示实验的想法仍然存在，重复实验只是一个主观意愿，并未实施，所以第一个空儿选用"还"，第二个空儿选用"再"。

（4）该句与（3）句相似，表示休养仍然需要，重复休养只是一个主观意愿，并未实现，所以第一个空儿选用"还"，第二个空儿选用"再"。

（5）我"搞不懂"和别人一样，所以第一个空儿用"也"。"他不吸取教训"是从过去就开始一直延续到现在，所以第二个空儿用"还"。

（6）前后两句用词不同，但表示的情况一样，都是我们期待的——风停、雨住，也就是天气变好，所以前后两个空儿都应选用"也"，表示相同。

（7）前一句表示时间早的情况仍在继续，所以第一个空儿应选用"还"；后一句表示重复学习的行为只是一种想法或要求，所以第二个空儿选用"再"。

（8）第一个句子表示已完成的重复，所以选用"又"。第二个句子表示"没全弄懂"的情况在继续，所以选用"还"。

（9）该句表示说话人根据情况临时做出重复"来"的决定，所以选用"再"。

（10）"也"表示相同，该句表示白发老人跟年轻人一样激动，所以选用"也"。

练习八　改病句

（1）"还"不用于祈使句，"再"用于祈使类、意愿类的句子。"走一会儿"是一个建议，还未实施，应该用"再"。应改为：今天晚上真凉快，咱们再走一会儿吧。

（2）"还"表示持续，即过去就有，到说话时还在持续。"打算"过去就已经有，问是否还继续持续下去，所以用"还"。另外，"再"不能用于能愿动词前。应改为：以后你还打算去上海吗？

（3）说话者对"吃苹果"和"吃香蕉"同样喜欢，所以用"也"表示相同。应改为：我喜欢吃苹果，也喜欢吃香蕉。

（4）"我可不去了"中的"了"表示变化，说明他们已经去过了。"还"和"再"都表示重复，但"再"用于祈使类、建议类的句子，不用于非假设的叙述句。所以该句应改为：明天还去呀！我可不去了。

（5）"还"放在能愿动词前，"再"放在能愿动词后，即"能愿动词+再"。"帮助她"还未发生，要用"再"。所以应改为：我想再帮助她一次。

（6）"又"用于已发生的事，"再"用于未发生的事，且常用于祈使句，所以应把"又"改成"再"。"大家没明白"仍然在继续，所以要把"也"改成"还"。应改为：你再说一下吧，大家还没明白呢。

（7）"在生气"是一种持续状态，所以要用"还"表示原来已经开始，现在仍在持续的动作。"还"不用于祈使句，应改成"再"。所以原句改为：她还在生气，你再劝劝她吧。

（8）"不请她吃饭"是一个假设的情况，"再"可用于表示假设的情况，所以应把"还"改成"再"：莉莉明天就走了，你再不请她吃饭就没机会了。

练习九　用副词"很、太、真"填空

（1）和"了"搭配，要用"太"（"太……了"）。

（2）和"啊"搭配，表主观感叹要用"真"（"真……啊"）。

（3）表客观评价，用"很"。

（4）表客观评价，用"很"。

（5）用"太"表示超过可接受的、合适的度。

（6）"……多"做"机会"的定语，只能用"很"。"太"和"真"一般不做定语。

（7）本句主观感情色彩较强，用"真"有的确、确实的意思。

（8）"……仔细地"在句中做状语，只能用"很"。"太"和"真"不能做状语。

练习十　用副词"很、太、真、更、最"填空

（1）该句表示没加糖前跟加糖后比较，加糖后的好吃要进一层，所以选用"更"。

（2）这是一个表示客观评论的句子，做定语成分，所以选用"很"。

（3）这是一个从自我感受出发进行主观评论的句子，所以两个空儿都选用"真"。

（4）该句认为的"不关心"有"过分"义，并且句末有"了"，所以选用"太"。

（5）在"难办的事"这个范围内，"缺少技术人员"这个事超过其他，所以选用"最"。

（6）该句同（1）句，表示进层的程度意义，所以选用"更"。

（7）该句表示程度极高，感情色彩很强，并且句末有"了"，所以选用"太"。

（8）"最"表示在一定范围内，其中某个超过其他。"春天"在四季中美过其他，所以选用"最"。

（9）前一句表示说话人的主观感觉，所以选用"真"；后一句"穿上……"是从穿的客观效果上进行评价，所以选用"很"。

（10）"可能……"是根据客观情况估测，所以选用"很"。

（11）"最"表示在一定范围内，其中某个超过其他。本句是说今年在50年的范围内，下雪超过其他任何一年，所以选用"最"。

（12）该句意思是说"过分"的关心对孩子不好，"太"有过分的意思，所以选用"太"。

（13）该句从"大家"这个公众的、客观的角度出发叙述感兴趣的程度，所以选用"很"。

练习十一　略。

练习十二　改病句

（1）该句是一个客观叙述、描写的句子，而且只是表现"漂亮"的程度高，没有"过分"义，所以用"太"表示这种程度不对，应改用"非常"。

（2）该句要否定到现在为止"找到"出现的情况，所以应该用"没"否定，何况"找"后面还有"到"这个结果，也只能选用"没"。

（3）该句要否定到现在为止"喝"的经历，所以应选用"没"否定，即"没喝过"。

（4）该句要否定一贯性行为，所以应选用"不"否定。

（5）该句要表现从刮风到不刮风这种天气的改变，所以应选用"不"否定。

（6）该句要表示结婚晚，"就"表示早，"才"表示晚，所以应选用"才"。句后不要"了"。

（7）该句否定的是玩儿的过程中"感到累"的出现，应选用"没"否定。"晚上躺到床上"时距离玩儿的时间已经很远了，说明"感到累"很晚，因此不能用"就"，应该用"才"。

（8）该句表示"爱"的程度有进层性，第三个"爱"比前两个进一层，"更"可以表示进层的程度，所以应把"再"换成"更"。

（9）该句是客观叙述，不是表现内心感觉，所以形容词"深"前不能用"真"，应选用客观性的"很"。另外"真……"只能直接做谓语，不能做定语。

（10）该句叙述的重复动作"去"已经完成，不应该使用"再"，而应该使用"又"。

（11）该句意思是：课堂学习是学习，日常交流也是学习，所以"是"前的"还"应改为"也"。"真重要的"不能做定语，"真"应改为表客观的"很"，以表示跟通常学习的比较。即改为：在这里跟各国留学生交流也是很重要的学习。

（12）该句是客观叙述这里四月的天气情况，不应选用表示主观性程度的"太"，而应选用"很"。

（13）该句要说明她很早离开了家乡，表示"时间早"应选用"就"，不能用"才"。

（14）表示一种相对稳定的心理状态应该用"不"否定，所以"没"应换成"不"。

（15）该句叙述的重复动作"看见"已经完成，不应该用"再"，而应该用"又"。后一句是客观叙述看到他时他瘦的情况，不应选用表示主观性程度的"太"，而应选用"很"。

（16）"'都'+时间词语"表示时间晚，所以后一句不应该用表示"时间早"的"就"，而应该用表示"时间晚"的"才"。

（17）"太精彩"表示赞美，句末应该加"了"（"太精彩了"）。该句后一句是个祈使句，表示请求重复"说"的动作，"说"的重复动作还没做，所以应该用"再"。

（18）"真……"不能做定语，"很"表客观程度，可做定语，所以改为：中国的女人是很幸福的女人啊！如果表示更强烈的主观色彩，可改为：中国的女人太幸福了！或：中国的女人真是幸福的女人啊！

第十八课　副词的排序与搭配限制

练习一　将括号中的副词按顺序放到句中合适的位置上

（1）表示重复、频率的副词"还"，要放在情状副词"亲自"前。

（2）"也许"是语气副词，要放在其他副词前，也可以放在句首。"已经"是时间副词，放在除语气副词外的其他副词前。

（3）"一定"是表确定的语气副词，放在最前面。"再"是表示重复、频率的副词，放在除语气副词外的其他副词前。"逐个"是情态副词，放在靠近动词的位置上。

（4）"难道"是语气副词，放在最前面。"还"放在动词前。

（5）"的确"是表确定语气的副词，放在其他副词前。

（6）"挺"是程度副词，应该直接修饰心理动词"关心"。范围副词"都"一般要放到所指人和事物之后，所以放在"大家"后。

（7）"久久"是时间副词，放在除语气副词外的其他副词前。"没"靠近动词"能"。

（8）句中"还"是表示累加意义的副词，累加应该在前面已有同类情况的基础上进行，所以其前的语境可能是：他何止在生活上帮助我啊，他**还曾经**救过我的命呢。"还"应位于"曾经"这个表示时间的副词前，使之与前句的关系更紧密。

练习二　用括号中的副词完成对话（注意副词的顺序）

（1）因为一个星期只有三天，不是全部，所以应该否定"都"。B的回答应该是：不都去，一个星期只去三次。

（2）因为是第一次跟这些人打交道，说明全不认识，所以不应否定"都"。B的回答应该是：都不认识，我第一次跟这样的人打交道。

（3）因为B的后句说"他不上课，也不写作业"，说明不努力的程度很高，所以不应否定"太"，B应该回答：太不努力了，不上课，也不写作业。

（4）从"越来越习惯了"看，不习惯的程度不是特别高，所以应该否定"太"。B应该回答：还不太习惯，不过越来越习惯了。

（5）从"处处塞车"看，不顺的程度很高，所以不应否定"很"。B应该回答：很不顺利，处处堵车。

（6）从"交谈得还算顺利"看，难的程度不是很高，所以应该否定"很"。B应该回答：不很难，交谈得还算顺利。

（7）答句说"请老师们放心"，说明确定性很强，所以不能否定"一定"。B应该回答：请老师们放心，我们一定不辜负老师们的期望。

（8）因为买的人"多极了"，说明买到的确定性不是很高，所以应该否定"一定"。B应该回答：我买的时候人多极了，不一定买得到了。

（9）从"偶尔有事可能来晚一点儿"可知，他迟到这件事并不是"经常"的，所以应该否定"经常"。B应该回答：不经常迟到，偶尔有事可能来晚一点儿。

练习三　用恰当的否定副词填到句子合适的位置上

（1）"相信"是一种稳定不变的心理状态，所以应该选用"不"否定。"才"跟否定词搭配时，否定词只能位于其后，所以"不"应该在第二个空儿上。

（2）后一句说"还有……"，说明"科技类的"不是全部，那就应该否定"都"，所以否定词应放在第一个空儿上。句中的动词是"是"，对判断动词"是"的否定只能是"不是"。

（3）该句是对过去事情的叙述，所以应该选用"没"进行否定。"也"是为突出强调"一个"的，所以应靠近"一个"，因此"没"应在第二个空儿上。

（4）后一句说"还谈了……"，说明"谈学习"不是全部，那就应该否定"光"，所以否定词应该在第一个空儿上。

（5）从全句内容看，该句是说"不顺"的程度高，所以不能把否定词放到"太"前，那样会减弱程度。前一句否定的是形容词"顺"，对性状的否定应选用"不"，所以"不"应位于第二个空儿上。后一句是对过去事情的否定，应选用"没"。"差点儿"和否定词放在一起排序时，否定词只能位于"差点儿"之后，所以"没"应位于第四个空儿上。

（6）前一句表示对意志的否定，应选用"不"。否定词跟"一起"放在一起排序时，只能位于"一起"前，所以"不"应位于第一个空儿上。后一句是对形容词"好"的否定，对性状的否定应选用"不"。该句从内容上看，要表示不是很高的程度，所以否定词应放到"太"前，以减弱程度。后句的"不"应位于第三个空儿上。

（7）该句是否定经历的事情，对过去事件的否定应选用"没"。"从来"和否定词放在一起排序时，否定词只能位于其后，所以"没"应位于第二个空儿上。

（8）该句是对将来的否定，对将来的否定应选用"不"。该句要表示没有十分把握的推测，这样就应减弱"一定"的确定程度，所以否定词"不"应位于"一定"之前。

（9）该句是要否定一种主观意愿，所以应选用"不"否定。从内容上看，该句确定性程度很高，所以不能将"不"置于"一定"之前。

（10）从句中可知这是一个否定祈使句，用"别"来表示提醒。"可"是语气副词，要放在否定副词"别"前面。

（11）从全句内容看，该句是说"多"的程度不高，所以应把否定词放到"很"前，以减弱程度。该句否定的是形容词"多"，对性状的否定应选用"不"，所以"不"应位于第一个空儿上。

（12）对认知性动词"知道"的否定，只能选用"不"。"简直"表示一种语气，控制整个谓语部分，所以排序时，它应位于前面，否定词"不"只能位于其后。

（13）从全句内容看，该句是说"不简单"的程度高，所以应把否定词放到"很"后。该句否定的是形容词"简单"，对性状的否定应选用"不"，所以"不"应位于第二个空儿上。

（14）从后一句"我也有责任"看，要否定的应是包括全部的"全"，所以否定词应位于"全"之前。该句谓语动词是判断动词"是"，对"是"的否定只能用"不"。

（15）该句是对过去事件的叙述，所以应该选用"没"。"几乎"和否定词放在一起排序时，否定词只能位于"几乎"之后。

（16）从"都借给我看看"可知说话者要借所有的书，可见说话者没看过的应该是所有的书，所以否定词不应该放在"全"前面来否定"全"，而是要放在"全"后面来否定"看过"。

（17）从后半句可知应该使用否定副词"别"表示劝阻，所劝阻的是"再费事做"，所以"别"要放在"再"前。

（18）该句否定的是能愿动词"能"，所以应选用"不"。从内容上看，该句确定性很强，所以不能将"不"置于"决"之前，"决"和否定词放在一起排序时，否定词也只能位于其后，所以"不"应该位于第二个空儿上。

第六单元 副词及其用法 要解

练习四 把"都"放在适当的位置上

副词"都"表遍指意义时，所指是明确的，要放在动词前，其所指人或事物一般都在"都"的前面。但如果"都"指向了宾语，不能直接位于宾语前，一定要位于谓语动词前。如果所指是不明确的或虚指的人或事物，句中大多有疑问词，疑问词可以出现在"都"后面。

（1）"都"放在动词"认识"前，选 C，指"这几个人"。
（2）"都"放在动词"去"前，选 C，指"每周"。
（3）"都"放在动词"吃"前，选 D，指"什么小吃"。
（4）"都"放在动词"摆"前，选 B，指"桌子上"。
（5）"都"放在动词"看"前，选 C，指"哪些电影"。
（6）"都"放在动词"是"前，选 C，指"到处"。

练习五 根据问句，用合适的词语配合"有点儿"、"差不多"完成对话

（1）"有点儿"总是表达不如意色彩，所以首先说"不合适"，然后说"有点儿小"。
（2）要表达他们一样"高"，具有积极意义，用副词"差不多"修饰"高"。
（3）用"有点儿难"表示一种不如意的色彩。
（4）用"跟这里差不多"表示比较。
（5）用"作业有点儿难"表示一种不如意的色彩。

练习六 将下面两列可搭配的词语用线连接起来（每个词语限用一次）

- 怪难受的："怪"后常接"的"（"怪……的"）。
- 稍稍慢点儿："稍稍"常用的结构是："稍稍" + 动词 / 形容词 + "一点儿 / 一些 / 一下"。
- 已经看了："已经"后常接"了"（"已经……了"）。
- 快放假了："快"后常接表变化或出现新情况的"了"（"快……了"）。
- 太贵了："太"后常常接"了"（"太……了"）。
- 可难听啦："可"后常常接"了 / 啦"（"可……了 / 啦"）。
- 曾经去过："曾经"后常常接"过 / 了"。
- 稍微改一下："稍微"常用的结构是："稍微" + 动词 / 形容词 + "一点儿 / 一些 / 一下"。
- 有点儿胖："有点儿"后常接表示贬义或具有不如意色彩的词。人们往往不喜欢"胖"，所以说"有点儿胖"。

练习七 略。

练习八　改病句

（1）"根本"通常与否定性词语相接，所以最好把"根本"换成"完全"。

（2）使用"稍微"时，应该用表示少量的"一点儿、一些"等与之配合，所以该句改为：这一课的生词稍微多了点儿。或：这一课的生词稍微有点儿多。

（3）"本来"和否定词放在一起排序时，否定词只能位于"本来"之后。所以该句前一句可改为：她们本来不认识。

（4）"差不多"跟形容词结合时，常常跟具有可测量性的形容词结合，而且倾向于跟积极意义的形容词结合，如"高、大、厚、长、重、远"等。如果不是这类词，通常把比较的方面放到前面，把描写性词语放到后面单独说。如：这两种丝绸质量差不多，要哪一种都可以。另外，"差不多"常常跟"都、全、一样"等词搭配使用。本句也可改成：这两种丝绸质量都差不多，要哪一种都可以。一般不说"这两种丝绸差不多好"。

（5）"可"在表示夸张语气时，句末应有语气词"了、啦"等配合。应改为：他们的业余生活可丰富了。

（6）用"曾经"单独成句时，句中一般要有时态助词"过、了"相配合。应改为：五年前他曾经来过中国。

（7）用"已经"单独成句时，句中一般要有时态助词"了、过"相配合，尤其是单音节动词不能是光杆动词。应改为：信已经寄了，过两天她就会收到的。

（8）表示时间意义的副词"快"出现在动词前时，后面应有时态助词"了"相呼应。应改为：火车快开了，快上车吧。

（9）"根本"跟否定副词放在一起排序时，应位于否定副词之前。对"有"的否定只能用"没"。所以该句应改为：这次出国，他根本没有希望。

（10）"未必"跟否定副词放在一起排序时，应位于否定副词之前，应改为：多听一点儿反面意见，未必不好。

（11）"只"是副词，要放在动词"关心"前。"从来"是表示时间意义的副词，时间意义的词语在状语的排序中，通常排列在前；跟否定副词放在一起排序时，也应位于否定副词之前。本句应改为：他只关心自己，从来不关心别人。

（12）"有点儿"跟形容词组合时，形容词往往是具有消极意义的，如"低、差、贵、难"等。"好、方便"是积极意义的形容词，跟"有点儿"搭配不合适。应改为：我那儿学习条件比较好，交通也比较方便。

（13）"太"常常和"了/啦"等语气词搭配。应改为：老师对我们太热情了，我很感动。
（14）"差不多"一般修饰具有积极意义的词，而"有点儿"常常修饰贬义或不如意的词。这里"小"对于说话者是不如意的，所以要把"差不多"改成"有点儿"。"太……"的否定形式不用"了"。原句应改为：两个屋子都有点儿小，不太合适。
（15）"从来"常用于否定句，本句是肯定句，应把"从来"改为"总是"。原句应改为：他上课总是积极发言。

第六单元综合练习

一、将下面两列可搭配的词语用线连接起来（每个词语限用一次）

- 怪不好意思的："怪"后常接"的"。
- 到底怎么办："到底"常和疑问词搭配使用。
- 曾经学过："曾经"后常常接"过/了"。
- 快考试了："快"后常接表变化或出现新情况的"了"。
- 已经三个月了："已经"后常接"了"。
- 根本不相信："根本"常和否定性词语结合使用。
- 稍微难了点儿："稍微"的常用结构是："稍微"+动词/形容词+"一点儿/一些/一下"。
- 有点儿难受："有点儿"后常接表示贬义或具有不如意色彩的词。"难受"是不如意的词。
- 差不多厚："差不多"跟形容词结合时，常常跟具有可测量性的形容词结合，而且倾向于跟积极意义的形容词结合，如"高、大、厚、长、重、远"等。
- 决不放弃："决"常和否定性词语结合使用。

二、选择词语填空

（1）从全句意思看，该句要表示出发得早，而"你"来得晚，所以第一个空儿应选"就"，第二个空儿应选"才"。
（2）这里说的"往里走"还在继续，所以不能选用表已然重复的"又"，而应选用"再"。
（3）从全句内容看，该句要表示时间很晚了，而"他"仍然没来，所以第一个空儿应选"都",第二个空儿应选"还"。

(4) 从"……几句话就……"来看,这里要表示谈的话不多的意思,所以应选用"只"。该句表示通过谈话的客观情况了解到他这个人,所以应选用表示客观程度意义的"很"。此外,还因为"'很'+形容词"短语在该句中做的是定语成分。

(5) 该句表示的程度带有"过分"的意思,所以应选择"太"与句末"了"配合。

(6) 这里将"听了这话"的前与后进行了比较,后比前难过的程度要高,所以应选择表示进层程度的"更"。

(7) 前句的"做梦"是过去有过的事情,所以应选用"曾经"。后一句是对同类的并列项加强否定,应选用"也"。

(8) 从后一句内容看,前一句的"学会"应是否定性的,前句是对到现在为止的事件的叙述,所以应选用"没"否定。后一句是一个表示请求的祈使句,要求重复"教",应选用"再"。

三、将括号中的词放到句中唯一恰当的位置上

(1) 该句中表示相同的应该是"高兴",不是"听",所以表示相同的"也"应位于"高兴"前,放在 D 的位置。

(2) "就"表示数量少,相当于"只","就"后常接表示少的数量或指量短语,所以应放在 B 的位置。

(3) "不在家"是"好几次"共同的情况,应该用"都"遍指,在顺序上,"都"应在"不"前,应放在 C 的位置。

(4) 在"把"字句中,否定副词要放在介词短语"把……"前,所以"没"应放在 B 的位置。

(5) "刚刚"是表示时间的副词,所以要放在介词短语"跟大家"前,即 B 的位置。

(6) "十分"是程度副词,要修饰形容词,所以放在形容词"重要"前,即 C 的位置。

(7) 从后一句说话人使用的"了"来看,是说来得早,所以前一句飞机下午开应该是表示"时间晚"的。"才"是单音节副词,应位于动词前;如果句中还有时间名词的话,"才"应该位于时间名词之后。所以"才"应放在 B 的位置。

(8) "再也不"或"再也没"表示"一直持续没"或"永远不"的意思,所以"再"要放到"也"和"没"前,即 B 的位置。

（9）"从来"是个时间副词，要放在除了语气副词外的其他副词前。"从来"常和否定词连用，所以放在 B 的位置。

（10）"却"表示转折意义，要放在后一句中。"却"是个单音节副词，要放在主语和动词之间，另外，"却"总是放在能愿动词前，所以要放到 C 的位置。

四、将括号中的副词填到句中适当的位置上

（1）来参加活动的有中国学生，也有外国学生，所以否定副词"不"应该对"都"进行否定，即"不"放在"都"前，另外，"不"和"都"都是副词，要放在动词"是"前。"有外国学生"前用"还"表示添加。

（2）句中的"过几天"还没有实现，所以"过"前应该放表示未重复的"再"。"二十岁了"有不小了的意思，"就"在表示数量意义时，也可表示"多"的意义，所以"就"应该放在"二十岁了"前。

（3）"也许"是一个语气副词，可以放在最前面。"还"是表示重复或频率的副词，要放在除语气副词外的其他副词前。副词都要放在动词前。所以句子应该是：也许他还不知道吧。或：他也许还不知道吧。

（4）该句中的谓语动词是判断动词"是"，它表示了前后名词语的属性关系，即地球上所有的"光明和温暖"都属于"太阳送来的"，所以"都"应位于"是"前。

（5）"从来"是表示时间意义的副词，在状语的排序中通常排列在前，否定副词跟它一起排序时，应位于其后，即"从来不……"。

（6）前一句是表示意志性的否定，所以应选用"不"，另外，"想"是该句的主要动词，"不"应位于"想"前。后一句是叙述过去发生了的事情，所以应该用"没"否定。

五、用括号中所给的副词完成对话（注意副词的顺序）

（1）对"一定都读过"的否定应该把"不"放在"一定"前。"不一定"可以单独用来回答问题，所以可以回答"不一定"或"不一定都读过"。

（2）"没"不能单独用来回答问题，应跟谓词性词语结合后回答，所以可以说：没这么热，比这儿好多了。

（3）从回答的后一句内容看，有一部分学生这次不去，所以"不"应否定包括全体的"都"。可以回答：不都去，初级班的同学下次去。

（4）从回答的后一句内容看，有两项没有同意，所以"没"应否定包括全部的"全"，可以回答：没全同意，有两项还需要商量。

(5)"好像"是一个表示不确定语气的副词,要放在最前面。从回答的后一句内容看,对沙发的肯定性不是很高,而"太"表示的程度很高,所以应否定它的高程度,否定词"不"要放在"太"前。回答可以是:好像不太好,不像是很舒服的样子。

(6)回答的前半句是对"多"的否定。"就"在表示数量少时,通常需要接表示少的数量短语。所以该句应回答:不多,就一两个人没去。

六、根据句子的意思,选择适当的副词填空

(1)从"等晴了"看,前一个空儿应是否定性的,是否定到说话时为止"晴"的出现,所以应选用"没"。后一句表示将重复"走",所以应选用"再"。

(2)从前后句内容看,前一句是表示年龄大、人长大,所以应选用"都","都"可以表示年龄大、数量多、时间晚等;后一句是表示"照顾自己"并没有随着人的长大而改变,仍然继续原来不会的情况,所以应选用表示"仍然""继续"的"还"。

(3)前一句是表示他"起床"的时间离现在很近,所以应选用表示动作发生在不长时间前的"刚"。后一句从句末有一个表示动作持续语气的"呢"看,该空儿是在表示动作正在进行的时间状态,所以应选用"正在"。

(4)该句是描写眼前看到的情景,所以前一个空儿可以选用"忽然",表示天气变化无常。后一句是表示"浓""湿"这两种状态同时存在,所以后两个空儿应该选用"又""又"。

(5)前一个空儿可以选用"实在",表示"困极了"是一种没有夸张、没有虚假的真实情况。后一句应该表示"想休息"的程度很高,所以应选用程度副词"很"。

(6)该句中说话人要表示"两年"时间很长,所以第一个空儿应选用表示时间长、多等意义的"都"。后一句是否定到现在为止看到他的情况,所以应选用否定副词"没"。

(7)从后一句内容看,前一句他"忙"的程度应该是过分的,句末有"了",所以应选用程度副词"太"。由于忙,晚上"只睡三四个小时的觉"可能是经常的,所以后一个空儿可以选用"常常"。

(8)该句要表示"报告"从开始到十二点没有间断过,所以应选用"一直"。说话人认为"十二点"的时间已经很晚了或者说从开始到十二点用的时间很长,所以后一个空儿应选用表示时间"晚""长"等意义的

"才"。

（9）前一句说话人认为住的时间少、走得早，所以第一个空儿应选用表示数量少的"只"，第二个空儿应选用表示时间早的"就"。后一句是一个祈使句，请求重复"住"的动作，所以应选用"再"。

七、改病句

（1）副词"都"可以表示"多"的数量意义，跑的次数多，说明借得不容易。而副词"就"表示的是数量少、时间早的意义，它跟"都"在意义上是矛盾的，应该换用在意义上跟"都"协调一致的"才"，"才"可表示时间晚、慢的意思，可以表示借得不易。此外，用"都"表示的是到现在为止达到的数量，所以句末应加"了"。该句应改为：都跑了三趟了，才借到这本书。

（2）"就"是单音节副词，表示关联关系时，只能位于谓词性词语前，不能位于名词性词语前，该句是把它位于"我们"这个代词前，所以不对，应把它移到"没有"前。

（3）"几乎"在表示"接近于……"的意思时，被接近的数量或时间等应位于它的后面，而该句是把被接近的"每天"放到了"几乎"的前面，所以不对。应改为：他们几乎每天通信，交换着各种意见和研究成果。

（4）"先"和"再"都是单音节副词，不应位于名词性词语前，都应移到谓词性词语前。该句应改为：小王先演示一遍，然后大家再做。

（5）此句"再"的错误同（4）句一样，应移到谓词性词语前。该句是对过去事件发生的否定，所以不应该用"不"，而应该用"没"。

（6）如果用"不太"表示程度不高的话，句末就不能用"了"；如果用"太"表示过分的、带有夸张语气时，句末一定要接"了"。因此此处可有两种改法：你检查得太不仔细了，再来一遍吧。或：你检查得不太仔细，再来一遍吧。后一个句子是祈使句，要求重复检查，所以不能用表示"已重复"的"又"，而应该用表示"未重复"的"再"。

（7）"根本"通常与否定性成分相联系，表示肯定性意义时，应使用"完全"。该句应改为：这些问题他完全明白了。

（8）使用副词"稍稍"时，句中应配合表示"很少"的"（一）点儿"或"（一）些"等词语。该句应改为：这种产品的质量稍稍差点儿，不如那种好。

（9）使用"差不多"表示比较时，除了少数表示可测量的形容词可以直接放到"差不多"后面以外，一般情况下应将比较的方面放到句子的前面。该句应改为：这两本书难易程度差不多，用哪一本都行。

（10）"美"是一个具有积极色彩的形容词。一般情况下，跟"有点儿"搭配的形容词应该是具有消极色彩的形容词。所以该句不能用"有点儿"跟"美"搭配。应改为：杭州的风景比较美，就去杭州玩儿玩儿吧。

（11）"无论"是表示无条件的连词，本句指不管走到任何地方，所以句中应有表示总括全部的副词"都"与之配合。该句应改为：在这里，无论走到哪里都会得到热心人的帮助。

（12）该句是对现在以前"去"的动作发生的否定，所以不应该用"不"否定，而应该用"没"否定。该句应改为：黄山他从来没去过。

（13）"找了好半天"是表示找的时间长，而"就"在表示时间意义时是"短""少"等意义，所以用在该句中不对，应换成表示"时间长"的副词"才"。用"才"时，因为要表现"晚""慢"等不容易做成的意义，句末一般不用"了"。该句应改为：她找了好半天才把钥匙找到。

（14）"真+形容词"一般用来表示感受性的内容，通常做谓语，不能做定语。该句做了定语，所以不对。应改为：在这里我获得了十分可贵的人生体验。

（15）在这个句子中，"才"是一个语气副词，应该放在其他副词前，改为：那个鬼地方，我才不去呢！

第七单元 介词及相关语句

第十九课 介词及介词短语的基本意义与用法

练习一 略。

练习二 根据句义，用合适的介词填空

（1）"更"表示比较，是"她"和"我"比，所以用介词"比"来引进比较对象"我"。

（2）"晚霞中"是"坐"的地点，用表示地点的"在"来介引。

（3）"书房"是"搬桌子"这个动作移动的终点，用表示移动终点的介词"到"介引。

（4）"途"是走的路线，介词"沿"可介引动作经由的路线，所以用"沿"。

（5）"……时"表示时间，"当"可介引动作发生所处的时间，所以用"当"介引。

（6）"内心"是发感慨的起点，介引起点的介词短语用在单音节动词后只能用"自"，其意义相当于"从"。

（7）介词"临"是"临近"的意思，可以引进靠近动作发生的时间，常构成"临……前"。

（8）"化疗"是"病情好转"的途径和原因，"通过"可介引这一内容，所以用"通过"。

（9）"于"组成的介词短语用在单音节动词后，表示动作的时间和地点，书面语色彩较强。"1904年"是"生"的时间，所以用"于"（"生于……"）。

（10）"她"没告诉其他人，只有"小李"除外，所以用表示排除的"除了"介引"小李"。

（11）"汉语水平的提高"和"他越来越敢说话"是伴随发生的，用表示伴随的"随着"介引伴随条件。

（12）"就"可介引论题，句中"合作的前景"是"讲话"的论题，所以用"就"介引。

练习三 略。

练习四 判断句子正误，错误的请改正

（1）介词"从"介引的应是"进去"这个动作的起点，而不能是动作本身，所以应构成"介+名"结构，而不能是"介+动"结构。应改为：从这个门进去。

（2）"对"是介词，后面应是名词性成分，"他说"是谓词性的。应改为：我对他的说法有不同意见。

（3）介词"比"后面的"我买"是谓词性成分，应改为名词性的。应改为：他买的比我多多了。或：他比我买得多多了。

（4）"对于"是介词，后面应该是名词性成分，应把动词性的"大家讨论结果"改成名词性的"大家讨论的结果"。

（5）正确。"于"相当于现代汉语的"比"，该句保留了文言用法，相当于"经济情况比往年好"的意思。

（6）介词"随着"后面的"身体变坏"是动词性的，应改成名词性的：随着身体的变坏。

练习五　根据句义，用合适的介词短语填空

（1）"汽车开过来"可以从起点开始，所以用"从……"介引起点。

（2）"买了一个生日礼物"应该有受益者，所以用"给……"介引受益者。

（3）"很热情"是一种情态表达，应该有对待的对象，可用"对……"介引。

（4）"我要努力学习"应该有一个目的，所以用"为了……"介引目的。

（5）"这趟列车开"应该有到达的目的地，所以用"往……"介引到达目的地的方向。

（6）"贵多了"表示比较结果，"这件毛衣"需要有个比较对象，用"比……"介引比较对象。

（7）"放"这个动作应该有放的对象，用"把……"介引这个对象；也应该有放置的地点，可用"在……"介引这个地点。

（8）"开始睡"应有开始的时间，可用"从……"介引时间起点；"睡"结束也应有结束时间，可用"到……"介引时间终点。

（9）"开""窗户"应该有方向，所以用"朝……"介引窗户的朝向。

（10）"天气也越来越热了"是一个动态变化的情况，应该用"随着……"介引伴随的动态条件。

练习六、七　略。

练习八　改病句

（1）介词"在"介引的是地点"自习室"，而不是"多长时间"。应该调整语序，改为：昨天你在自习室学习了多长时间？

（2）"跟"构成的介词短语只能做状语，用在谓语动词前边。应改为：我跟中国老师学打太极拳。

（3）介词"关于"的后面应是名词性成分，而"研究这个问题"是动词性的。应改为：关于这个问题的研究，明天再说。

（4）介词"到"介引的应是表处所的词语。"车"是普通名词，不能直接表处所，加上方位词"上"后才能构成处所词语。应改为：大家把行李搬到车上。

（5）处所词"南开大学"是名词"研究生"的限定性定语，处所词用来限定名词性词语做定语时，即"处所词+'的'+名词"，前面不用"在"。应改为：她是南开大学的研究生。

（6）"（不）用汉语"是说话借助的语言，应跟"谈话"发生更近的关系，所以应放在主语"我"后面。改为：我汉语不好，所以我不用汉语跟

中国人谈话。

（7）"他们"是"听说""北京的情况"的来源，可用"从"引进来源，并将"他们"改成表示处所的"他们那儿"。全句应改为：我从他们那儿听说过北京的情况。

（8）根据句意，"电视"是"看到过颐和园"的来源，可用"从"介引。该句表示的是"看到过颐和园"这件事。所以全句应改为：以前我从电视上看到过颐和园。

（9）"在中国学习"里的"在"是介词，所以后面不可以带动态助词"了"。应改为：我在中国学习，会说不少汉语了。

（10）处所词"这儿"是名词"生活"的限定性定语，处所词用来限定名词性词语做定语时，即"处所词+'的'+名词"，前面不用"在"。应改为：我到现在还没适应这儿的生活。

（11）"从"介引的是处所的起点。"床"是普通名词，不是能直接表起点的处所词，需加上方位词"上"。应改为：听到闹铃声，我立刻从床上爬了起来。

（12）句中"很远"是说两个地方之间的距离。为谓语引进相距的另一地，应该用介词"离"。此句中应把"跟"改成"离"。

（13）做补语的介词短语"自台湾"前面的谓语动词必须是单音节的，应把"生产"改成"产"（"产自……"）。

（14）介词"比"用于表示两个比较对象的差异，而"差不多"主要用于表示两者的相似，两者矛盾，应该改用介词"跟"。应改为：我觉得他们的习惯跟我差不多。

（15）"对"构成的介词短语应放在谓语动词前的位置，不能位于动词后。"感谢"是可以带宾语的动词，被感谢的对象"他们"可以直接放到它的后面。该句应改为：他们热情地帮助了我，我非常感谢他们。或：他们热情地帮助了我，对他们我非常感谢。

（16）"她手指的"是"方向"，指着是一种持续的状态，所以应该用介词"顺着"引进这个方向。应改为：顺着她手指的方向，我看到远处那个花园一样的别墅。

第二十课　常用介词对比分析（上）

练习一　选择介词"从、自、由、自从"填空

（1）"昏迷"到"苏醒"是一种状态的变化，"从"可以表示一种变化的起

点,"昏迷"是变化的起点,所以可选"从"。

(2)"开赛"是动作的起点,从"开赛"到现在,"获得金牌"这一动作一直在延续。表示动作延续至今或贯穿过程始终,多与"以来"等配合,应该用"自"("自……以来")。

(3)从"感冒"到"肺炎"是个变化过程,"感冒"是产生变化的原因,"由"可引介原因,构成"由……引起"的格式。

(4)"李工程师"是"介绍"这个动作的发出者,"由"可引进动作发出者,所以应选"由"。

(5)"自"构成的介词短语可做补语,表处所起点。本句表示好的文学作品是从生活中来的,所以应该用"自"引进来源起点("来自……")。

(6)"一名普通的工人"是发展变化的起点,"由""从"可以表示发展变化的起点,所以可选择"由"或"从"。

(7)"学校门口"是"我们""出发"的起点处所,可用"从"来介引。

(8)"去年冬天生病"是一个发生的事件,由它造成持续到说话时"再也没有出过门"的影响,介引这样的时间,应该用"自从"。

(9)"自"组成的介词短语可以做补语,表示处所。动词"发"后边的成分应是表示来源的补语,所以此处应选择"自"("发自……")。

(10)"我"是"做起"这一动作的起点,"从"可引进起点,所以应选"从"。

(11)"自"可介引起点,书面语色彩较重,可与单音节词构成"自……向……"结构,所以应选"自"。

(12)"吸烟"是"引起这场火灾"的原因,"由"可介引原因,所以选"由"。

(13)"今日"是"修路"的时间起点,本句是通告,应选用正式的、书面色彩强的词配合,"自"符合这种要求,所以选"自"("自今日起")。

(14)"建起了这个秧歌队"是一个发生的事件,该事件一直影响到现在说话时,介引这样的时间应该用"自从"。

练习二 选择介词"对、跟、给、替"填空

(1)"给"介引动作的受益者,构成的介词短语能用在动词后做补语,所以用"给"("送给……")。

(2)"他们公司"和"我们"是"合作"的两个协同主体,"跟"可用引进这样的协同对象。

(3)"很有帮助"是一种态度和看法,介引得到对待态度的对象,应该用"对"。

(4)"我"代替"他"来"向你赔礼道歉","他"是"我"代替的对象,应

该用"替"引进代替对象。

（5）"见面"这个动作需要"她"和"我"两人来完成，"跟"可引进协同动作对象。

（6）"给"可引进动作的接受者、受益者或受害者。句中"我们"是"你当翻译"这个动作的受益者，所以应选择"给"。

（7）"商量"的动作需要两人或双方等完成，这里"大家"是"商量"的另一方，所以应选用表示协同对象共同动作的"跟"。

（8）"抱有很大希望"是"我"的一种态度和看法，"你"是得到这种态度的对象，应该用"对"。

（9）"着急"的人本应是"父亲"，可是真正着急的人却是"我"，"我"代替了"父亲"去"着急"，应该用介引代替对象的"替"。

（10）"给"介引动作的接受者、受益者或受害者，构成的介词短语可用在动词后做补语，所以选用"给"。

（11）介词"对、跟、给"都可以引进动作的对象，有时可互换使用，但必须符合两个条件：a.指示与动作有关的对象；b.这个对象是指人的词语。"对"侧重指示动作直接面对的对象，或给予对象某种态度。本题中"月球"是"研究"的直接对象，所以应该用"对"。因为它不是表人的词语，所以不能跟"跟、给"互换。

（12）"跟"侧重引进协同动作的对象以及与动作有关的人或事物。句中"技术"是"学"的直接对象，"王师傅"是与"学"有关的人，所以选择"跟"。

（13）"音乐"是"渴望"的直接对象，是一种对待的情感，所以选择引介动作对象的"对"。

（14）"他"是"出个主意"这个动作的受益者，应该选用引进受益者的介词"给"。

练习三　用介词"朝、向、往"填空

（1）"往、朝、向"都可以为动作介引方向。"往"不能跟表人词语"大家"结合，所以不能用"往"。"朝"一般用于引进与身体有关的动作。句中"鞠躬"是身体动作，"大家"是动作的朝向目标、对象，所以可选"朝"。"大家"也可理解为"鞠躬"的方向，也可选"向"。

（2）句中"汇报"是言告类动词。"向"组成的介词短语可用于言告类、抽象动词前，表示动作指向的对象，所以用"向"。

（3）"低处""高处"分别是"水流""人走"的目的地，可用表示向目的地

（4）"向"组成的介词短语可用于言告类、抽象动词前，表示动作指向的对象。"学习"是抽象动词，只有"向"能为其介引对象。

（5）"笑"是脸部发出的一个具体动作，"我"是"笑"这个动作的朝向目标、对象。"朝"可介引身体动作朝向的对象。

（6）"前"表示"看""走"的方向。"前"是单纯的方向，应该用"向"来介引。第二个动词是"走"，表示向着目的地移动的方向，可用"往"来介引。

（7）"向、往"都可以用在动词后，表示动作的方向。"往"后通常是具体的方向词、处所词。"向"后边除方向词外，还可以是抽象名词，用于象征性的、抽象意义的方向，如"黑暗、幸福、深渊、胜利"等。句中"光明"是抽象名词，所以选"向"。

（8）"南"表示单纯的方向，"向、朝"都可以表示单纯的方向。但是在表示窗户、建筑物朝向的时候，一般用"朝"。

（9）"火车站"是"那批货物"要运送的目的地方向，是移动到达的方向，应选用"往"。

（10）"往"表示动作移动到达的目的地方向，"飞"是移动动作，所以应选用"往"。

（11）"点头称是"是身体部位动作，"朝"可以介引这一动作的朝向对象"女儿"。

（12）"表示"是言告类动词，"向"组成的介词短语可用于言告类、抽象动词前，表示动作指向的对象，所以选"向"。

练习四 用介词或介词短语"对、对于、对……来说、关于"填空

（1）"有什么意见"可理解为给予"这份决议"的态度，也可以理解为动作涉及的相关方面，因此用"对于"或"关于"都可以。

（2）"关怀"是"我"的一种对待态度，应该用"对"引进。

（3）"修改经济合同法的事情"是"这篇文章"的内容，是"写"这个动作涉及的相关方面，应该用"关于"。

（4）"从不放松要求"是"妈妈"给予"孩子"的一种对待态度，应该用"对"引进。

（5）"挤了挤眼"是具体动作，"我"是"挤眼"动作面对的对象，应该用"对"介引。

（6）"今年的工作安排"是"下次开会讨论"所涉及的相关方面，应该用

"关于"介引。

（7）"有不同意见"是"大家"对"我的建议"的态度，应该用"对"介引。

（8）"中国是第二故乡"是从"我"的角度来看的，所以应该用从某人角度来看的"对……来说"介引。

（9）"有经验的专业技术工人"是一个有谓词性修饰语的复杂短语，"很重用"不是直接表示态度，而是对待的处理行为，所以用"对于"介引。

（10）"住房问题"是动作"解决"所涉及的相关方面，"解决"只表示对它的做法，应该用"关于"介引。

（11）"都是非常反感的"是对"有失体面的举止"的对待态度，应该用"对"。

（12）"不很熟悉"是一种对待态度，表示怎么样，"这里的风俗"是这种态度针对的对象，应该用"对"介引。

（13）"生命的起源"可以理解为谓语"说法不一"所关涉的对象，侧重表示相关方面，用"关于"介引。也可以理解为"说法不一"所对待的对象，可用"对于"介引。

（14）"那些不着边际的话"是一个有谓词性修饰语的复杂短语，"不必放在心上"不是直接表示态度，而是对待的处理行为，所以应该用"对于"介引。

（15）"属于我的时间只能是越来越少了"是一种看法，是从"上了年纪的我"这个角度看而得出的结论，因此用表示从某人的角度来看的"对……来说"介引。

练习五 选择适当的介词填空（不可重复选用）

（1）"广州"是"开"的目的地方向，应该用介引移向目的地方向的"往"。

（2）"日本东京大学"是"他"来的空间起点，能在单音节动词后做补语表示起点的应该是"自"。

（3）"计较"是"我"和"他"两人有关的动作，所以应选用介引动作相关者的"跟"。

（4）"每个人"是"做"的起点，表示来源的起点应该用"从"。

（5）"介绍"是言告类动词，"向"可用在言告类动词前，表示动作的指向对象，应该用"向"。

（6）"我这儿"是"看"的方向，"看"是个身体动作，有朝向对象，所以应选用"朝"。

（7）"那么认真"是一种态度，"什么事"是给予这种态度的对象，应该用"对"引进该对象。

（8）"我"是"发"这个动作的接受者，应该用"给"来介引。

（9）"吸烟"是引发"大火"的原因，应该用介引原因的"由"介引。

（10）"他"是"你"代替的对象，用介引代替对象的介词"替"介引。

（11）"修改经济合同法的事情"是"这篇文章"的内容，是"写"这个动作涉及的相关方面，应选用"关于"。

（12）"建起了老年活动中心"是个已发生的事件，"每天都是欢声笑语"表示动作或状态持续影响到现在，所以应该用"自从"。

练习六　改病句

（1）"帮助"这个动词可以带两个宾语，一是帮助的对象，一是帮助的事，所以不需要用"给"来介引对象"我"。应改为：他经常帮助我学汉语。

（2）"关心"是一种态度对待，"我的学习"是"关心"的对象，引进给予态度的对象，应该用"对"。应改为：老师对我的学习很关心。

（3）从"我"的角度看，"这里就是第二个故乡了"。"对……来说"可以表示"从某角度看"的意思。所以应改为：对我来说，这里就是我的第二个故乡了。

（4）"住"不是"住在什么地方"的动作，而是对"那家宾馆"的限定，不需要介词"在"介引。应改为：我现在住的那家宾馆，条件好极了。

（5）"学习"不是身体动作，而是抽象行为，应该用可与抽象动作配合的"向"介引。改为：你们应该多向他们学习学习。

（6）"求婚"是需要说话的，算是间接言告类动词，应该用"向"来介引对象。改为：小伙子已经向刘小姐求婚了。

（7）"从"介引时间、处所的起点等，"朋友"是表人名词，不表处所，应改为"朋友那儿"。

（8）从"中国人"的角度看，"春节是十分重要的节日"，应该用表示从某角度看的"对……来说"介引。改为：春节对中国人来说，是十分重要的节日。

（9）"说"是言说类动词，"他们"是"我"说话面对的对象，应该用介引具体动作面对对象的"对"介引，改为"我对他们说"。

（10）介词"往"只表示方向，只能跟表方向、处所的词语结合，不能跟表人词语结合。"借"是言说类动词，应该用介词"向"介引。应改为：那个人向我朋友借了5000块钱。

（11）"关于"介引的是话题，其构成的介词短语一般位于主语前，做句首状语。"过去"表时间，修饰"我什么都不知道"，应该放在主语前面。应改为：关于中国的事情，过去我什么都不知道。

（12）"想"是计划、打算的意思，"毕业"是一个以后要发生的事件，不是过去的事件，所以不能用"自从"来介引。应改为：我想毕业以后赶紧找份工作。

（13）根据句意，"海关"不是"我走"的起点，而是终点，不能用"从"来介引。介词"朝"构成的介词短语只能在谓语动词前做状语，不能在谓语动词后做补语。全句应改为：我走进海关，看到她还在使劲儿地朝我挥着手。

（14）"解释"是言告类动词，"我"是"解释"的对象，应该用介引言告对象的"向"介引。后半句应改为：紧张地向我解释着。

第二十一课　常用介词对比分析（下）

练习一　用介词"凭、据、依、照"填空

（1）"护照"是"办各种证件"的物质凭证，"凭"用于介引"做具体事情的物质凭证"，所以用"凭"。

（2）"眼睛健康的人不足20%"是个有具体内容的话语，这一说法来源于"统计"，并且"统计"是个已发生的事实，所以用"据"介引这个说法的来源。

（3）"老师的样子"是具体的样子，是"做"时应仿照的，所以用介引仿照对象的"照"。

（4）"法"是"量刑"遵循的标准、规则或条例，介引"做事所遵循的标准、规则、条例"应该用"依"。

（5）"准考证"是"进入考场"的物质凭证，"凭"用于介引"做具体事情的物质凭证"，所以用"凭"。

（6）"近日有特大暴雨"是有具体内容的话语，这个话语的来源是"气象部门的预测"，并且"预测"这个事实已经发生，应该用表传闻、消息来源或依据的"据"。

（7）"良心"是抽象名词，是"说"所凭借的条件，所以应该用介引凭借条件的"凭"。

（8）"我"在给"你"示范，"这样"是"量（liáng）"的具体样子，应该用介引仿照对象的"照"。

练习二 用介词"按照、照、根据、据"填空

（1）"这张图"是"画"所模仿的对象，应该用介引仿照对象的、比较口语化的"照"。

（2）"规定"是一个文件性质的、理性的标准、依据，所以应该用"按照"来介引。

（3）"测算"是一个数量统计，"该地区30%的人口来自外地"是通过这一统计结果得出的判断，因此应该用介引判断依据的"根据"。

（4）"专家称"表明后面的内容是专家的看法，应该用表述看法、传闻来源的"据"介引。

（5）该句凸显的是"去药房抓药"时所依据的标准是"药方"，整句比较口语化，应该用"照"。

（6）"我们目前掌握的情况"是一个事实、材料，后面的"这件事可能跟他有关"是根据这一事实、材料所得出的判断，因此用介引判断依据的"根据"。

（7）"规定的体例"是以一个文件性质的、理性的标准，强调不要走样儿，应该用介引理性标准的介词"按照"。

（8）"邻居反映"是邻居的看法，也是传闻来源，应该用表述看法、传闻来源的"据"介引。

练习三 改病句

（1）"明天有大雾"是听了"天气预报"后所得出的判断，应该用介引判断依据的"根据"。

（2）"他说"是"台风造成不少损失"的消息来源，可用"据"介引看法、消息等来源。

（3）"法律"是理性的标准、依据，应该用介引理性标准的"按照"。

（4）"据"单用时，介引的一般是单音节词。这里是复杂短语，不应该用"据"。句中表格显示的是具体数字，可用"照"介引。应改为：你照这张表格计算一下。

（5）"我们下个月有教学实践"是"老师说"的内容，"老师"是这一消息的来源。用来表述看法、消息等来源，应该用"据"（"据……说"）。

（6）"开办一个汉语角"这个决定是根据"同学们的提议"这一事实作出

的，因此应该用介引作出决定、判断依据的"根据"介引。
（7）"调查"是一个事实，"他不姓刘而姓张"是通过"调查"这个事实得出的结论和判断，因此应该用介引作出决定、得出判断依据的"根据"或"据"（"据调查"或"根据调查"）。
（8）"最近公司很不景气"这个消息是"经理说"的内容，用来表述看法、消息、传闻等的来源，用"据"，不用"根据"。

练习四　用介词"为、为了"填空

（1）"我能读上书"是"姐姐吃了很多很多的苦"的目的，可用"为了"来介引。
（2）"这些孤儿"是她用钱建新家这一动作行为的服务对象，介引服务对象可用"为"。
（3）"女儿"是引起"妈妈心痛得流下泪来"的原因，可用介引原因的"为"。
（4）"播放视频"这件事是"作准备"的服务对象，可用介引服务对象的"为"。
（5）"明天的幸福"是"今天的付出"的目的，引进目的意义时，最好用"为了"。
（6）"自己的出色表现"是引起"她骄傲"这个心理活动的原因，"骄傲"是个心理动词，可用介引原因的介词"为"。
（7）"你"是"我今天做饺子"的服务对象，可用介引服务对象的"为"。
（8）"实现夺取奥运金牌的理想"是"他苦苦训练了四年"的目的，引进目的意义时，最好用"为了"来介引。

练习五　根据句义，在需要的地方填上介词"在"或方位词

（1）"远处"是个处所词，是"朋友"的定语。处所词用来限定名词性词语做定语时，前面不用"在"，后面也不需要用方位词。
（2）表人名词"同学"是"她很有人缘儿"的范围，应该用"在……中"来表示范围。
（3）"这儿"是处所词，是动作"休息一下"的地点，需要用"在"来介引，后面不需要方位词。
（4）"门口"是个处所词，是"那辆红色汽车"的定语。处所词用来限定名词性词语做定语时，前面不用"在"，后面也不需要用方位词。
（5）"接人待物"是"她需要指导一下"的范围和方面，用表示方面的"在……上"。

（6）"小张的表现很出色"的时间、地点范围是"公司工作会议"，表示具体时间、地点范围用"在……上"。

（7）"八月十五"是时间词语，是"月亮"的定语。时间词语用来限定名词性词语做定语时，前面不用"在"，后面也不需要用方位词。

（8）"给女朋友打了五次电话"是在"半个多小时的时间"里，说话人要划定某时段范围，应该用"在……里"。

练习六　用"在"字短语"在……上/在……中/在……下"填空

（1）"三十多年的历史"是"老先生"在"文学创作"方面的时间，用表示方面的"在……上"。

（2）"李老师的启发"是"大家终于解开了这个难题"的前提条件，没有启发就解不开这个难题，介词中心语"启发"是积极意义的，用表示前提条件的"在……下"。

（3）"学科建设"是一个有发展变化过程的事件，应该用表示过程的"在……中"。

（4）"穿戴"是"她十分讲究"的方面，用表示方面的"在……上"。

（5）"红楼梦"是"古典小说"这个范围里的一本书，应该用表示范围的"在……中"。

（6）"父母的鼓励"是"她终于鼓起勇气走上舞台"的前提条件，介词中心语"鼓励"是积极意义的，应该用表示前提条件的"在……下"。

（7）"五级的基础"是一个比较低的条件，"再提高一级"表示想向上提高、提升自己的汉语水平。表示以一种低的条件为基础向上提高、提升，用"在……的基础上"。

（8）"艰苦的环境"是一种环境，表示环境用"在……中"。

（9）有没有先进设备对"实验"来说，是一个前提条件，应该用介引前提条件的"在……下"。

练习七　选择适当的介词填空（不可重复选用）

（1）能和方位词"里"搭配使用的只有"在"，"在……里"表示范围。

（2）"自己的本事"是"生存"所依凭的东西、条件，所以用介引凭借条件的"凭"。

（3）"一个共同的理想"是"我们俩""来到这里"的目的，用介引目的的"为了"。

（4）"小道消息说"是"明天汽油可能涨价"这个内容的来源，所以用介引消息来源的"据"。

（5）"协议"是一个文件，是理性的标准，所以用介引理性标准的"按照"。

（6）"此"是"类推"所遵循的标准、规则，并且是单音节的，因此用介引依据标准的"依"（"依此类推"）。

（7）"两国人民的友好合作"是"努力工作着"的原因，所以用介引原因的"为"。

（8）"当地习俗"是一个已经存在的事实，"我"通过这个事实得出了"必须喝下这杯酒"的判断，所以用表示作出判断或决定依据的"根据"。

练习八　改病句

（1）"在"介引时间或处所，"同学"不表处所，应在"同学"后加上方位词"中"，将这个短语与"在"搭配，表示范围。应改为：他在同学中很有威信。

（2）"规定"是"我"作出"只能这样做"这一判断的依据，需要用介引判断依据的"根据"来介引。应改为：根据规定我只能这样做。

（3）这里是介引原因，"为"介引原因常构成"为……而……"。这里没有这种关系，而是表单纯的原因，所以应该用"因为"来表示，改为：因为这个原因，我必须接受他。

（4）句中"住"不是"住在什么地方"的动作，而是对"那家宾馆"的限定，不需要用介词"在"。所以应改为：我现在住的那家宾馆，条件好极了。

（5）"北京"是用来限定"冬天"的，时间、处所词用来限定名词性词语，即"时间/处所词+'的'+名词"做定语时，前面不用"在"。应改为：北京的冬天真是太冷了。

（6）"工作量大小"是个既定的标准，也是"发放奖金"的依据，所以既可用"按照"来引进标准，也可用"根据"来介引依据。应改为：奖金是按照/根据工作量大小发放的。

（7）"朋友说"是"股市波动很大"这一传闻、消息的来源，所以应该用介引消息来源的"据"构成"据……说"格式。应改为：据朋友说，股市波动很大。

（8）"今年8月20日"是一个时间点，单纯介引一个时间点一般无需用"在"介引。应改为：我今年8月20日来到南开大学。

（9）介词"在"可介引方面，"打开销路"是动词性结构，不能表示方面，应与方位词"上"结合，构成表方面意义的短语。应改为：在打开销路上，他动了不少脑筋。

（10）"广场上"是个处所词，用来限定名词性词语"人们"，时间、处所词用来限定名词性词语做定语时，前面不用"在"。应改为：广场上的人们都在跟着音乐欢快地跳舞。

（11）"这儿"是个处所词，用来限定名词性词语"生活"。时间、处所词用来限定名词性词语做定语时，前面不用"在"。应改为：他到现在还没适应这儿的生活。

（12）"天气有变暖趋势"是通过"测定和比对分析"这一事实、材料而得出的判断，应该用介引判断依据的"根据"。应改为：根据测定和比对分析，天气有变暖趋势。

（13）"大家"是"服务"的对象。介引服务对象，不能用"为了"，应该用"为"。应改为：大家都能为你服务，你怎么就不能为大家服务呢？

（14）介词"在"可介引处所，"人生道路"是普通名词语，不表处所。应在其后加上"上"，构成表处所的方位短语。后半句应改为：这在人生道路上是十分重要的。

第七单元综合练习

一、在横线上填上合适的介词

（1）"我有不同看法"表示对待态度，对象是"他的建议"，此介词短语位于句首，因此用介引对待行为对象的"对于"。

（2）"法"是"办事"所遵循的标准、规则，是单音节词，应该用介引依据标准的"依"（"依法办事"）。

（3）"调查结果"是一个事实，通过这一事实，"法院作出了公正的裁决"，应该用介引得出判断或决定依据的"根据"。

（4）"教室"和"宿舍"距离"不太远"，应该用引介距离对象的"离"来介引。

（5）"……时"表示时间，"当"可介引动作发生所处的时间，应该用"当"介引（"当……时"）。

（6）"更"表示比较，"他"和"我"是两个比较的主体，应该用介引比较对象的"比"。

（7）"书房"是处所，是"搬"移动的终点，应该用表示位置移动终点的"到"。

（8）"中国朋友"是"举行生日晚会"这个动作的接受者，应该用介引动作接受者的"给"。

（9）"起"表示开始，"2011年1月1日"是"本法施行"的时间起点。本句是通告，书面语色彩浓厚，应该用"自"来介引时间起点。

（10）"计较"的行为与"我"和"他"都有关，应该用介引动作相关者的"跟"来介引。

（11）"非常热情"是一种态度，"顾客"是给予这种态度的对象，应该用介引对待态度的"对"。

（12）"我"是"去个电话"的动作发出者，"他"是接受者，应该用介引动作接受者的"给"。

（13）"我们"是"介绍"的对象，"介绍"是言告类动词，应该用介引言告对象的"向"介引。

（14）"窗外"是"一股清新的风"进来的空间起点，表示处所起点应该用"从"介引。

（15）"规定"是一个理性、客观的标准，是作决议的标准，应该用介引理性标准的"按照"。

（16）"他越来越敢说汉语了"是伴随着"汉语水平提高"所出现的情况，应该用表示伴随情况的介词"随着"介引。

二、将括号中的介词短语放到句中合适的位置上

（1）该句表示花瓶由原来不在桌子上，通过"摆"改变为在桌子上，所以"在桌子上"是摆后的结果，应位于"摆"后。"把"字句动词后应有其他成分，所以"在桌子上"也应位于"摆"后。

（2）"关于"构成的介词短语涉及到话题时只能放在句首，所以"关于人员的安排问题"应填到第一个空儿中。

（3）"对于"构成的介词短语放在句首或谓语动词前都可以，但由"对于"构成比较复杂的短语，在不影响表意的前提下，应放到句首。所以"对于他说的那些话"最好放在句首。

（4）"给他"是做按摩的对象，与动作关系更近，应位于"做"之前、时间状语"每天"后。

（5）"调拨了"表明已是发出的行为，"食品"的最终到达地点是灾区，所以应将"往灾区"位于"运"后。

（6）"朝"组成的介词短语只能放在动词前，所以"朝我"只能位于动词"做着"前。

（7）"对"介引动作对待的对象，"信任"是对待的态度，"十分"是修饰"信任"的，所以"对他"应放在谓语"十分信任"前。

（8）介词"比"表示比较，"他"和"我"是比较的主体，应前后排放，所以"比我"应放在主语"他"后，谓语中心语"了解"前。

（9）该句表示的应是"看法一致"，而不是"大家一致"，所以"对这个问题的看法"应放在"大家"的后面、"几乎"的前面。

（10）"对我来说"表示是从"我"的角度来看问题，所以"对我来说"应该放在句首。

三、四 略。

五、改病句

（1）本句比较两地"冷"的性状程度差别，应该用介词"比"表示，改成：这儿比上海冷多了。

（2）"生活"做动词性谓语，后面不能带宾语。"同一个时代"前加上"在"，组成介词短语，做补语，表示"生活"所处的时间。应改为：我们生活在同一个时代，应该互相理解才对。

（3）"火车站前"是"很拥挤"描写的对象，做主语，不是表示动作存在的场所，所以前面不要加"在"。应改为：火车站前很拥挤，人山人海的。

（4）这里表示起点与终点之间的距离。汉语表示起点可用"从"，而不是"离"，表示终点可用"到"。应改为：从天津到山海关，差不多有250公里的路。

（5）从"你"的角度看，才有"现在学习是第一位的"的陈述。"对……来说"表示"从某人角度看"的意思。应改为：现在，对你来说，学习是第一位的。

（6）"失礼"是一种对待的态度，给予这种态度的对象是"客人"，所以应该用介引给予态度对象的"对"。应改为：服务员对客人失礼了。

（7）"来宾"是"介绍"这个动作的对象，并且"介绍"是言告类动词，所以要用可介引言告对象的"向"来介引。应改为：王主任负责向来宾介绍项目进展情况。

（8）"在"主要介引时间、处所、范围等，"这次旅行"本身没有表示这种内容，应在其后加上"中"，构成"在……中"表示范围：在这次旅行中。

（9）"大厅里"是处所词语，用来限定名词性短语"美丽的圣诞树"，前面不用"在"。此外，"来"的结果是到大厅，"看"的结果是得到，所以两个动词后都应接上表示结果的"到"。应改为：我来到大厅，看到大厅里美丽的圣诞树。

（10）"请客"有两种含义：一是请人来家里做客；一是请人吃饭或为对方消费。"请"可直接连带宾语"你"，无需"给"介引。因为此句表示邀请，应使用商量邀请的语气。改为：星期天我请你来我家做客，好吗？或：星期天我请你吃饭，好吗？

（11）"比"的动作需要两个比较的主体共同完成，"以前"是"比"比较的对象，应该用介引协同对象的"跟"引导，改为：跟以前比，我觉得他好像不那么厉害了。

（12）"自从"应介引过去已发生事件的时间。"下个月"是未来时间，不能用"自从"介引，应该用表示时间起点的"从"介引。应改为：从下个月开始，我要搬到别处住了。

（13）"商量"的动作需要"我"和"你"共同完成，"你"不是动作的接受者，而是动作的协同者，应该用介引协同对象的"跟"引进。应改为：下午我去你那儿，跟你商量点儿事。

（14）"小王"是"有牵连"这个动作的相关者，不是动作的对象，应该用介引动作相关者的"跟"引进，改为：这件事跟小王有牵连。

（15）这里的"爱"是他爱人对她的情感态度，应该用介引情感态度的"对"引进"她"，改为：这本书里记录的都是他爱人对她的爱。

（16）"从"构成的介词短语只能做状语，不能位于动词后做补语。能够位于动词后又表示"从"的意义的是"自"。所以应改为：她的一声声感谢发自内心。

（17）"工作中出现的问题"是一个有动词性修饰语的复杂短语，谓语部分"决不能掉以轻心"不是直接表示态度，而是表对待处理的行为，所以用侧重对待方面的"对于"，不用"关于"。应改为：对于工作中出现的问题，决不能掉以轻心。

（18）"文献资料"是材料，是"完善文章"的依据，应该用表示通过材料来作出判断或决定的"根据"，不用"据"。应改为：你需要根据文献资料来完善一下你的文章。

六、略。

第八单元　动态与助词

第二十二课　动作的进行、持续与起始、将行

练习一　选择填空

1. A. 正　　　B. 在　　　C. 正在
（1）"在"可以表示动作反复进行或状态长期持续。"在"前边可以加"又、一直、总"等。句中有"总"，表示"盼"的状态长期存在，所以选 B。
（2）"听"后没有"着、呢、着呢"，所以不选 A。句子的意思是在那个特定时间"别去打搅他"，另外，"他听广播"具有进行性，所以选 C。
（3）"您稍等一下"表明说话人强调在那个时间点"您"不要怎么样。强调特定时点，而且有"着呢"呼应，所以选 A。
（4）副词"在"不能与介词"在"连在一起使用。句子中有了介词"在"，所以选 A。
（5）"从地平线升起"是一个时点上发生的动作，应该用"正"，句中"升"后边有趋向动词"起"，表示"开始"义，所以只能选择侧重时点的 A。
（6）句子前边有表示持续的时段"整整一个暑假"，所以选 B。

2. A. 副词：正在　　　B. 动词：存在　　　C. 介词：引出处所
（1）"阅览室"是"看书"这一动作发生的处所，所以选 C。
（2）"在"单独用在动词"等"前，表示动作的持续，所以选 A。
（3）"正好"是副词，副词常在动词前边，说明"在"是动词；此外前一句中没有谓语动词，也说明"在"是动词，所以选 B。
（4）"发展""壮大"都是动词，"在"在动词前表示动作的持续，所以选 A。
（5）"操场"是名词，表示"踢足球"发生的处所，所以选 C。
（6）"都"是副词，副词放在动词前；该句中也没有其他谓语动词，说明这里的"在"是动词，所以选 B。

第八单元 动态与助词　要解

练习二　根据所给的词语，选择"正""在"或"正在"构句

（1）"又"表示动作反复进行，只能用"在"。

（2）"忙"是单音节动词，如果用"正"应该加"呢"。"在"强调动作进行的状态，本句用"在"表示某时段内动作的进行。另外，用"正在"也可以，强调"最近"他们正巧在忙汉语节。

（3）句中"整整一上午"是表示动作长期持续的时段，所以用"在"。

（4）"正"一般不接单个动词。"看"是单音节动词，如果用"正"应该加"呢"。本句既有强调"叫他"的时点性，又有"看信"的进行性，所以用"正在"比较合适。

（5）"正"强调动作进行的时点，句中"看到她时"提示了对时点的强调。

（6）句中有表示时段的"三天来"和副词"一直"，表示"等"的状态长期持续，应该用"在"。

练习三　判断正误，错误的请改正过来

（1）"一上午"表示时段，有动作的结束时间，而"正在"和"学着"表示动作的进行与持续，所以不能与有具体时间长度的词语共用，应改为：他正在认真地学着。或：他认真地学了一上午。

（2）"一下"表示动量，有动作结果，不与"正/正在"共用。应改为：姐姐正在看我。

（3）"懂"是非持续动词，不能构成进行态和持续态，所以应该去掉第二个"着"。

（4）"好几年"是表示具体时间长度的，而"动+'着'"表示动作的进行与持续，与动作的结束点无关。应改为：于静一直爱着他。如果表时间长度，就应去掉"着"，改为：于静爱了他好几年。

（5）本句正确。句中虽然有表示时段的"两个多小时了"，但句中有副词"还"表示一个持续的动作仍在继续。

（6）表示动作正在进行，不能再用"了"，应改为：大家正在阅览室里读报呢。

（7）表示动作的进行与持续时，不能加表示动作结果的词语，句中的"打开""拿起"已包含表示动作结果的结果补语，不用加"着"。

（8）"在"可以表示动作反复进行或状态长期持续，句中可以有"一直"，但是"正在"不能，所以应改为：他还在门口，一直在等你。

（9）"动词+'着'"表示一种持续的状态，"着"主要用于描述。本句正确。

（10）"站着"是一种持续的状态，"在树下"有动作结束点，所以不对，应

217

去掉"着"。表示动作的进行时不能加表示动作结果的词语，而句中的"听见"是表示动作结果。应改为：我站在树下，听着树上鸟儿清脆的叫声。

练习四　根据所给的词语，用"动词+着"构句

（1）动词"趴"后附着助词"着"表示状态的持续，用来描写"看书"的方式。

（2）"名词性词语（表处所）+动词+'着'+（数量等+）名词"表示一种存在的状态。"种着"表示一种存在的状态。

（3）"三年来"表示时段，"一直"表示持续意义，"着"应附着在主要动词"盼"后，表示动作的持续。

（4）"名词性词语（表处所）+动词+'着'+（数量等+）名词"表示一种存在的状态。"摆着"表示静态状态的持续，与"一直"的持续意义也相符。

（5）"拉着手"表示"唱歌""跳舞"的方式，"一边……一边……"表示动作的同时进行，不用"着"。

练习五　根据句义，用动词加"起来"或"下去"改写句子

（1）动词后加"起来"表示动作开始并继续，符合原句"开始热烈讨论"的意思。

（2）原句"打开了电视"的意思是开始看电视，所以用"看起来"。动词"看"后有事物宾语，要把宾语放在"起来"中间，所以是"看起电视来"。

（3）"开始忙做饭"表示"做饭"这一动作的开始并继续，"饭"是事物宾语，所以用"做起饭来"。

（4）"开始聊天儿"表示"聊天儿"这一动作的开始并继续，"聊天儿"是离合词，所以用"聊起天儿来"。

（5）动词后加"下去"表示原有动作继续做下去，原句中"他决心不停止"的意思是继续做，所以是"做下去"。

练习六　选词填空

（1）表示动作在不久以后或很短时间内发生，可以用"将、要、就要、即将"。用"将、即将"时，句末往往不加"了"。本题句末有"了"，所以不选"将、即将"。"就要"表示比"要"更短的将来时间。根据句子的意思，最好选"就要"。

（2）"打网球"动词后没有"着""呢"呼应，所以不选"正"。"你看"表示让你看一个正在发生的事情，有强调时间的意思，所以选"正在"。

（3）"别进去"强调在"老师开会"的那个特定时间不能"进去"，所以选"正"和"呢"。

（4）该句表示汽车"行驶"持续的状态，所以选"着"。

（5）动词后一般不加副词，可以加趋向动词。句中"看"是动词，趋向词"起来"表示动作开始并继续，宾语"书"是事物宾语，插在动词中间，构成"看起书来"。

（6）"这样学"表明"学"已经开始了。"三年后"与"这样学"呼应，意在强调动作从这个时间继续进行，所以选"下去"。

（7）根据句意，"他们结婚"是不久以后要发生的事情，所以选"要"。

（8）根据句意，"他成为新闻人物"是不久以后要发生的事情，句末没有"了"，所以不选"要"，而选"将"，偏于书面语。

（9）"心里激动"表明"理想实现"是将来很短时间内要发生的事情，"实现"后边没有"了"，所以选"即将"，偏于书面语。

（10）句子的意思是"想"的状态持续存在，"想"后边没有"着""呢"，所以选"在"。如果要强调"想"发生的时间，选"正在"也可以。

（11）"半年来，……一直都……"，句中有时间段和副词"一直"，表明状态是长期存在，所以选"在"。

（12）"最近"这个时间词可以有两种理解：一是"最近一段时间"；一是"最近这个时候"。表示前一种意思时，前一空儿应选用"在"；表示后一种意思时，前一空儿可选用"正"。后一空儿都应选"着"。

练习七　根据句子内容，用括号中的词改写句子

（1）"着"放在动词后可以表示动作的持续。句中动词是"唱"和"挥舞"，所以改写成：孩子们一边唱着歌，一边挥舞着手中的彩绸。

（2）"不想停止"表明"他"想继续干，"动词+'下去'"可以表示继续做。所以改写成：虽然实验遇到困难，可是他仍想坚持干下去。

（3）"正……呢"中间可以插入"状语+动词"或"动词+补语"结构，但补语一般不带表示程度的修饰语。所以改写成：孩子们正玩儿得开心着呢。或：孩子们正开心地玩儿着呢。

（4）"动词+'起来'"表示动作开始并继续下去。"眼泪从眼里涌出来"可以用动词"哭"来表示。"哭"是"伤心"的表现，已经发生，动词后应该用"了"。所以改写成：她很伤心，哭了起来。

（5）"学期只剩下几天"表明离"结束"不远了，所以可用"快+结束了"表示动作将要发生。改写成：这个学期快结束了。

（6）"再有三四天就能……"表示时间很短，这个意思可用"即将"表示，动词后不用加"了"。改写成：这项工程即将完工。

（7）"动词+'下去'"可以表示动作的继续。改写成：只有坚持下去，才能取得胜利。

（8）"正……着"中间可以插入动词和"状+动"结构，但是不能插入"动+补"结构。改写成：他们正激烈地争论着。

（9）"下雨"的主体是"天"而不是"天气"。"正在"是副词，应置于动词"下"前。所以改写成：他们走出剧场时，天正在下雨。

（10）"半年以后"表明动作行为将来要发生。"将要"可以加在动词前，表示即将。改写成：半年以后，他将要去美国留学。

（11）"着"放在动词后，"呢"放在句子后，可以表示动作的持续、进行，所以改写成：外面下着雨呢，别出去！

（12）原句是转述小李的话，现在改成小李直说，所以人称要变成"我"。"呢"放在句子后边，表示说话人强调动作正在进行的语气。"现在"可以省略。改写成：我写作业呢，过一会儿再去。

练习八　改病句

（1）"一直随身保存"表明"保存"的状态在持续，所以后面要加"着"。应改为：这件珍贵的纪念品，我一直随身保存着。

（2）"正在打电话"表示动作正在进行，不涉及变化。而汉语"了"出现在句末是要表示情况发生了变化，这种意义与"正在"是矛盾的，所以要去掉"了"，改为：我进来的时候，他正在打电话。

（3）非持续性动词一般不能构成进行态和持续态。"去"是个非持续性动词，不能用"正在""呢"。根据句子的意思，加上一个持续性动词"准备"就可以了。改为：他们正准备去参观呢，咱们也去吧。

（4）"正"后边不能只接单个动词，尤其是单音节动词，应该用"着"呼应。"惊醒"是状态的变化，后边要用"了"。所以原句应改为：早上六点来钟，我正睡着，一阵电话铃声把我惊醒了。

（5）同（2）句，"正"与"了"表示的意思相矛盾，要想表示一致的时间意义，应使"正"与"呢"搭配，改为：现在他正在去上海的火车上呢。如果只是说明他正在火车上，就不用加"呢"的语气。

（6）根据句意，"握手"和"看我"都是一种动作的状态，所以动词后都应加"着",改为:她握着我的手,亲切地看着我。

(7)问句中有"呢",说明 A 强调 B 正在进行什么动作。回答就应该用表示动作进行的"在",而不能用描写状态持续的"着"。B 句应改为:我在想这句话怎么说才对。

(8)"离开"是非持续性动词,不能构成进行态和持续态。"快"应跟"了"配合,表示即将。应改为:可能他现在已经离开北京了,快到东京了。

(9)"起来"表示动作的开始并继续。"睡觉"是个动宾式的离合动词,应将宾语"觉"插在"起"和"来"之间。"睡觉"已经发生,所以要加"了"。应改为:还不到十点,怎么就睡起觉来了?

(10)"掌"是"鼓"的宾语,应该插在"起"和"来"之间,改为:歌声一落,观众就鼓起掌来。

(11)用表示动作将要发生的"要""快要""就要"时,句末一般要加"了"。答句中"要"是副词,不能单独受副词"没"修饰,所以必须去掉"要",加上"呢",表示没有发生变化的情况在继续。B 句应改为:没呢,还有一个来月呢。

(12)用"就要"的句子,后边要加"了"。动作已经开始,希望继续,只能用"下去"。所以应改为:这部电影就要结束了,可我多么希望继续演下去呀。

(13)前句说工程"已经开始",而"要进行"是表示没开始,所以不对,应在"进行"后加"下去",表示动作的继续。应改为:工程既然已经开始,困难再大,也要进行下去,不能半途而废。

(14)"一直到很晚"说明前边的动作是一种持续状态,动词后应加"着",改为:他们谈着、笑着、唱着,一直到很晚。

(15)"一直"和"正"不能同时使用。"一直"表示的是动作进行的时间意义,"正"表示的是动作持续的那个时刻,所以用"'正'+动词"时后边不能加表示动量的词语。应改为:这几天,他一直在给你打电话。

(16)动词后的"住"表示动作出现的结果,而"着"表示的是动作的持续状态,两者在时间上不一致。该句选用表持续状态的意义比较好。"离开"是非持续性动词,不能带"着"。应改为:妈妈拉着她的手,舍不得她离开。

第二十三课 动作的完成、实现与经历

练习一 根据所给词语，用"了"造一个完整的句子

（1）句中有明显的过去时间——"刚才"，所以需要在动词"去"后用"了"并补充说明动作数量——"一趟"。可以说成：刚才我去了一趟书店。

（2）句内有两个以上动作，动词$_1$的完成影响了动词$_2$，动词$_1$后的"了"要出现，常用结构有：动词$_1$+了……（"就/才/再"等）+动词$_2$。本句是"先喝茶然后走"的意思，所以可以说成：他喝了茶就走（了）。第二个动作已经做了，就在句末加"了"；如果还没做，就不要句末"了"。

（3）本句中有明显的过去时间"上周"，所以要在动词短语"邀请我参观"后加"了"。完整的句子可以说成：上周他们邀请我参观了一所敬老院。

（4）句中有现在或现在以前做动作的具体方式"大大方方"，动词后需加"了"。所以可以说成：爱华大大方方地唱了一首中文歌。

（5）句子要表达一种从没有完成到完成的变化，动词"完成"后要用"了"。所以可以说成：伯父资助我完成了学业。

（6）句内有两个动作，动词$_1$的完成引起新的情况，产生动词$_2$，这时动词$_1$后要用"了"。在本句中动词$_1$"听报告"引起动词$_2$"感动"。可以说成：听了报告，大家都很感动。

（7）"多次实验"是"获得成功"的原因。句内若有现在或现在以前做动作的某种方式、样态、原因、条件等，动词后常用"了"。可以说成：经过多次实验，终于获得了成功。

（8）句内有现在或现在以前做动作的某种方式、样态等，动词后常用"了"。本句中"彻底"是动作的方式。所以可以说成：他们把仓库里的物品彻底地清查了一遍。

练习二 判断句子正误，错误的请改正

（1）如果只是对一种性状的说明，不用"了"。屋子"干净"只是对屋子性状的描写，所以后面不应加"了"。应改为：屋子已经收拾好了，非常干净。

（2）表示经常性、一贯性、规律性的动作，不能用"了"。句中有"总是"这一表示经常性、一贯性的副词。应改为：他性格很孤僻，总是一个人出去。

（3）同（2），本句中有"总"这一表示一贯性的副词，本句正确。
（4）用副词"没（有）"否定的动作、状态不能用"了"。应改为：听说，上个星期他没去出差。
（5）只是对一种性状的说明，不用"了"。本句是对性状的提问，不能用"了"。应改为：这次考试，你考得怎么样？
（6）"校园里一共有三家银行"是对存在情况的说明，不用"了"。本句正确。
（7）本句表示在一个时间点动作的开始，句中动词后有"起来"表示开始并持续的趋向补语，不需用"了"。本句正确。
（8）"每三天去一次医院"是一个规律性的行为，句中不能用"了"。应改为：她每三天就要去一次医院。
（9）动词或动词性短语只是做某个时间的限定语时，一般不加"了"。应改为：他刚来的时候，谁也不认识。
（10）表示多次、多种方式的动作，不加"了"。应改为：我多次警告他，他就是不听。
（11）动词或动词性短语只是做某个时间的限定语时，一般不加"了"。本句中，"到上海"做"后"的定语。应改为：我到上海后再给你打电话。
（12）句中的"一直"是一个表示持续的副词，所以要用"在"表示一个正在进行的动作，不能用"了"。应改为：我从上周开始一直在找材料。

练习三　利用所给词语造一个完整的句子

（1）该句是对"演讲"性状的说明，不能用"了"。
（2）"想问他"做"时"的定语，不用"了"。"他走"有明显的过去时间"想问他时"，所以用"了"，可以跟"已经"配合。
（3）"她很热心，大家都很喜欢她"，前一句说明性状，后一句说明心理，都不用"了"。
（4）"总是"是一个表示惯常性规律的副词，句中不用"了"。
（5）当表示的不是一个具体过程，而是多次、多种方式的动作，一般不用"了"。这里的"怎么画"就是用多种方式多次"画"的意思，所以不用"了"。
（6）对一种属性的判断，不用"了"。
（7）对"他走时我没去送他"这件事产生后悔心理，是一种心态的表现，不用"了"。"他走"做"时"的定语，不能用"了"。用副词"没"否

（8）句中有"从不"，表示一贯性，不用"了"。

练习四　将下列句子变换成否定句

否定过去发生过某事，否定到说话时或到现在事情的出现或发生，用"没"或"没……呢"，句末不再用"了"；否定情况、计划、意愿、所属、性质等，用"不"，如果是情况的改变，句末加"了"。

（1）王奶奶今天没来晨练。——否定过去发生过某事，用"没"。

（2）他说得不多。——否定一种情况，用"不"。

（3）池塘里的荷花没都开。——否定到说话时情况的出现或发生，用"没"。

（4）她原来不想吃饺子，现在变了，想吃了。——第一句否定一种意愿"想"，用"不"否定；后面的句子表示情况改变了，需加"了"。

（5）秘书还没整理好需要的材料。——否定到现在为止情况的出现或发生，用"没"。

（6）老王不想从今天开始戒烟了。——根据句意，原想从今天开始戒烟，现在意愿变了，否定主观意愿，用"不"。表示情况改变需加"了"。

练习五　根据句义，用"了₂"改写句子

"了₂"表示情况、状态、数量等的变化和成句的陈述语气，一般用于句末。

（1）他不是我的男朋友了。（所属变了）

（2）上课了，不能打电话了。（上课了：时间变了；不能打电话了：情况变了）

（3）我去他家三趟了，也没找到他。（数量变了）

（4）时间过得真快，今天星期五了。（时间变了）

（5）张总原来计划坐火车，现在改坐飞机了。（情况变了）

练习六　根据句义，用"了₁"和"了₂"改写句子

句中同时用"了₁"和"了₂"，常常表示：（1）说明动作、事件延续到说话时或现在已完成或实现的情况；（2）说明动作延续到现在为止，已达到的时间长度或数量等。

（1）他的小说已经写了两万字了。（到现在为止写的数量已达"两万字"，可能尚未完成）

（2）奶奶已经住了半个多月医院了。（到现在为止，奶奶住院的时间已达"半个多月"，尚未出院）

（3）这花真好，开了一个多月了，还没谢。（到现在为止花开持续达到的时

间量已达"一个多月",花还在开)

(4)他在这里生活了十几年了。(到现在为止,他生活在这里的年份的数量已达"十几年",他仍在这里生活)

(5)这项实验,研究人员做了十几遍了,还没有结果。(到现在为止,研究人员做实验的次数已达"十几遍",他们还会继续做)

练习七 下列句子中哪些地方应该加"了"?

(1)"我什么也顾不得"是新出现的情况,所以第一个空儿应该用"了"。"拖着"是持续的状态,后边不可用"了"。"拿"前边有否定词"没有",后边不可用"了"。"奔下楼梯"和"朝花园跑去"是紧凑的连贯动作,不需要用"了",所以后两个空儿不用"了"。

(2)全句都在说明情况发生了变化。"一切都变"是总体上说的,"山变""水变""村庄变""他变"是分项叙述,所以每个空儿都要加"了"。

(3)某动作完成后又出现新的动作或情况,已经完成的那个动作后要加"了"。"听爷爷的话"发生在前,"小明非常激动"是出现的新情况,但是是说明心理状态的,所以"听"后要加"了",其他空儿不加"了"。

(4)第一句强调状语"飞快地",所以动词后不加"了"。第二个小句,动词后有动作经过的时间——"一夜工夫",所以"花"后加"了"。第三个小句,"弹"做"曲子"的定语,起限定作用,所以不加"了"。"记录下来"表明动作已经完成,所以"记录"后加"了"。

(5)到现在为止,说话者"看《红楼梦》"的次数已达到"三遍",所以在本句中要同时使用"了$_1$"和"了$_2$",所以要说"看了三遍了"。"每次看,都有收获"是对一种情况的介绍,是规律性的,而不是对具体发生某事的叙述,所以都不用"了"。

(6)在过去特定的时间动作完成实现,后边必须加"了"。"那年冬天"是个特定的时间,所以"得"后要加"了"。不是说到目前为止动作的完成情况,所以"病"后不加"了"。"恢复健康"是在"阿姨照料"的条件下取得的结果,所以"恢复"后要加"了"。句意不涉及现在的情况,所以"健康"后不加"了"。最后一句是在说内心的感情,不是在叙述发生的事情,所以三个空儿都不加"了"。

(7)"坐飞机"是"去"的方式,所以"坐"后不用"了";"去"是过去时间"暑假里"发生的动作,后面要用"了"。本句只是对过去事情的陈述,所以句末即"海南"后不用"了","玩儿得很高兴"是对"玩儿"

的心理状态的说明，后面也不用"了"。

（8）"吃"完成后又发生了新情况，所以"吃"后要加"了"。第一小句不是表示到目前为止的完成情况，所以"晚饭"后不加"了"。"外面不热"表示由热到不热的变化，所以"热"后要加"了"。"太阳落下"动作已经发生并完成，所以"落下"后要加"了"。最后一个小句，句子开头不可加"了"，"留"后有补语，说话人意在表现"下"的结果，无意要表示延续到说话时，所以后两个空儿可以不加"了"。

练习八　利用所给词语加助词"过"构成完整的句子

（1）这种梦我以前也做过。（表示过去曾经有过"做这种梦"的经历）

（2）来这里后，我没病过。（表示在"来这里"到"现在"这段时间内没有"病"的经历）

（3）在日本时，我吃过寿司。（表示在"在日本时"这一过去时间内有"吃寿司"的经历）

（4）他一直没回过信。（表示过去某时间内没有"回信"的经历）

（5）在大学读书时，我和她接触过。（表示在"大学读书时"这一过去时间内有过"和她接触"的经历）

练习九　改病句

（1）动词后有宾语时，"过"要放在动词后，不能放在宾语后。原句应改为：我去过长城。

（2）对有"过"的句式的否定要用"没（有）"。所以原句的答句应改为：没去过。

（3）句中有两个动词，动词$_2$"做客"是动词$_1$"去他家"的目的，这时"过"要放在动词$_2$后面。另外，"做客"是个离合词，"过"要放在相当于宾语的"客"的前面。所以原句应改为：我以前去他家做过客。

（4）动词后有宾语时，"过"要放在动词后，不能放在宾语后。"见面"是离合词，是由"动＋宾"构成，所以"过"要放在"见"后。原句应改为：他们跟学校领导见过面。

（5）本句表示"母女没有回故乡的经历"，应该在动词后加时态助词"过"。原句应改为：母女俩从来没有回过故乡。

（6）句中有"曾经"，表示过去有过某种经历，所以应该在两个动词后分别加时态助词"过"。原句应改为：我曾经在上海一所私立大学读过书，工作过一段时间。

练习十　用助词"了"或"过"填空

（1）"了"表示动作、状态的改变。表"完成"也是一种改变，即从没完成到完成的改变。本题的对话是 A 问 B "下午"具体去的地方或做的事情，B 做的事情都已经完成或已经发生，应该用"了"。另外"过"只能放在动词后，不能放在宾语后。本题中的两个空儿都在宾语后，所以不能用"过"。

（2）本句是说明"她"的性格，不是具体动作。"从来都是……"是表明在某段时间内有什么经历的，而不是要说完成或改变的，所以用"过"表示她从来没有"拗"的经历。

（3）"天冷""穿棉衣"都是一种新的变化，后面要用"了"表示变化。

（4）本句表示说话者有"无数次读这篇文章"的经历和这种经历给予他的东西，所以用"过"。

（5）用"从未"否定的句式应是有"过"的句子，表示没有某种情况的存在，所以填"过"。

（6）本句是说"那时候""他"具有的经历，所以三个空儿都填"过"。

练习十一　变换表达方式

1. 把下列叙述句改成由"（是）……的"构成的说明句

由于"（是）……的"句是特别说明某动作的时间、场所、方式、原因等等，所以把一个一般的叙述句变换成"（是）……的"句时，应把"是"放在带"•"的词语前，把"的"放在动词后或句后。

2. 把下列由"（是）……的"构成的说明句改写成一般叙述句

"（是）……的"句是特别说明某动作时间、场所、方式、原因等的句子，把它变换成一般叙述句，就要根据句中提供的情况，选择适当的具有时态意义的词来表示它的动作、状态情况。

练习十二　用"了""过""的"填空

（1）"下雨"是新发生的情况，所以第一个空儿用"了"。第二个空儿，因为"下雨"是已知的，但不知"下雨"的具体时间，所以用"的"。第三个空儿，因为句中有"从没"来否定说话者曾有的经历，所以用"过"，用"没"否定动作状态后面不能用"了"。

（2）"她走"是听话者不知道的一个已经发生的事，所以第一个空儿用"了"。"流着泪离开"是说"她"走的方式，所以第二个空儿用"的"。关于第三个空儿，句中有"没"，不能用"了"，该句也不是说明事件发生的时间、地点、方式、人物、原因或目的，所以也不能用"的"，这里只能用"过"，表示在特定时间内没有"见面"的经历。

（3）第一个空儿表示说话者曾经有过"和他见面"的经历，应该填"过"。"后来没有他的消息"是新发生的一种情况，第二个空儿填"了"。动词"有"的否定形式总是"没有"，后面可以出现"了"。

（4）"三年前，我去黄山"是一个听话者不知道的已发生的事件，所以用"了"，说成"我去了一趟黄山"。"跟朋友一起去"是"去黄山"的方式，第二个空儿用"的"。"大家是骑自行车去的"是"是……的"结构，也是强调"去"的方式，第三个空儿用"的"；第四、第五、第六个空儿都是讲述在山里做的事情，也是听话人不知道的，都用"了"。最后一个空儿讲的是没有某种经历。和动词"见"的否定形式"没有见"一起搭配的只能用"过"。

（5）"田世国的肾在母亲的体内开始工作"是一个新情况，从"不工作"到"开始工作"是一个新的变化，所以第一个空儿用"了"。第二个句子中"是儿子"强调人物"儿子"，所以用"的"，构成"是……的"结构，说明事件发生的时间、地点、方式、人物、原因或目等。第三个空儿和"从未"搭配，用"过"，表示没有某种经历。

练习十三　选词填空

（1）原来不明白，现在"明白"，"明白"是"我"的情况发生的一个变化，所以选择"了"。

（2）句子中有"刚才"，说明"问"是不久前发生的事情，所以可以用"了"也可以用"来着"。但从上下文我们知道，说话者是一时想不起"你"问的问题了，所以这种情况只能用"来着"。

（3）强调事情发生在过去的时间、处所、人物、方式、原因等，常用"（是）……动词+'的'"表示。"怕你着急"是"没告诉你"的原因，句中有"是"，所以选择"的"。

（4）"胖"是过去一段时间（小时候）曾经经历的状态，所以"胖"后边选择"过"。"瘦"是后来发生的变化，所以"瘦"后边选择"了"。

（5）"灯还亮"的"还"表示"亮"的状态没有发生变化，在继续，所以选择"着"，表示一种持续的状态。

（6）"已经跑""三次书店"表明的是已做的动作到现在为止达到的数量，所以动词后和句末都要用"了"。

（7）"那次课上"是过去的一个具体时刻，"讲"是在那个时刻完成的，所以"讲"后选择"了"。"集邮的方法"在本句中是一个新信息,说话者意在告诉听话者"那次课上老师做了什么",所以不用"过"。

(8) A 句,"你没在"是说"我上午找你"的时候存在的情况,"你没在"与前边句子相关,表明前边句子的侧重点不在"完成"而在"经历",所以选择"过"。B 句,承接上句,说明"我"在上午发生的情况,所以句末选择"了"。

(9) A 句,"学"是过去已经发生的动作,"跟谁"是"学"的方式。问过去动作的具体方式,句末要用"的"。B 句的回答也是强调动作的方式,所以也要用"的"。

(10) 句中有两个动作,"听我说完这番话"的完成,致使"她激动得流下眼泪"的发生,所以两个空儿都用"了"。

练习十四 改病句

(1) 表示经常性动作的动词后不用"了"。原句中有"每天下午"说明"去商店"是经常性动作。所以改为:那时候,我每天下午都去商店。

(2) 特别说明过去动作发生的时间、处所、方式、原因等,要在动词后加"的"来表达,而不用"了"。所以应改为:你会说汉语?什么时候学的?

(3) 用"没"否定的动作、状态不能用"了"。另外,全句否定的是某种经历的存在,动词后可用"过"。所以改为:我还没考虑过这个问题。

(4) 句中有两个动作,第一个动作是第二个动作的动作方式时,第一个动词后不能用"了"。本句中,"坐飞机"是"回来"的方式,所以要去掉"坐飞机"后的"了";"一起""从香港""坐飞机"是"回来"的方式,特别说明过去动作发生的时间、处所、方式、原因等,要在动词后加"的"。所以改为:他们一起从香港坐飞机回来的。

(5) "来中国"作为定语,和"以后"一起表示时间,"来"后不能用"了"。特别说明过去动作发生的时间、处所、方式、原因等,要在动词后加"的"。"什么都不习惯"是来中国新出现的情况,所以应该用"了"。应改为:来中国以后,什么都不习惯了。

(6) "没把电视看完"前边有"没",动词后就不能用"了"了。"睡"是事态发生的变化,后边应该用"了"。所以改为:昨天晚上他没把电视看完就睡了。

(7) 句中同时用"了$_1$"和"了$_2$",常常表示:1)说明动作、事件延续到说话时或现在已完成或实现的情况;2)说明动作延续到现在为止已达到的时间长度或数量等。本句要表达"他"住院的天数到说话时已达到"十天"，并且还要继续住院，所以应改为：他已经住了十天医院了。

（8）"前天"是具体的过去时间，表示在某一时刻动作的完成，动词后必须用"了"。所以改为：前天，我看了一部特别有意思的电影。

（9）"喜欢"干什么是一种稳定的心理活动，这种动词后一般不用"了"。原句应改为：我非常喜欢跟朋友们一起去游览名山大川。

（10）"没跟他见面"是指在过去的时间里不存在"见面"的经历；"早就听说"是说过去有的经历，两个动词后都要加"过"。所以改为：虽然我没跟他见过面，可是他的名字我早就听说过。

第八单元综合练习

一、判断正误

（1）"每到春天""总要去郊游"说明是规律性动作行为，所以不用"了"，B 正确。

（2）"他做毕业论文"正在进行中，"很忙"是"他"现在所处的状态，没有情况发生变化的意思，所以不用"了"，A 正确。

（3）"他刚刚到家"说明"回来"这个动作已经完成，"坐船"是说明"回来"的方式。说明过去动作的方式原因等，动词后用"的"，不用"了"，A 正确。

（4）"从来没有"表明过去没有这种经历。表示过去的经历，动词后要加"过"，所以 B 正确。

（5）这里"非常感动"是表示状态，而不是动态变化，所以不应加"了"。B 正确。

（6）用"'正/在/正在'+动词+'着'"时，后边不能加表示动量的词语。B 句中有表动量的"三次"，所以不对，A 正确。

二、选词填空

（1）"正"凸显的是时点性，有巧合的意味。本题"他来电话时"正巧"老板讲话"，所以填"正"。

（2）"在"凸显的是进行性，本句中有"一直"，正好与"在"搭配。

（3）"暗自庆幸"正在进行，所以用"在"。

(4)"着"常附在动词后作为另一动作的方式。本句中"踩梯子"是"上去"的方式,所以动词"踩"后用"着"。

(5)"下去"表示动作继续。本句的意思是他"不能继续说",所以填"下去"。

(6)"起来"表示动作开始并继续,如果动词后有宾语,应将宾语放在"起"和"来"中间。本句的意思是"哥哥开始看报纸并一直在看",所以用"起来",第一个空儿填"起",第二个空儿填"来"。

(7)特别说明过去动作发生的时间、处所、方式、人物、原因、目的等,要在动词后加"的"来表达,而不用"了"。本句主要意思在于强调做报告的主体是谁,所以用"的"。

(8)同(7),本句强调说明去北京的时间和拍照的地点,所以都填"的"。

(9)"过"表示曾经经历、存在或具有某种动作性状。第一句A问对方是否有"吃这种菜"的经历,B回答有这个经历,所以第一和第二个空儿都填"过";第三个空儿同(7),强调过去动作发生的地点,填"的"。

(10)"来着"表示不久前发生的事情,符合本句题意,填"来着"。

(11)"着"表示一种持续的状态,符合本句题意,填"着"。

三、根据句义,在横线上填上适当的表示时态意义的词语

(1)这是个描写句,描写大熊猫的长相、情态、动作。"长……毛""竖……耳朵"都是描写呈现的状态,"吃……竹子"是持续进行的动作,所以应分别填入"着""着""正""着""呢"。

(2)"看到"与后边"从来没有看到"对比,说明"看到"现在已经完成,所以前两个空儿都填"了"。后一个空儿表示过去的经验,所以填"过"。

(3)"我找不到家"是情况发生的变化,"说完又哭"也是事态的变化,所以前两个空儿都填"了"。"会哭坏身子的"是说如果这种"哭"的动作继续做,就会产生这样的结果,所以"哭"后填"下去",表示继续做某动作。

(4)"我来这里"是过去时间中——"两年前"的一个经历,所以填"过"。"一个人来"是说明过去"来"这一动作的方式,所以填"的"。

(5)"忘"已经发生,所以后边填"了"。"你说"是不久前——"刚才"发生的事,对此提问要用"来着"。

(6)"众人围火堆"是一种持续的状态,"围"后填"着";"唱"是已发生的动作,其后用"了"。"唱"开始并持续下去,所以后面填"起来"。

（7）"下个月"是将来的时间，所以填"将"表示将来的动作。

（8）"在哪儿""什么时候"都是在问过去动作发生的处所、时间，所以都填"的"。"为公司一项业务"说明"去"的目的，也应填"的"。

四、根据下列词语，加上合适的表示时态意义的助词，造一个完整的句子

（1）"开始"后可以加动词，"开始"放在"跑步"前，表示事态发生了变化，句末要加"了"。

（2）"项目"是名词，可做主语。"以前"是时间词，可做状语，放在动词前。"得奖"是"以前"的事，是一种经历，应在"得"后加"过"。

（3）"工艺品"可以做"买"的宾语，"为朋友"可以做"买"的状语。"买"后加"了"表示动作完成。可组成：我为朋友买了一件工艺品。也可以用"是……的"句表示特别强调"为谁"。

（4）"昨天"表示过去时间，说明动作"接受"已经完成，动词后应加"了"。

（5）"这些年来"是到说话时为止的过去时间。"没"是否定副词，否定动作的发生，要放在动词前。这里表示"忘"在过去的时间里不存在，即没有这种经历，所以要用"过"。

（6）"一个星期"可以表示到现在为止"下雨"持续时间达到的数量，应该用"动词+了"句后再加"了"的形式来表示。可组成：已经连续下了一个星期雨了。或：雨已经连续下了一个星期了。

（7）动词"好转"后要加"过"，理由同（5）。

（8）根据情理，"看小说"可以使人受到教育，所以"看小说"应该发生在前。由于这一动作的完成，又造成一种新情况的出现——"受教育"，所以前一动词后要加"了"。

（9）"灯亮"可以是状态的持续，可以组成：教室里的灯一直亮着。也可以是发生的变化，即由"没亮"到"亮"，所以也可以组成：教室里的灯亮了。

（10）"又"表示的重复动作、状态为已完成、已显现，动词后常接表示完成、实现等语法意义的"了"，动量短语"一遍"要放在动词后。

五、改病句

（1）句中有明显的表示过去的时间"上午"，所以要在动词"打"后加上表示完成或实现意义的助词"了"。

（2）句末的"了"表示的是情况状态的变化，而本句中"又难又麻烦"表

示的是性质，不应该用"了"。所以改为：我觉得汉语在发音方面又难又麻烦。

（3）"起来"在动词后表示动作开始并持续下去，如果动词后有宾语，要放在"起"和"来"中间。"排队"是离合词，"队"相当于宾语。应改为：大家自觉地排起队来。

（4）这是个描写句。"樱花盛开"是一种状态，"着"能够表示这种状态，所以动词后要加"着"。应改为：这里一片片的樱花盛开着，美丽极了。

（5）"我的心久久不能平静"是"读这篇报告文学"以后造成的状态，说明"读"的动作已经完成，所以"读"后应该用"了"。"久久不能平静"是一种延续状态，不是变化，所以后边不能用"了"。应改为：读了这篇报告文学，我的心久久不能平静。

（6）"正在"表示动作的进行，不涉及动作的开始和结束。趋向动词"起来"表示动作的开始并继续。"起来"与"正在"时间上相矛盾。根据后半句"不要打搅他"可以知道，说话人要强调动作的进行，所以"起来"是多余的。应改为：他正在写作业，不要打搅他。

（7）"常常"表明"想家"是经常性的行为。表示经常性的动作行为，动词后不能用"过"。所以应改为：来中国以后，我常常想家。

（8）特别说明过去动作发生的时间、处所、方式、人物、原因、目的等，要在动词后加"的"，不能用"了"。本句强调说明过去动作的动作者——"小王"。应改为：是小王帮我修的自行车。

（9）句中有表示时段的短语，句末要用"了"表示时间到现在为止已达到一定的长度，句中"没给他写信"这一状态延续到现在为止"已经好长时间"了，所以要在句末加上"了"。"了"表示时间的变化，跟句中的"没"否定的动作没有直接联系。

（10）"她静静地坐在窗前听音乐"是一个静态的持续状态，应把原句中的"了"改成"着"，改为：她静静地坐在窗前听着音乐。

（11）"我伤心得流泪"是动作"看信"导致的，所以前半句动词后要用表示完成的助词"了"。应改为：看了她的信，我伤心得流下泪来。

（12）"来着"可以用来询问一时想不起来的事情，用"来着"符合本题。应改为：我忘了，你姓什么来着？

（13）对话中A已知B去了北京，但不知道是"哪天"，要求B来特别说明。说明过去动作发生的时间、处所、方式、人物、原因、目的等应该用"的"，所以句中两个"了"都应改为"的"。应改为：A：你哪天去的北京？ B：前天去的。

（14）表示曾经有的经历，要在动词后用助词"过"。应改为：十年前，我也曾经有过这种经历。

（15）"在……下"是一个介词短语，在句中做状语，句子表示的应是在这种条件下，什么情况发生了，所以动词后要加"了"。应改为：在他的指挥下，交通危机很快就排除了。

（16）用副词"没"否定的动作后面不能再用"了"，所以B句应改为：没看。

第九单元　修饰限制语

第二十四课　定　语

练习一　略。

练习二　根据"的"的使用规律，给下列需要用"的"的定中短语填上"的"

我<u>的</u>弟弟（所属）　　美丽<u>的</u>西湖（描写）　　姐姐<u>的</u>歌声（所属）
那种说法（指量）　　旧房子（单音节形容词）　　你们单位（复数）
塑料杯子（材料）　　蓝蓝<u>的</u>天空（描写）　　石桌子（材料）
中国地图（国籍）　　警察叔叔（职业）　　网络工程师（专业）
买<u>的</u>票（动词）　　国营商店（属性）　　朝南<u>的</u>窗户（动词短语）
最喜爱<u>的</u>观光地（动词短语）　　老先生（单音节形容词）
以前<u>的</u>工作（时间）　　同学借<u>的</u>书（动词短语）
阅览室里<u>的</u>杂志（处所）

练习三　哪些横线上该加"的"？该加的请加上

（1）"愉快"是双音节形容词，描写性的，该加"的"。"他们"是所属，可以和"愉快的"共用一个"的"。

（2）"一种"是数量限定，后面不用"的"。"最实用"是形容词性短语，该加"的"。

（3）"参加纪念活动"是动词性短语，必加"的"。"斯诺"表所属，该加"的"。

（4）"一位"是数量限定，"美国"是国籍区分，后面都不用"的"。

（5）"昨天晚上"用来限定"看"，后面不用"的"。"看"是动词，做定语时，后面必加"的"。"那部"是指量短语，后面不用"的"。

（6）"一幅"是数量限定，后面不用"的"。"年代久远"表时间，后面需用"的"。"古代"是名词，有区别作用，后面不用"的"。

（7）"意想不到"是动词性短语，做定语时，必加"的"。前面"工作中""所有"都可表范围，与"意想不到"共用后面的"的"。

（8）"他八岁那年跟父亲学做"是主谓短语，做"猴子"的定语，必用"的"。"他"是主谓短语的主语，后边不加"的"。"八岁那年"是时间状语，后边不加"的"。"小"是单音节形容词做定语，不加"的"。"泥"是名词定语，表明"猴子"的质料，后边也不加"的"。

（9）"这个"是指量短语做定语，后边不加"的"。"他"是人称代词，表领属关系，要加"的"。"一个"起限定作用，后边不加"的"。"老"是单音节形容词做定语，不用加"的"。"科学工作者"是名词短语做定语，表领属关系，后边要用"的"。

（10）"上级"对"领导"起区别作用，不用"的"。"这个"是指量短语，不用"的"。"这个单位"是"存在"的主语，其间不用"的"。"这个单位存在"是主谓短语，"日益尖锐"是动词性短语，均需用"的"。

练习四　略。

练习五　判断括号中的词语应该放在句中哪个位置上

（1）"一些"是数量词语，"孩子"是表示性质的名词，"傻里傻气的"是形容词性词语。根据多项定语的一般排序，形容词性词语应该放在表示性质的名词前边，所以"傻里傻气的"应放在B，即：她说了一些傻里傻气的孩子话。

（2）"我来中国后认识"是主谓短语做定语，它限定"朋友"的范围，中间不能插入别的定语来修饰中心语，所以不能在B。"第一位"不表示限定关系，它说明"朋友"的特点，是描写性定语，应该放在限定性定语后边。所以放在C，即：他是我来中国后认识的第一位中国朋友。

（3）"一句句"是从数量上描写话语。"真诚的"是从话语属性上描写话语，离"话语"关系更近，所以"一句句"应在A上，离"话语"远一点儿。即：妹妹一句句真诚的话语感动了我。

（4）"一位"是数量短语，离被修饰的"小天使"关系最远；"欢乐的"是形容词性修饰语，离"小天使"关系最近；"能够给别人带来欢乐的"是动词性修饰短语，所以应位于 B，即：她是一位能够给别人带来欢乐的快乐的小天使。

(5) 做"想象"这个动作的人是"他"，"那样"代指前面"所想象的"情况，所以"所想象的"应位于 B，即：结婚仪式并不像他所想象的那样简单。

(6) "孩子时"是"戏水"发生的时间，应该做"戏水"的状语。"跟伙伴们"是"戏水"的方式状语。时间状语应在方式状语前，所以应放在 A，即：我记起孩子时跟伙伴们戏水的情景。

(7) "老"是单音节形容词，应紧贴被修饰的"人"，与"是"构成判断关系。"一个""久经苦难"都是"老人"的限定修饰语，所以"老"应放在 C，即：她是一个久经苦难的老人。

(8) "一件"从数量上限定毛衣，"厚厚的""暖暖的"是状态形容词，描写毛衣。而"红"是单音节形容词，表示毛衣的颜色属性，离"毛衣"关系最近，所以应位于 D，即：她亲自给丈夫打了一件厚厚的暖暖的红毛衣。

练习六 下面哪个句子对？

(1) "许多"表示数量，应与被限定的"电影"关系最远。"中国"是从国籍属性上区别限定"电影"，无需带"的"，离"电影"关系最近。所以 B 正确。

(2) "亲身"应修饰"感受"，紧贴"感受"，所以 A 正确。

(3) 行政单位的排列顺序习惯上是从高到低。如"省、市、县""县、乡、村"。C 句是"市、省、县"排列，所以不正确。"各级"是指量短语，做定语，后边不用"的"，所以 B 不正确。这里只有 A 正确。

(4) 数量定语表限定关系，后边不用"的"，所以 B 不正确。表示确定数量的定语，一般不能修饰并列的两项，A 句中"一本"修饰了"书""杂志"两项，所以不正确。这里只有 C 正确。

(5) "我"是领属性定语，"大学"可用以表示大学时期的时间，所以"我"应该位于"大学"前。表时间定语后可用"的"，与"我"共用一个"的"。所以 A 正确。

(6) "这样"是指代词，代描写性状的词语，做定语应加"的"，所以 B 正确。

（7）"小"是单音节形容词，"无数个"是指量短语，它们做定语都不用"的"，所以 B 正确。

（8）"一些"是数量词，"关于天文学"是介词短语。数量定语应放在介词短语定语的前边，所以 B 正确。

练习七　用括号中的词语把下列句子扩写成含有多项定语的句子（注意"的"的正确使用）

（1）"彩色"是区别词，表示"照片"的性质特征，做定语时应最靠近"照片"，后边不加"的"。"一张"表示数量，数量定语要放在动词性定语前。"从画报上剪下来"是动词短语，做定语后边要加"的"。所以扩写为：这是一张从画报上剪下来的彩色照片。

（2）"一位"是数量定语，应放在最前边。"具有三十年教龄"是动词性短语，做定语时后边要加"的"，放在数量定语后。"老"是单音节形容词，做定语不加"的"，放在离被修饰的"教师"最近的位置。所以扩写为：她是一位具有三十年教龄的老教师。

（3）"个"是数量词"一个"的省略形式，它限定"姑娘"的数量，位置应靠前，后边不加"的"。"十六七岁"是描写"姑娘"的年龄，做定语要加"的"，描写性定语要放在限定性定语后。"盲"是单音节词，做定语不加"的"，放在离中心语"姑娘"最近的位置。所以扩写为：钢琴前坐着个十六七岁的盲姑娘。

（4）"那"是指示代词，指示"留在后面"的树，应放在"留在后面"的前面。"留在后面"是动词性短语，做定语要加"的"，放在形容性词语前面。"茂盛""大"都是形容词，"茂盛"是双音节的，后边要加"的"，放在"大"前；"大"是单音节的，不用"的"，最靠近名词。所以扩写为：我还回过头去看那留在后面的茂盛的大榕树。

（5）"我"表示领有，在多项定语中应放在前边。"课余"表明"生活"的属性，可以直接修饰"生活"。"对艺术"是介词短语，做定语要加"的"。所以扩写为：集邮丰富了我的课余生活，培养了我对艺术的兴趣和爱好。

（6）"她"表领属，位置应在最前边，后加"的"。"一个"表数量，应在"她"后。"不满一周岁"是动词性短语，应在"一个"后。"男"描写"孩子"的性别，应直接加在"孩子"前。该句扩写为：她的一个不满一周岁的男孩子病了。

（7）"一个"是数量定语，应在最前边。"具有悠久历史"是动词性短语，做定语要加"的"，放在"一个"后。单音节形容词、表示属性的名词做定语，都应最靠近中心语。这里，组成"文化古国"比组成"古文化国"在韵律上和谐、顺口。所以扩写为：中国是一个具有悠久历史的文化古国。

（8）"我"表领属，应在最前边。"最值得信赖"是动词性短语，做定语要加"的"，可以放在"我"后。"好"是单音节形容词，做定语不用加"的"，放在"朋友"前边。该句扩写为：他是我最值得信赖的好朋友。

练习八　改病句

（1）"成绩"可以用"学习"来限定，表明是学习成绩，而不是其他成绩，所以可以不用"的"。"我"表领属，后边要加"的"。应改为：我的学习成绩不太好。

（2）句中"两次"是数量定语，限定"考试"的数量，不用加"的"。应改为：我们每学期进行两次考试。

（3）"更多"是表数形容词短语，做定语可以不加"的"。"优质"是区别词，做定语，不用加"的"。应改为：我要为祖国生产出更多优质产品。

（4）"跟你最好"是形容词性短语，后边要加"的"。"中国"限定"学生"国籍特征，后边不加"的"。应改为：跟你最好的那个中国学生来找过你。

（5）"助人为乐"是固定短语，做定语要加"的"。应改为：他发扬了助人为乐的精神。

（6）"加强两国人民的友谊"是对"好机会"的限定，应放在"好机会"前，变成"……友谊的……"，改为：那是个加强两国人民友谊的好机会。

（7）"以前在我们国家住过"是限定"中国朋友"的，所以应移到"中国朋友"前，改为：我遇到很多以前在我们国家住过的中国朋友。

（8）"关于中国大学生的情况"是介词短语，用来限定"问题"，应移到"问题"前，可去掉"的"，改为：我想问几个关于中国大学生情况的问题。

（9）"唯一而最大"是并列短语，做定语，后边要加"的"。"她"表领有，"晚年"表示时间，可与"唯一而最大"共用它后边的"的"。应改为：这次到中国来是她晚年唯一而最大的理想。

（10）"友好"是双音节形容词，做定语，后边要用"的"。"这里"表处所，可与"友好"共用一个"的"。应改为：我热爱这里友好的人们。

（11）"第一"是顺序词，表示"大"的顺序，后边不用带"的"。应改为：上海是中国第一大城市。

（12）"有趣"是双音节形容词，做定语时后边要加"的"。"一件"是数量定语，应放在形容词定语前，后边不用"的"。应改为：对大部分人来说，旅游是一件有趣的事。

（13）这个句子最好表示"一张照片"，这样"我的""八岁时的"对"一张照片"就起到限定作用，位于它的前面。"我的"表领属，应位于时间短语前。表时间定语后面应该用"的"，"我"可与它共用一个"的"。应改为：这是我八岁时的一张照片。

（14）"唯一"是双音节形容词，做定语时后边要带"的"。"中国"是名词，标明"朋友"的国籍属性，后边不带"的"。应改为：他就是我唯一的中国朋友。

（15）"儿时"是表示时间的词语，"各种各样"是形容性短语，"美好"是形容词。表示时间的定语应该放在描写性定语前，改为：儿时各种各样美好的回忆全部涌现出来。

（16）"那次"是指量短语，后边不应加"的"。"旅途中"做状语，修饰"做"不用"的"。"旅途中做"是动词性短语，后边要加"的"。应改为：一想起那次旅途中做的那些傻事就不由得笑起来。

练习九　略。

第二十五课　状　语

练习一、二　略。

练习三　括号中的状语可以放到句中哪个位置上？

（1）"跟农民们一起"表示"劳动"的动作方式，是限制性状语，应放在主语"他"后。

（2）"突然"这种副词可以出现在主语的前或后，本句里两个位置都可以。

（3）"再"是单音节表频率副词，只能出现在谓语动词"商量"前。

（4）"都"是单音节表范围副词，"被你"是引进施动者的介词短语，它们都只能出现在谓语动词"搞"前。

（5）不带介词的表处所词语做状语，只能放在主语后边，"楼上"就是这样的处所词语，所以它应放在"我们"后边。

（6）介词短语做状语，多数放在主语后边。本句中"很负责"是表对待态度，应将对象"对工作"放在"很负责"的前边。

（7）"随着时间的推移"是介词短语，表时间，由于它本身比较长，通常放在主语前。"越发"是修饰"思念"的，应放在"思念"前。

（8）描写性状语多数只能放在主语后边。"激动地"是描写动作者"老奶奶""说"的情态的，应放在"老奶奶"后、"说"前。

（9）"原先"本来可以放在主语前边或后边。本句中有"这次"跟"原先"相对，有强调状语的意味，所以"原先"最好放在主语"我"前边。"才"是修饰"认识"的，应放在"认识"前。

（10）由"关于"组成的介词短语做状语，只能放在主语前，所以"关于市场调查问题"应放在"我们"前边。

（11）"的确"这种副词可以出现在主语的前或后，本句里两个位置都可以。

（12）"耐心地"是描写性状语，是描写解说员解释的情态的，应位于"解说员"后，紧靠"解说员"。"向我"引进解说对象，应靠近"解释"。

（13）"一直"表示没有忘记的持续时间，应位于"没有忘记"前。

（14）"当我写完最后一个字时"是介词短语，表时间，由于它本身比较长，通常放在主语前。"已经"是时间副词，应修饰谓语动词"指向"，位于它的前面。

练习四 下面哪些地方该加"地"？

（1）"不紧不慢"描写"他"的情态，要加"地"。"一件件"描写"处理"的方式，要突出描写性时，加"地"；不想突出时，不加"地"。

（2）"非常自信"描写动作者"他"的情态，要加"地"。"把零件"是介引对象的状语，不加"地"。"一件一件"是描写动作方式的状语，加不加"地"均可，情况同（1）句。

（3）"跟朋友们"是介引对象的状语，"一起"表方式，都是限制性状语，后边都不加"地"。"愉快"是描写动作者心情的状语，要加"地"。

（4）"明天下午两点"表示时间，"从学校"表示处所，都是限制性状语，都不加"地"。

（5）"亲自"表示方式，"跟他"表示对象，都是限制性状语，都不加"地"。

（6）单音节形容词做状语，一般不加"地"。"轻"是单音节形容词，所以不加"地"。

（7）标语、祝愿语不是用来描写的，要求结构紧凑简洁，即使用了形容性状语，后边通常也不加"地"。本句祝贺语中"顺利"是描写性状语，其后不加"地"。

（8）"一下午"是时间，"在那儿"是处所，都是限制性状语，都不加"地"。"来回"是描写动作"走"的状语，本句没有那么突出描写，其后也可不加"地"。

（9）"又"是单音节副词状语，不加"地"。"认真"虽是描写性状语，但本句是命令句，是提要求，不是描写，所以其后不加"地"。

（10）"总是"是时间副词状语，不加"地"。"形式主义"是名词状语，要加"地"。

（11）前一句是催促句，形容性状语"赶快"后不用"地"。"快"是单音节形容词做状语，其后不加"地"。

（12）"大大方方""很有礼貌"都是描写"她"的样态，均需加"地"。"朝大家"是介词短语，介引对象，不加"地"。

练习五　用括号中的词语把句子扩写成含有多项状语的句子（注意"地"的正确使用）

（1）按照递加关系状语的一般排列顺序，"从小"是表时间的，应放在最前边；"就"是语气副词，跟表时间有关，应放在"从小"后边；"跟奶奶一起"表示对象，应放在最后边。它的后面都不加"地"。扩写成：我从小就跟奶奶一起住在乡下。

（2）"我睁开眼睛时"表示时间，因其结构复杂，可以放在主语前边。"已经"是时间副词，应放在主语后、其他状语前。"从门前"表路线，应在"已经"后。扩写成：我睁开眼睛时，他已经从门前消失了。

（3）"非常亲切"是描写动作者的状语，是形容性短语，后边要加"地"。"跟我"表示对象，是限制性状语，后边不加"地"。"慢慢"是描写动作的状语，后边加不加"地"两可。根据状语排列的一般规律，扩写成：伯伯非常亲切地跟我慢慢（地）聊了起来。

（4）"一个连一个"是描写动作者"浪花"方式的描写性状语，应放在前边，加不加"地"均可。"朝岸边"表示方向，应在后边。扩写成：雪白的浪花一个连一个（地）朝岸边涌来。

（5）"憨厚"是描写动作者的状语，应该在前，其后要加"地"。"对我们"表示对象，应该在后，属限制性状语，后边不加"地"。扩写成：黑皮肤男孩儿憨厚地对我们一笑，……

（6）"清晨"是时间状语，"常常"是频度副词，"独自"是描写动作方式的状语。时间状语根据表达需要，可在主语前或主语后，如果"清晨独自坐在窗前"是常常发生的事，还可将"清晨"放在"常常"后边。扩写成：清晨，老妇人常常独自坐在窗前。或：老妇人常常清晨独自坐在窗前。

（7）"不声不响"是描写动作者的状语，应放在前边，其后要用"地"。"从我身边"表示路线，位置应在"不声不响"后。"慢慢"描写动作的情态，应放在最后，加不加"地"两可。扩写成：他们不声不响地从我身边慢慢（地）走过去。

（8）"用小刀"引介工具，放在前，"把嵌在墙皮里的子弹"引介对象，放在后。扩写成：小男孩儿用小刀把嵌在墙皮里的子弹撬了出来。

（9）"刚才"是时间状语，应放最前边。由于后边有多项状语，所以"刚才"最好放到主语前。"还"是单音节副词，跟时间有联系，应放在时间状语后、主语后。"在邮局里"表处所，应放在介引对象的"给她妈妈"前。扩写成：刚才，友子还在邮局里给她妈妈寄了一件东西呢。

（10）"三个小时以后"是时间状语，位置应在最前边，可放在主语前。"终于"是语气副词，应放在主语后紧靠主语的位置。"把院子里的草"表示对象，"彻底"描写动作"打扫"，所以"彻底"应最靠近动作动词。扩写成：三个小时以后，我们终于把院子里的草彻底打扫干净了。

（11）"每当亲友来信时"表示时间，最好放在主语前。"就""小心翼翼""把邮票""从信封上"分别表示时间、描写动作者、对象、对象所在的处所，并依次排列。"小心翼翼"描写动作者，应在其后加"地"。扩写成：每当亲友来信时，我就小心翼翼地把邮票从信封上剪下来。

（12）"居然"是语气副词，应位于靠主语最近的位置。"不顾一切"是描写动作者的，应比较靠近主语，并在其后加"地"。"一下子"是描写动作的，应靠近动作。扩写成：他不会水，可是他居然不顾一切地一下子跳到深水里去救人。

练习六　改病句

（1）"每天"表示时间，"早上从八点到十二点"也表示时间，但属于"每天"涵盖的时间，所以应排列其后。改为：我们每天早上从八点到十二点上课。

（2）"只"是副词，做状语，修饰动词"剩"。应改为：我这里只剩下一个苹果了。

（3）"见面"不能带宾语，应该用介词"在"将处所引到动词前，改为：你在什么地方跟他见面？

（4）"一直"是时间副词，做状语，应放在动词前，改为：这些日子，我一直陪着她。

（5）这里有三个状语："在"是时间副词，应放在状语中最前边的位置；"一步一步"是描写动作的方式，可位于时间副词之后，因动词后有"着"，应突出方式过程，其后加"地"；"向上"表示动作的方向，可最靠近动作。应改为：他在一步一步地向上攀登着。

（6）"正在"是时间副词，表示动作进行。"为他"是介词短语，为动作介引对象。两者都是状语，直接修饰限制谓语，只能放在主语后，改为：我们走进会场时，大家正在为他鼓掌呢。

（7）"明天"是时间状语，"也"是副词，所以"也"应放在"明天"后边，改为：他明天也要去泰山。

（8）"不顾一切"是指向动作者"他"的状语，应靠近主语，并加"地"。"朝前"是表示方向的状语，应在其后。应改为：他不顾一切地朝前奔去。

（9）"一……就……"是连接两个紧接着发生的动作的副词，不应放在主语前，应放在谓语前，"就"因有关联作用，应放在最靠前的位置。"痛快"是描写动作者的状语，其后要加"地"。改为：跟他一商量，他就痛快地答应了。

（10）"极不情愿"是描写动作者的状语，其后应加"地"，并放在靠近主语的位置。"为我们"是介词短语，为动作介引对象，应置于描写动作者状语之后。应改为：小红极不情愿地为我们唱了起来。

（11）本句是描写写书法时执笔和写的样态，不能用单音节形容词做状语，应该用它们的重叠形式并加"地"来加强描写，改为：写书法时，紧紧地执住笔，慢慢地写。

（12）"多"是单音节形容词，做状语时不用"地"。"就"因有关联作用，应放在最前边。改为：多听、多说，就一定能学好汉语。

（13）"当"是介词，介引时间，后边应与名词性的"时"搭配。"就"是单音节副词，并与前面的时间相联系，应放在谓语前最靠前的位置。"彻底"描写动作，靠近动作即可。改为：每当遇到这种情况时，我们就彻底谈一次话。

（14）"就"是副词，起关联作用，应放在前。"都"是范围副词，应放在

"就"后。改为：他一走进会场，大家就都站了起来。
（15）"正"是时间副词，应放在介引处所的"在教室里"前边，介引对象的"跟他"放在动词前即可，改为：老师正在教室里跟他谈话呢。
（16）根据句子的意思，"一些小事"是"他发脾气"的原因，应该用介引原因的介词"为"引进，构成介词短语做状语，放在动词"发"前边。"常常"是表频度副词，应放在介词短语前。应改为：他常常为一些小事发脾气。
（17）这里，修饰限制动词"核算"的有四项状语：一是副词"还"，与"天色已晚"有联系，应放在最前的位置上与它关联。二是"在"表时间，应放在"还"后。三是"认真地"，可以理解为描写动作者的态度或描写动作，如果是前者，应紧靠单音节副词后；如果是后者，应紧靠动作。四是"跟会计"，介引动作对象，根据"认真地"的位置来决定它的位置。应改为：天色已晚，她还在认真地跟会计核算着。或：天色已晚，她还在跟会计认真地核算着。
（18）"来到中国以后"是发生后面动作的前提时间，应放到主语前。"怎么样"是指"发展自己的工业和农业"的方式，应做状语，放到动词"发展"前边。应改为：来到中国以后，我看到了中国人民怎么样发展自己的工业和农业。

练习七　略。

第九单元综合练习

一、下面句中哪条横线上可以加上"的"或"地"？
（1）"我"限制"朋友"，可看做亲近关系，不加"的"。"一个"是数量，"女"是区别词，其后均不加"的"。"漂亮"是双音节形容词，需加"的"。
（2）"高兴"是描写动作者的，应加"地"。"向我"是介词短语，"讲了"跟"起来"是述补关系，都不加"地"。
（3）"一个"是数量，"刚刚"是副词，"满月"是一个词（指小孩出生一个月），都不加"的"。"刚刚满月"是动词性短语，修饰限制"儿子"，需要加"的"。
（4）"亲切"是描写动作者的，应加"地"。"跟我"是介词短语，不加

"地"。"慢慢"描写动作，加不加"地"均可。

（5）"一位"是数量短语，是限定性定语，不加"的"。"京剧"是名词，做类别限定语，也不加"的"。"著名"是双音节形容词，要加"的"。

（6）"真诚"是双音节形容词，要加"的"。"他们"表领属，后边也应加"的"，由于其后有其他带"的"的定语，所以"他们"与其后共用了"的"。

（7）"常常"是副词，"给我"是介词短语，都不加"地"。"耐心"是描写动作者的，应加"地"。

（8）"把教室"是介词短语，不加"地"。"好好"是描写动作"打扫"的，后边加不加"地"都可以。加上"地"，强调"好好"的意味更明显；不加"地"，句子简洁紧凑，祈使语气更强。

（9）"我来中国"是主谓关系，其间不加"地"。"我来中国后"表动作"认识"的时间，不加"地"。"我来中国后认识"是动词性短语，修饰限制名词"朋友"，应加"的"。"第一个"是序数，不加"的"。

（10）"昨天下午""在操场上"都是限制性状语，分别表示时间、处所，后边都不加"地"。

（11）"轻轻"是描写动词"吹"的，因为"吹"后有"着"，需要加强描写，所以需加"地"。"金黄金黄"是状态形容词的重叠式，描写性强，需加"的"。"随风"是介词短语，不加"地"。

（12）"上次"是"认识"的限制性状语，表示时间，不加"地"。"在火车上认识"是动词短语做定语，要加"的"。"那位"是指量短语做定语，不加"的"。

二、略。

三、括号中的状语或定语可以出现在句中哪个位置上？需要加"的""地"的请加上

（1）"飞快"是描写"行驶"的状语，应加"地"放在动词"行驶"前。

（2）由"关于"组成的介词短语做状语，应该放在句子的前头。

（3）"确实"是语气副词，放在主语前或后都可以。"很"是程度副词，修饰"有道理"，放在"有"前。

（4）"给他"为动作"打"介引对象，放在"打"前。"个"是"电话"的量词，放在"电话"前。

（5）"根本"是语气副词，修饰"无法相信"，应放在"无法相信"前。"突

如其来"是动词性短语修饰名词"消息",需加"的"放在"消息"前。

（6）"上车后"表时间,应放在动词"请"前。"里边"是"坐"的处所,是不带介词的处所词语,应放在"坐"前。

（7）"一遍一遍"是修饰"嘱咐"的,想凸显描写性,可加"地",否则也可不加"地"。

（8）"有目的"是动词性短语,做"进行"的状语,应加"地"放在"进行"前。

（9）"狂怒"修饰"大海",应加"的",放在"大海"前。"惊天动地"是动词性短语,修饰名词"巨浪",需加"的"放在"巨浪"前。

（10）"总是"是表时间副词,应放在"那么"前。"为顾客"是介词短语,为动词"服务"介引对象,应放在"服务"前。

四、用括号中的词语把句子扩写成含有多项定语或状语的句子（注意"的""地"的正确使用）

（1）"具有青春活力"是动词性短语,"美丽动人"是形容词性短语,两者做定语均需加"的"。"个"表"姑娘"的量。所以应扩写成：她是个具有青春活力的美丽动人的姑娘。

（2）"各类""野生""岛上"分别是指量短语、区别词、处所词语。做定语依次应为"岛上各类野生"。"几乎"是语气副词,"都"是表范围副词,"被动物"是介词短语表示对象,它们的排列依次应为"几乎都被动物"。全句应扩写成：岛上各类野生植物几乎都被动物吃光了。

（3）由"关于"组成的介词短语应该放在主语前边。"直接"是描写动作的状语,位置比较灵活,把它放在"跟他们"前或后都可以。全句应扩写成：关于这个问题,我直接跟他们联系。或：关于这个问题,我跟他们直接联系。

（4）"已经"表示时间,应该放在前边。"把你的想法""跟大家"都表示对象。全句应扩写成：我已经把你的想法跟大家说过了。

（5）"年轻""有希望""一代"分别是形容词、动词短语、数量词,做定语,它们依次应为："一代""有希望""年轻"。"有希望"是动词性短语,做定语时后边要加"的"。全句应扩写成：一代有希望的年轻人终于出现了。

（6）"一位"表数量,应放在最前边。"老"是单音节形容词,应放在后边。两者都不用带"的"。"知识很丰富""很有教学经验"都是谓词性短语,应位于中间。全句应扩写成：他是一位知识很丰富、很有教学经验的老教师。

（7）"又"表示频度。"在那张画上"表处所。"草草"描写动作"写"的方式，语义指向"字"，所以需加"的"。全句应扩写成：他又在那张画上草草地写了几个字。

（8）"向山头"表示方向。"都"表示范围。"兴奋"描写动作者，需加"地"。它们依次应是"都兴奋地向山头"。全句应扩写成：孩子们都兴奋地向山头冲去。

（9）"一些"表数量，应靠前。"爱情"是名词，说明"故事"的性质，应该紧靠"故事"。"带有血腥味"是动词短语做定语，后边要用"的"，应放在形容词短语前。"美好动人"是形容词短语，后边要用"的"。全句应扩写成：这里也流传下来一些带有血腥味的美好动人的爱情故事。

（10）"去年"表示时间，做状语应该靠前，因为本句中状语较多，应该把它放在主语前。"在这个广场上"表处所，做状语。"还"是频度副词，可靠近谓语动词。"交谊舞"是名词做定语，表示"晚会"的性质，应紧靠"晚会"。"大规模"是名词短语，后边要用"的"，放在前边。全句应扩写成：去年，他们在这个广场上还举行了大规模的交谊舞晚会。

五、改病句

（1）"几件"限制"礼品"的数量，不用"的"。应改为：那几件礼品价钱还可以。

（2）全句是描写句，"高""黑"都是单音节形容词，做描写性强的定语，应采用重叠形式并加"的"。"双"是数量词，做定语应放在形容性短语"很有神"的前边。应改为：他高高的鼻梁，黑黑的头发，还有一双很有神的眼睛。

（3）这是一个表意愿的句子。"一定"表示决心，"做"后边有补语"好"，是突出的重点，前边就不要再突出"认真"的程度"很"。应改为：我一定认真做好那件事。

（4）"一岁半"描写"女儿"的大小，"一个"限制"女儿"的数量。描写性定语要放在限制性数量定语的后边，改为：她有一个一岁半的女儿。

（5）"这样"是代替描写性成分的代词，要加"的"，改为：我很高兴得到这样的好机会。

（6）"一件"是表限定数量的定语，应该放在动词性短语前边，改为：来中国的第一天就发生了一件让我深受感动的事情。

（7）"都"是范围副词，"每天"是具体时间状语，应放在副词前，改为：她每天都生活得快快乐乐的。

（8）"对中国人来说"是介词短语做状语，引出话题的角度，应放在句首，放到主语后也可。"最重要、最热闹"是形容性短语做定语，应加"的"。应改为：对中国人来说，春节是最重要、最热闹的节日。或：春节对中国人来说是最重要、最热闹的节日。

（9）"中学"作为学校类别，通常修饰"教师"或"学生"，不应修饰"孩子"，可改成"上中学的"。"俩"一般直接修饰该修饰的名词，因为这里还有其他定语，"俩"最好改成"两个"。应改为：听说她有两个上中学的孩子。

（10）"过节的时候"是时间前提性状语，最好放在句首。"常常"是频度副词，应放谓语动词前。应改为：过节的时候，他常常邀请我到他家做客。

（11）这里"从……到……"和"每天"都是时间词语，"每天"涵盖"从……到……"的时间，应从大到小排列。应改为：我们每天从早上8点到12点上课。

（12）"我"是人称代词，表领属关系，跟表非亲属名词组合时，要加"的"。应改为：她对我的家庭印象特别好。

（13）"从这里"表处所，"明天下午1点"表时间。时间状语应放在处所状语前边，时间状语也可以放在主语前边。改为：我们明天下午1点从这里出发。或：明天下午1点我们从这里出发。

（14）"高兴"描写动作者"她"，要加"地"放在前面。"快"描写动作"跑"，应构成描写性的"飞快地"，放在靠近动作的位置。应改为：她高兴地朝门外飞快地跑去。

（15）"语文"是区分"老师"的类属，不加"的"。这里"讲"应该是做完的动作。"故事"应是无需指定的。所以应改为：语文老师讲了一些感人的故事。

（16）"小时候"可以看做一个特定时间的表示法，所以其间不加"的"。"小时候生活过"是个动词性短语，做"地方"的定语，需要加"的"。"他"表示所属，因其后有带"的"定语，可以共用一个"的"。所以应改为：那是他小时候生活过的地方。

（17）"我们公司多年来发展壮大"是主谓短语做定语，其间不能加"的"。应改为：该书记载了我们公司多年来发展壮大的历史。

（18）"好久没吃到"是动词性短语，做"酱汤"的定语，需要加"的"。应改为：那天中午，我吃到了好久没吃到的酱汤，高兴极了。

六、七 略。

第十单元　补充语

第二十六课　结果补语　趋向补语

练习一　把下面每组两个句子组织成一个带有结果补语的句子

（1）"干净"是"扫"的结果，可把它放到动词"扫"后做结果补语，组成：他把院子扫干净了。

（2）"懂"是"看"的结果，可做"看"的补语，组成：我看懂这篇文章了。

（3）"得到"是"借"的结果，可用"到"做补语，组成：我借到那本书了。

（4）"光"是"掉"造成的结果，可用"光"做补语，组成：树上的树叶都掉光了。

（5）"湿"是"淋"的结果，"湿"可做补语，组成：他的衣服全被雨淋湿了。

（6）"硬"是"做"造成的结果，"硬"可做补语，组成：他把米饭做硬了。

（7）"不对"是对"走"结果的评价，"不对"就是"错"，可用"错"做补语，组成：他走错路了。

（8）"哑"是"大声喊"造成的结果，可做补语，组成：他把嗓子喊哑了。

练习二　根据动词，填上适当的结果补语

结果补语表示动作和变化的结果，意思上要和前面的动词协调一致。"切"的结果通常是"碎"，"画"的结果通常是"好、完"，答案不是唯一的。其他类似。

练习三　根据句义，填上适当的结果补语

填写结果补语应该主要从意思上去考虑，想一想动作要达到的目的是什么、动作最常见的结果是什么，根据这个线索来选择动词或形容词做结果补语。

（1）"学游泳"的结果应该是"会游泳"，所以可以填"会"。

（2）"灌瓶子"的自然结果是"瓶子满"，所以可以填"满"。

（3）"喝酒"的结果常常是"醉了"，所以可以填"醉"。

（4）"打蚊子"最常见的结果是"蚊子死了"，所以填"死"。

（5）"狗跑"的结果可能是"狗丢了"，所以可以填"丢"。

（6）"汽车停"的结果自然是静止不动，可以用"住"来表示这个意思，所以填"住"。

（7）"摆书"的目的一般是为了使它们整齐，所以可以填"整齐"。"好"做结果补语，可以表示动作完成，也带有"动作者感到满意"的意味，本句也可以填"好"。

（8）"找钥匙"的目的是为了发现它，得到它。"到"做补语，可以表示动作目的的实现，所以可以填"到"。

（9）因路"滑"而使人"摔"，是人失控的情况，所以可能出现"倒"的情况，这里可以填"倒"。

（10）要想"透空气"，"窗子"需要处于"开"的状态，所以可以填"开"。

（11）人特别累的结果可能会"死"，这里表示一种夸张的结果，所以可以填"死"。

（12）"扶门"的目的就是让它处于"固定"状态。"住"可以表示"固定不变"的意思，所以可以填"住"。

（13）"完"可以表示动作的完成，本句的意思是等看到电视节目结束再睡觉，所以可以填"完"。

（14）本句的意思是：说话人希望的结果没有出现，而相反的结果却出现了，他很不满意。一般来说，修自行车要达到的结果是使它"好"起来，与此相反的情况是更"坏"。所以，前边应填"好"，后边应填"坏"。

（15）"讲"应该达到的结果是"清楚""明白"，所以，"讲"后分别填"清楚""明白"。"做"的令人满意的结果是"好"，所以"做"后边填"好"。

练习四　改病句

（1）结果补语应紧跟动词后，动词和补语之间不能插入别的成分，助词也应在补语后。"弯"是"刮"的补语，"了"应在"弯"后。应改为：风这么大，把树都刮弯了。

（2）"不正"是"偏"的意思，做补语应放动词后，改为：这幅画挂偏了。

（3）"练了好几遍了"说明"单词"应该已经记在心里了，"记"后边要加一个补语"住"，表示固定、不忘。应改为：这几个单词我练了好几遍了，都记住了。

（4）"你来看看行不行"是让"你"看"布置"的结果，可是句中"布置"后却少一个表示怎么样的结果补语。应改为：我们把大厅布置好了，你来看看行不行。

（5）结果补语应该是动词或形容词。"不对"是两个词的组合，不能做结果补语。根据句子的意思，"不对"就是"错"，用"错"做补语才合适。

应改为：你把我的名字写错了。

（6）结果补语应紧跟动词后。"完"是"吃"的结果，应提到动词"吃"后，这里的助词"了"是多余的。应改为：吃完饭以后，我们又聊了很长时间。

（7）"干净"是结果补语，应紧跟动词后，不能放在宾语"教室"的后面。应改为：同学们把教室打扫干净了。或：同学们打扫干净教室了。

（8）句子里"听"和"站"都缺少结果补语，应该分别加上"见""住"，改为：忽然，我听见有人叫我的名字，我就站住了。

（9）"醒"是不及物动词，不能带宾语。该句"醒"是"叫"的结果。应改为：早上妈妈不到六点就把我叫醒了。

（10）铅笔变"尖"是动作"削"的结果，应改为"把铅笔都削尖了"。

（11）"清楚"应该是动词"听"的结果。应改为"没听清楚"。

（12）结果补语应紧跟动词后。"问"是动作，"清楚"是结果，"路"是"问"的宾语，所以应将"清楚"放在"问"的后面，改为"问清楚了路"。

（13）"听见"是由于"听"而得到了的意思。这里汉语水平提高是指听的理解能力提高了，应该用"听懂"。

（14）前半句有结果"倒"，但缺少动词；后半句有动词"造"，缺少结果补语，应分别改为"刮倒""造成"，句子才完整。

（15）"看"是个没有结果的动作，而我"深受感动"，说明有了结果，应该在"看"后加上结果补语"到"或"见"。

练习五　略。

练习六　选用合适的趋向动词做补语表述下面各图

1. 从下往上走，所以说：走上飞机。
2. 从高处往低处走，所以说：走下船来。
3. 从外到里，所以说：放进书包里。
4. 从里往外，所以说：抽出一张纸来。
5. 出去时是从宿舍走的，现在回到原处，所以说：走回宿舍。
6. 从河这边到河那边，所以说：走过河去。
7. 小鸟从窝里飞走，所以说：小鸟飞出去了。
8. 太阳原来在空中，现在在天边，而且即将看不到了，所以说：太阳落下去了。

练习七　把"来"或"去"放到下列句子合适的位置上

（1）"他"向说话人"我"的方向移动，"来"表结果，放在动词后边。

（2）"远处的爷爷"，说明说话人与"爷爷"不在一起，小男孩跑向爷爷，方向是背离说话人的，"去"是结果，放动词后面。

（3）"买"的动作使"饺子"向阿姨靠近，所以是"买来"。"买来"然后请大家吃，不是结句，"一些饺子"是普通事物宾语，所以"来"放在"一些饺子"的前面。

（4）"弟弟"向说话人"我"移动，所以是"来"。"我身边"是处所宾语，所以"来"放在"我身边"后面。

（5）"这个灾区"表明说话人的立足点在"灾区"，"物资"向说话人方向移动，所以是"来"。"物资"是普通事物宾语，所以"来"放在宾语前面。

（6）"学校"是处所宾语，趋向补语应该放在处所宾语后面。"她"离开现在的所在地回学校，所以是"去"。

（7）"取"的报纸向"老先生"靠近，所以是"来"。"报纸"是普通事物，所以"来"放在宾语前面。

（8）"寄"向"美国"，生日卡片离说话人远去，所以是"去"。"生日卡片"是普通事物，所以"去"放在宾语前面。

练习八　根据句义，判断哪一个义项符合句中趋向补语的意思

1. 上

（1）关上窗户，就是使窗户合拢、关闭，所以选 b。

（2）"赛上了"表示出现了比赛的场面，比赛还在继续，所以选 a。

（3）"中大奖"是希望发生的，是目的。"中上大奖了"表示目的达到了，所以选 d。

（4）"贴上邮票"是让邮票附在信封上，所以选 c。

（5）"闭上嘴"是让嘴合拢，不说话，所以选 b。

（6）"种上几棵树"表示让"树"附着于院子并存在，所以选 c。

2. 下

（1）"记下这笔账"表示让"账"固定在某个地方，不忘掉，所以选 c。

（2）"装下书"表示书包容纳书，所以选 b。

（3）"坐下"表示人的身体从站着变为坐着，这是个从高到低的变化，所以选 a。

（4）"摘下眼镜"是使眼镜脱离面部，所以选 d。

（5）"拍下镜头"是用相机拍摄特定的对象，使当时的情景固定下来，所以选 c。

（6）"滚下山坡"是从山坡上面滚下，从高处到低处，所以选 a。

练习九　根据句义，判断哪一个义项符合句中趋向补语的意思

1. 上来

（1）"围上来"表示向特定的目标靠近、合拢，是趋近目标的意思，所以选 b。

（2）"爬上山来"表示从低处爬到了高处，所以选 a。

（3）"跟上来"表示靠近说话人，不要拉开距离，有趋近目标的含义，所以选 b。

（4）"答"是回答问题，"答上来"表示完成了回答的任务，所以选 c。

（5）"挤上前来"表示向"他"靠近，所以选 b。

2. 下来

（1）"暗了下来"表明天"暗"的状态开始出现变化并在继续变化，所以选 e。

（2）"跳下来"表明小猴子从高处到了低处，所以选 d。

（3）"把零件都卸下来"就是使零件与整体分离开，所以选择 a。

（4）"写下来"是指检查肯记生词的情况，是完成某任务，所以选 c。

（5）"我留下来"就是"我"不离开现在的地方，位置固定不变，所以选 b。

（6）"海"由不静到开始"静"并继续静，所以选 e。

（7）"把工程拿下来"是指争取下来或完成工程，所以选 c。

（8）"撕下来一张纸"就是纸与本子分离开，所以选 a。

练习十　根据句义，选择合适的趋向动词填空

（1）移动方向是说话人"我"这儿，所以用"来"。

（2）参照物是"汽车"，乘坐时人从地面向高处移动到"汽车"，所以用"上"。

（3）移动的方向背离说话人，而指向"她"，所以用"去"。

（4）"打基础"是使基础固定，所以用"下"。

（5）剪花草的枯枝，是使"枯枝"离开花草，也离开说话人，所以用"下去"。

（6）要看说话人在楼上还是在楼下，在楼上则说"走下楼去"，在楼下则说"走下楼来"。

（7）"弯腰"是腰从高到低变化，所以用"下"。

（8）"停脚步"是脚步由运动到固定不动，所以用"下"。

（9）之前是活着的，从现在到将来还要继续"活"，所以用"下去"。

（10）表示从开始读到结束全部完成，所以用"下来"。

（11）从不冷静转为逐渐冷静，即从动态转为静态，所以用"下来"。

（12）表示"干"（意为开始工作、打架等）的场面已经出现并在继续，所以用"上"。

（13）"那儿"表明花坛在远处，离开说话人朝远处跑，所以用"去"。

（14）"交上朋友"表示要交朋友并达到交朋友的目的了，所以用"上"。

（15）"不能半途而废"表示要继续做，不能中途停止，所以用"下去"。

（16）"雪""飘落"是从高处到低处，说话人站在地上，雪向说话人靠近，所以用"下来"。"盖"是使某物附在东西上，表示附着的意思，所以用"上"。

练习十一　根据句义，选择合适的趋向动词填空

（1）房间是有围域的空间，可以用"进"或者"出"。

（2）"原处"意味着放的东西原来就在那儿，所以用"回"。

（3）洗照片就是把不明显的影像显示出来，所以用"出来"。

（4）"本事"通常是处在隐蔽状态的，要展现"本事"就是从隐蔽到显露，所以用"出"。

（5）"设计图纸"是从无到有，所以用"出来"。

（6）"露笑容"是从无到有，所以用"出"。

（7）从机场到学院，回到原处，所以用"回来"。

（8）通过"摸（索）"使"规律"从隐蔽到显露，所以用"出"。

练习十二　根据句义，判断下列哪一个选项符合句中趋向补语的意思

（1）"穿过小树林"，是从小树林经过的意思，所以选A。

（2）火车开动有固定的时间，"别睡过"是指不要睡得超过那个时间点，所以选C。

（3）"抢救过来"表示病人从昏迷状态恢复到清醒状态，所以选E。

（4）"回过头"就是转动头部，改变脸的方向，所以选D。另外，本句中的"出"意思是从隐蔽到显露。

（5）"明白过来"是从不明白到明白，明白是一种正常的好的状态，所以选E。

(6)"掠过"是轻轻擦过，有经过的意思，所以选A。
(7)"掉过头，朝北开"表明汽车行驶的方向发生了改变，所以选D。
(8)"算不过来"表示不能完全顾及到，所以选F。
(9)"她接过老人的背包"是背包从老人的手里转移到她手里，所以选B。

练习十三　根据句义，判断句中趋向补语"起来"的义项是哪一个

(1)"团结起来"是大家由分散的状态结成一个集中的整体，所以选b。
(2)"唱起歌来"是指开始并继续唱歌，所以选d。
(3)"太阳升起来"是指太阳从地平线上升到天空，位置由低到高，所以选a。
(4)"把工资存起来"是收存、隐藏的意思，所以选c。
(5)"穿起来"表示从"穿"的角度对"衣服"作评价，所以选f。
(6)"议论起来"就是开始议论并继续下去，所以选d。
(7)"捆起来"就是使行李由松散状态变成一个约束的整体，所以选b。
(8)"把风筝收起来"是把飘在天上的风筝收回到放风筝的地方，所以选c。
(9)"振作起来"表示精神状态从低沉到昂扬，是一种凸起、发起状态，所以选e。
(10)"看起来""吃起来"是从"看""吃"的角度对"菜"进行评价，所以选f。

练习十四　根据句义，选择合适的趋向动词填空

(1)表示改变方向，所以用"过……来"。
(2)从一边走到另一边，所以用"过"。
(3)从低到高，所以用"上"。
(4)表示收存、隐藏，所以用"起来"。
(5)表示向上的方向，所以用"起"。
(6)表示关闭、合拢，所以用"上"。
(7)表示经过，所以用"过"。
(8)行李由低向高移动，所以用"起"。
(9)嘴角由平的向凸起的方向走，所以用"起"。
(10)将原有的记忆通过"想"使之凸显，所以用"起来"。
(11)使钱处于收存状态，所以用"起来"。
(12)表示隐藏事情的意思，所以用"过"。
(13)表示从表面看的角度评价沙发，所以用"上去"。

（14）传达文件是由上级向下级传达，所以用"下去"。

（15）反映意见是将下级的意见向上级反映，所以用"上去"。

（16）头由高向低，所以用"下"。脸上的红晕由未显露到显露，所以用"起"。

（17）身体由低向高，所以用"起……来"。话从里到外，所以用"出来"。

（18）将树叶从树上分离开，所以用"下"。开始"吹"，所以用"起"。

练习十五　根据句义，选择"来/去"或包含"来/去"的趋向动词填空

（1）"好"的状态开始并继续，所以填"起来"。

（2）"败阵"是离开"阵地"，所以填"下"；脱离阵地，向说话人移动，所以用"来"。

（3）"热闹"的状态开始并继续，且"热闹"是积极意义的形容词，所以用"起来"。

（4）"流畅"是好的状态开始并继续，所以用"起来"。

（5）"昏"是由正常状态转入不好的状态，所以用"过去"。

（6）"垮"是消极状态，是从过去到现在的变化，所以用"下来"。"倒"是从高到低的变化，所以用"下去"。

练习十六　把括号中的趋向动词放到适当的位置上

- 简单趋向补语的位置一般在动词后、宾语前。题中"出""上"属于这种情况，所以填：掏<u>出</u>手绢，爬<u>上</u>山。
- 趋向补语"来""去"的位置，要看宾语的类型和句子的类型。如果宾语是普通事物、抽象事物，或表示存在、出现的事物，那么"来""去"一般要放在宾语前边。题中"温暖"是抽象事物，"包袱"是普通事物，所以填：送<u>来</u>温暖，放<u>下</u>包袱。
- 如果宾语是处所词，那么"来""去"要放在宾语后边。题中"山""日本"是处所词，所以填：下山<u>去</u>，回日本<u>去</u>。
- 复杂趋向补语句中，如果宾语是处所词，那么宾语只能在补语中间。题中"河""家""教室""图书馆"都是这种情况，所以填：游<u>过</u>河<u>去</u>，送<u>回</u>家<u>去</u>，走<u>进</u>教室<u>来</u>，还<u>回</u>图书馆<u>去</u>。"还"(huán)，是归还的意思。
- 离合动词中宾语只能在补语中间。题中"谈话""举手""爬树""转身"都是这种情况。所以填：谈<u>起</u>话<u>来</u>，举<u>起</u>手<u>来</u>，爬<u>上</u>树<u>去</u>，转<u>过</u>身<u>来</u>。
- 宾语是表示人或一般事物的名词时，宾语可以在补语中间或后边。题中"信"属于这种情况，所以填：拿<u>出</u>信<u>来</u>。

练习十七　改病句

（1）"向我走"表明移动的方向指向说话人"我"，所以应该用"来"。

（2）"门"是处所，处所宾语应放在复合趋向补语中间，所以应改为：他快步走出门去。

（3）刮风后，尘土从低向高飞，所以用"起"。不能用"上"，"上"表示低处到高处，其后接处所宾语。"起"是运动物本身从低到高。原句动词及趋向补语后"老高"是程度补语，不是宾语，所以不能用"上"。应改为：风一刮，尘土飞起老高。

（4）"中国"是处所宾语，不能放在趋向补语"来"后面，同时"回"后面应该有结果补语"到"，所以改为：我又一次回到中国来，心情很激动。

（5）"优美的歌声"是新出现的抽象事物，不是处所，不能放在趋向补语"来"前面，应改为：远处传来优美的歌声。

（6）"我起完头儿"紧接着"大家就唱"，这是行为的开始并继续，而原句中的"下去"只能表示动作继续，没有"开始"的意思。"起来"有开始并继续的意思，应该选用"起来"。原句应改为：我一起完头儿，大家就一起唱了起来。

（7）说"外面下雨"，说明说话人在"里面"，把衣服收到里面，同时是向说话人靠近，所以"进"后要加一个"来"。改为：外面下雨了，快把衣服收进来！

（8）"时间"流过，离现在越来越远，"过"后应该加"去"。改为：时间一分一秒地过去了，她还是处在昏迷中。

（9）"去"是趋向动词，只表示"跑"的方向。"河边"是处所，不能放在趋向补语后。根据句意，"河边"是"跑"的终点，所以补语应该用"到"。应改为：他跑到河边，还是找不到张明。

（10）宾语是抽象事物或存现宾语时，趋向补语"来""去"只能位于宾语前。这里，"一线希望"是抽象事物，所以"来"应该放在它的前面，"了"应紧跟着补语。应改为：她的话给我带来了一线希望。

（11）"已经错了"表明"错"的状态已经开始存在了。"不要再坚持"是说不要让"错"的状态继续下去，表示"继续"，要用"下去"，不能用"起来"。应改为：你已经错了，不要再坚持下去了。

（12）"起来"表示动作行为开始并继续。"聊天儿"是离合词，"来"应放在宾语后面。所以改为：我们坐下，愉快地聊起天儿来。

（13）"给我寄"说明"包裹"向"我"靠近，趋向补语应该用"来"。应改为：来中国以后，妈妈经常给我寄包裹来。

（14）"出"前边最好加一个具体动词"走"，让"出"做补语，句子意思才清楚。他"向我走"，表明他向我靠近，"走"后应加趋向补语"来"。应改为：我走出车站，看见小王正快步向我走来。

（15）句中"这里"表明说话人不在"美国"，往美国寄书，是背离说话人的方向，补语应该用"去"。同时，"美国"是处所宾语，不能放在趋向补语后面，所以改为：他要把这里所有的书都运到美国去。

（16）这句话前后有两个不同的主语，说话人的位置前后也不一样。前边，"他"是主语，说话人把"他"的位置当做说话人的位置，即从"他"的位置的角度说话。这时，"我走进"是靠近"他"（说话人的位置），所以后边用"来"。后边，"我"是主语，"我"现在的位置成了说话人的位置。"走去扶他"是离开现在的位置到床边，所以要用"过去"。应改为：他看见我走进来，立刻从病床上坐起来，我赶快走过去扶住他。

练习十八、十九 略。

第二十七课　可能补语　程度补语　情态补语

练习一　判断句子正误

（1）这里要表达的是说话人的要求和愿望，是祈使句。A句"做不出"的意思是"不可能做出"，是一种估计，这不符合该句表达的意思。B句表达的是说话人的要求，所以B句正确。

（2）带可能补语的动词多是单音节的，如果多音与单音同义，应该用单音节形式。这里"登"和"攀登"同义，应选用单音节形式的"登"，所以A正确。

（3）可能补语用于对可能性的估计或表示一种动作、状态可能的情况。这里"找"后面已经有了客观的"到"的结果，表明说话人是要说明有"到"的结果，所以不能用可能补语的形式，而应该用结果补语"找到"的形式。所以B正确。

（4）如果句中有描写性状语，谓语动词后不能再用"得/不+结果补语/趋向补语"。B句中有"亲自"这个描写性状语，动词"送"后又有可能补语"得过去",所以不正确。A 句正确。

（5）因为"作业太多",所以"写完"是不可能的。表示动作结果不可能实现,应该用"'不'+结果补语",所以 A 正确。B 句"不能"含有"不应该"或能力不够的意思,与全句意思不一致,所以不正确。

（6）A 句"不能听出来"有不应该听出来的意思,这与全句的意思不一致,所以 A 不正确。B 句"听不出来"的意思是"听出来"这个结果不可能实现,这与"他汉语说得很地道"正好构成因果关系,所以 B 正确。

练习二　用适当的可能补语填空

（1）"搬"的结果通常是"动"。这里"书柜太重了",表明"搬"的结果不能实现动的目的,所以应填"不动"。

（2）趋向动词"下"可以表示"容纳一定的数量"的意思,可以做"住"的补语。"屋子太小了",表明不能容纳"这么多人",所以填"不下"。

（3）"听"的结果应该是"懂",询问能不能听懂,所以可能补语应填"得懂"。

（4）"治病"的目的是为了"治好",由于"病得很重","治"的目的不能实现,所以填"不好"。

（5）"爬山"是为了"爬上去","山太高了"表明"爬上去"的目的客观上难以实现,所以填"不上去"。

（6）如果是想上车,"挤上去"是目的,人多,目的客观上难以实现,所以填"不上去"。当然,如果想进某个处所里去,也可以填"不进去"。

练习三　判断句子正误

（1）"不得"一般用于规劝、提醒、警告等一类句子,这里的句子表达的不是这种意思,而是对能否上去的客观可能性的估计,所以正确的句子应该是 A。

（2）这里,说话人显然是希望"雨停下来",而"不能+动词"表示不能够、不应该,这不符合 A 句要表达的意思,所以不正确。B 句的"停不了了"表示对"停"的可能性的估计,所以 B 正确。

（3）"费不了"表示对客观情况的估计,"'不能'+动词"有主观要求不可以的意思。根据句意,A 正确。

（4）"不能摘"表示根据情理不可以摘,"摘不了"表示没有摘的能力,根据句意,A 句正确。

（5）可能补语通常是对还没有发生的事情的一种估计。"记不了"表示还没有记，这与"很早以前的事"相矛盾，所以 A 不正确。"记不得了"是说现在的情况，记不起来了，所以 B 正确。

（6）"下不得"表示根据情理不可以"下"，"下不了"表示根据客观能力不能"下"。根据一般情理，"水太深"，当然不能下，所以 A 正确。

练习四 用适当的可能补语填空

（1）句中"还"表示"仍然"，这里是问"记"的结果是否仍然存在。"得"可以作为词的组成部分，在一些词中表示前边的动作行为有结果。"记得"就是这样的词，意思是没有忘掉，所以填"得"。

（2）"车被撞坏了"，不能实现"开"的目的了，所以应该填"不了"。

（3）"饭店太宰（zǎi，杀。'宰人'指（店家）欺骗顾客）人"说明饭店不好，是要劝说对方不可以"去"。"得/不得"做补语，常常用以规劝、提醒、警告等，所以这里应填"不得"。

（4）根据"脚崴（wǎi，脚扭伤）了"，可以知道"走"后边的补语应该用否定形式，表示"走"不可能实现，所以应填"不了（liǎo）"。原来能"走"，现在不能"走"，情况发生了变化，所以句末需加"了"。应填"不了了"。

（5）同（4）句，因为"路上的车太多"，所以提醒对方小心，不可"大意"，因此应填"不得"。

（6）句子是陈述句，根据句意，应该填否定形式的可能补语，表示对年龄情况的估计。应填"不了"。

（7）"得/不+了"表示是否可能实现某种动作、变化，这里是询问"用汉语说"这个动作"你"能否实现，用肯定形式的话，应填"得了"。

（8）从全句的意思看，"走"后边的补语应该用否定形式，表示"走十分钟的路"的目的都不可能实现，"爬八达岭长城"更不可能，所以应填"不了"。

练习五 改病句

（1）"写完了吗？"问的是现在的情况，不涉及将来，所以不能用可能补语回答，而应该用"写完了"或"没写完"来回答。根据句意，答句应改为"没写完"。

（2）"东西太多"，我不能实现"拿"的动作，是对客观情况的估计，应该用可能补语，改为"我拿不了"。

（3）动词和可能补语之间不能插入宾语成分，宾语应该在可能补语后面，所以改为：我办得了这件事。

（4）句子表达的是现在的情况，不是对未来情况的估计，所以不能用可能补语。应改为：都两点了，怎么一个人也没来？

（5）说话时"提"的动作已经发生，结果已经出现，所以应该加表示完成的"了"，改为"我提起来了"。

（6）可能补语"不得"常用来规劝、提醒别人不要做某事。这里是对自己情况的说明，所以不能用"不得"，应该用"不了"，改为"我开不了口"。

（7）句子表示一种估计的情况，应该用可能补语，不是表示劝告、警告，不能用"不得"，应该用"不了"，改为"穿大衣也热不了"。

（8）"进不去"表示由于客观原因，结果不能实现，这里表达的是情理上不应该"进去"，所以要用"不能进去"，改为"你不能进教室去"。

（9）动词后有宾语时，宾语可以在补语后或提到动词前，但不能在动词后和补语之间。这里，"相"是宾语，"不了"是补语。本句中"相"出现在宾语和补语之间，所以不对。应改为：屋里太暗了，没有闪光灯，照不了相了。

（10）这里前半句是说，凭你的能力，"你""搬动"一块石头是不可能的。表示动作结果不可能实现，应该用"动词+'不'+结果补语"形式。所以改为：你连一块石头都搬不动，怎么能搬走山呢？

练习六　将下列句子变换成带有可能补语的句子

（1）该句表示由于"雾太大了"的客观原因，想通过"看"得到"清楚"的结果是不可能的。所以可以改用可能补语的形式表示：雾太大了，我看不清楚航标灯的位置。

（2）由于"人太多了"的客观原因，通过"买"不能得到票，所以可以改写成"恐怕买不到票了"。

（3）这里"不能去"表示"去"的动作不可能实现，可以用"不+了（liǎo）"表示。可以改写成：天气不好，今天的郊游去不了了。

（4）表示人在钱财方面是否有能力实现某种动作行为，一般用"动词+'得起'/'不起'"形式。"不太贵""一般的人都能住"，表明在钱财方面能够承担，所以用"动词+'得起'"的形式。可以改写成：那家宾馆，一般的人都住得起，不会太贵的。

（5）该句表示刚跑完步就喝凉水是不可以的。可能补语"不得"可表示劝阻。所以可以改写成：刚跑完步，喝不得凉水。

（6）因为"病刚好"，劝告"不要太累"，可以用可能补语"不得"。可以改写成：病刚好，要好好休息，劳累不得。

练习七、八 略。

练习九 改病句

（1）"睡觉"是"动+宾"式离合词，补语不能在宾语后。应改为：昨天晚上，他睡得好极了。

（2）"最愉快"是情态补语，动词和情态补语之间要用"得"，改为：在桂林的那几天，我过得最愉快。

（3）"比"字句后面的程度补语常用表数量意义的"得多、多了"。表"差"可用"得远/远了"等。应改为：我比王师傅可差远了。

（4）"太晚"是对动词"来"的评价，应该放在"来"后边做补语，改为"你来得太晚了"。

（5）"透了"表示极端程度，多修饰不好的性状，如"坏、烦、烂"等。"舒服"是好的状态，一般不能用"透了"做补语，应改为"舒服极了"。

（6）情态补语应该紧跟在动词后面，不能跟在宾语后面。根据句意，应该用"把"字句，改为：孩子们把屋子弄得乱七八糟的。

（7）"很认真地"是描写性状语，"很整齐"是情态补语，这两种成分通常不能在一个句子里同时使用，但可以共同做情态补语，改为：她作业写得很认真、很整齐。

（8）表示比较时，"跟"后面应该搭配"一样、差不多、不一样"等词语，表示性质的类似或不同。比较程度差别时才用"比"，而且否定词应该用在"比"前面。应改为：他汉语说得跟中国人差不多。或：他汉语说得不比中国人差。

（9）"把"字句中描写宾语的情态补语不能用否定式，带描写性情态补语的"把"字句也不能用否定式。所以原句应改为：他没把汽车洗干净。

（10）"一夜没睡着觉"可以说明高兴的程度，"一夜"不该放在"高兴"的前面。所以原句应改为：我朋友听到这个消息，高兴得一夜没睡着觉。

（11）"生气"是自动词，通常不能用在"把"字句里，应改为"气"。"坏了"是程度补语，前面不能用"得"。应改为：把老板气坏了。

（12）"越来越大"是对"下"得怎样的补充描述，应该放在动词"下"后。第一句应改成：雨下得越来越大了。

练习十 略。

第二十八课　数量补语　介词短语补语

练习一　在适当的位置上填上适当的动量词语

答题要点：一要注意选择正确的动量词语，二要注意数量补语的位置。

- 如果动词后没有宾语，动量补语要放在动词后面，如（3）、（6）、（10）。
- 有普通事物宾语，数量补语放在宾语前，如（2）、（4）、（5）、（8）。
- 有人称代词宾语，数量补语放在宾语后，如（7）。
- 有人名、地名宾语根据表达需要，数量补语可以放在宾语前面或后面。如（1）、（9）句，都主要为了说明数量多少，所以均位于宾语后。

练习二　判断句子正误

（1）"一点儿"表示事物的数量，"休息"是动作行为，"一点儿"不能做"休息"的补语。"休息"应该跟时间长短相联系，所以应选用"一会儿"放在动词后做补语。B 句正确。

（2）"帮忙"是离合词，可以插入修饰语，说成"帮某人的忙"。"一个小时"表示"帮忙"持续的时间，应做补语。数量补语应放在表人代词宾语"我"后面，所以 A 句正确。

（3）"国"是普通名词，应该放在数量补语后边，所以 B 句正确。

（4）"亮"是主要动词，时量补语应该在动词后面，所以 A 句正确。

（5）一般名词做宾语，要放在数量补语后边。这里"手"是一般事物，应该在"几下"的后边，所以 A 句正确。

（6）"好长时间"表示动作"走"持续的时间，应该在动词后做补语，所以 B 句正确。

练习三　将下列句子改写成带有数量补语的句子

（1）宾语"票"是表示一般事物的名词，应该放在数量补语后边。可以改写成：你请朋友帮你买一下票吧。

（2）宾语"中国"是表示处所的名词，可以放在数量宾语的前边或后边。可以改写成：他以前去过两次中国。或：他以前去过中国两次。

（3）"咬"是用"口"做的动作，可借用名词"口"临时用做量词。可以改写成：狗朝他腿上咬了一口。

（4）宾语"老师"是表示人的名词，数量补语可放在它的前边或后边，但是放在后边可以使补语的数量更突出。所以最好改写成：这个问题至少问过老师三次。

（5）宾语"我"是人称代词，人称代词要放在时量补语前边。可以改写成：她照顾了我一年多。

（6）宾语"这儿"表处所，处所宾语一般要放在时量宾语前。可以改写成：他来这儿一个多月了。

（7）这里提到两种房费，可用比较句来表示。比较数量补语一定要放在形容词后边。可以改写成：这里的房费比别处便宜两美元。

（8）两年的情况不一样，可用比较句来表示。可以改写成：今年的游客比去年少了1000人。或：今年的游客比去年减少了一半。

练习四　改病句

（1）"一个半小时"表示"交谈"持续的时间，应放在动词后做补语。应改为：我每天用汉语跟朋友交谈一个半小时。

（2）该句是比较两个房间的大小，应该用"比"字句。"大"是形容词，应放在数量短语"五平方米"前边。改为：这个房间比那个房间大五平方米。

（3）"一年到两年"表示"学习"持续的时间，应放在"学习"后做补语。改为：我打算在这儿学习一年到两年。

（4）人称代词做宾语，应放在补语前。"一眼"是补语，"我"是人称代词做宾语。所以应改为：爸爸生气地瞪了我一眼。

（5）一般名词做宾语要放在补语后。"门"是一般名词，应放在"几下"后边，改为"敲了几下门"。

（6）该句是目的连动句，表示来哪儿做什么。"一次"是"打扫"的动作量，应放在"打扫"后，改为：阿姨每星期来我房间打扫一次。

（7）"他"是表人代词宾语，数量补语应放在其后，改为：老板狠狠地训了他一顿。

（8）"半天"是时量补语，"聊"的宾语"天"是一般名词，应放在补语后边。该句去掉宾语"天"不影响全句意思，而且更简洁。所以改为：她很热情，我们用汉语聊了半天。

练习五　略。

练习六　将下列句子变换成带有介词短语做补语的句子

（1）"鲁迅小说"是"引"的处所，表示来自哪里，可用"自"引进处所（"引自……"）。该句可改写为：这句话引自鲁迅小说。

（2）"往"表示动作移动的方向。"美国"是信寄的方向，所以可改写成：

这些信都将寄往美国。

（3）"生活"是"文学作品""来"的地方，可用"自"介引处所（"来自……"）。表示介词"比"的意思可用"于"引进。所以可改写成：文学作品都应该来自生活，但又高于生活。

（4）"坐"的处所是"候车厅"，可用"在"介引处所。改写成：他正坐在候车厅里等火车呢。

（5）"扑"的方向是"妈妈"，可用"向"介引方向。改写成：她高兴地叫着扑向妈妈。

（6）"内心"是"感谢"发出的地方，可用"自"介引处所来源。改写成：她的感谢是发自内心的。

第十单元综合练习

一、判断句子正误

（1）介词短语做补语，表示时态意义的"了"要放在介词后。B 句正确。

（2）这里"汉字"是"写"的宾语，"那么快"是情态补语。有宾语同时有情态补语时，应该重复动词，或把宾语提到动词前。B 句重复了动词，所以正确。

（3）比较程度差别时，补语中要用"多、远、一点儿"，而不能用"极、透、很"等。这里是比较"好"的程度差别，所以 A 句正确。

（4）"一次"是动量词语。动量词语应该在动词后做补语，所以 B 句正确。

（5）结果补语要紧跟在动词或形容词后。这里"完"是动词"上"的结果补语，应紧跟"上"后边，所以 B 句正确。

（6）趋向动词"起来"多表示动作开始并继续，该句不是这种意思。"出来"做补语可以表示由不公开、不明显到公开、明显。文章刊登是使文章公开面对读者，所以用"出来"正确。

（7）"我们很快提高了"缺少宾语，意思不完整。用"很快"做情态补语，重点得到突出，意思也完整，所以 B 句正确。

（8）"很快"做补语，前面应该用"得"，不能用"了"，所以 A 句正确。

二、根据句义，选择词语的义项

1. 上

（1）铺桌布是使桌布附着在桌子上，有附着、存在义，所以选 c。

（2）"咱们也开始"的"也"表明"他们"已经开始了。"上"有开始义，所以选a。

2. 下来

（3）换湿衣服是使衣服与身体分离开。"下来"有分离义，所以选b。

（4）"把车停下来"是使车停止不动，固定在某个位置上，所以选d。

3. 起来

（5）"集中起来"是使人力、财力由分散到集中，所以选b。

（6）这里的"效果"是指这样布置会场，由此进行评价，所以选d。

三、把括号中的趋向动词填到合适的位置上

- （1）、（2）句"出""下"是简单趋向补语，应放在动词后、宾语前。
- 复杂趋向补语要看宾语类型。宾语是一般名词时，可以放在补语后或者补语中间，（3）、（6）句"本事""一个人"就是这样。
- 宾语是处所词时，宾语应该在补语中间，（4）句"山"有处所意义，所以可填：爬<u>上</u>山<u>去</u>。
- 离合动词的宾语要放在补语中间。（5）句"转头"是这种词，所以可填：转<u>过</u>头<u>来</u>。

四、按要求填空

1. 结果补语

（1）"收拾"是为了使屋子变"整齐"，所以填"整齐"。

（2）要听音乐，就得使录音机处于"开"的状态，所以填"开"。

（3）"捆"的目的是使固定、不乱动。"住"有固定不变的意思，所以填"住"。

（4）要想"记"，就要听"清楚"，所以填"清楚"。"记"的结果是使内容留在脑子里，所以填"住"。

2. 趋向补语

（5）"远远地"是说"笑声、叫声"从远处的地方向说话人的地方靠近，所以填"过来"。

（6）衣服晾的时候是分散的，干了收起来，是集中的意思，所以填"起来"。

（7）"我"从游泳馆外边进到里边才能"看到她从……高台上……跳"，所

以填"进"。"从……高台上……跳"是从高到低,"我"在下,所以填"下来"。

(8)"一天天地"表明"富裕"已经开始并在持续,"富裕"是积极的,所以填"起来"。

(9)"拿眼镜"是使"眼镜"从低到高,后面接着有动作,所以填"起"。"戴"是使眼镜附着在眼睛上,所以填"上"。

3、4、5 略。

6. 可能补语　可能补语要用"动词+'得'/'不'+补语"的形式。

(22)"听"的结果应是"懂",所以填"得懂"。

(23)"记"和"得"已经形成一种较固定的结构,所以填"得"。

(24)"装"有容纳义,它的结果应是"下"。"包太小了"说明"装下"的结果不可能出现,所以填"不下"。

(25)全句的意思是"你吃一碗粥"这一情况不可能实现,所以应该用"不了"。因为吃得太少,身体可能支持不住,所以后一个空儿填"得住"。

7　略。

五、根据句义,将下列句子改写成带有补语的句子

(1)"清楚"是"问"的结果,改写成补语形式可以是:我已经把那件事问清楚了。

(2)"红"是"变"的结果,改写成补语形式应为:苹果已经变红了。

(3)"向我这边走"是向"我"靠近,用趋向补语"来"做补语。可改写成:他正向我走来。

(4)"眼睛红"是"哭"的结果,改写成补语形式应为:她眼睛都哭红了。

(5)"没有聊天儿的时间"是因为"忙",可做"忙"的情态补语。可改写成:我最近忙得连聊天儿的时间都没有。

(6)"五次"是动作量,做"去"的补语。可改写成:为了了解中国文化源流,我去了五次敦煌。

(7)表示对情况的估计可用可能补语"不了"。可改写成:那是一家比较高级的宾馆,估计条件差不了。

(8)这句话的意思是"说""清楚"的结果不可能实现。所以可改写成:这件事太复杂了,孩子又小,说不清楚。

(9)"从肺腑里"是"发"的处所,改用补语形式应该用介词"自"引进起点。可改写成:她发自肺腑的歌声感动了听众。

六、改病句

（1）"堆雪人"结合得比较紧密，所以"雪人"应放在"起来"中间。应改为：孩子们在院子里堆起雪人来。

（2）情态补语前要用"得"。这里"太快"是"开"的情态补语，"开"后应有"得"。应改为：车开得太快了，出了交通事故。

（3）"真快"是"发展"的情态补语，应该用"得"。改为：今天的中国发展得真快。

（4）"跟她很能谈"表明谈话融洽，补语要用"得来/不来"。"慢慢地"表明"喜欢"是逐渐发展的，表示动作开始并继续，可用趋向补语"上"。该句应改为：我跟她很谈得来，慢慢地就喜欢上她了。

（5）要求别人做某事，动词后应加数量补语"一下"，这样可以使语气显得客气。应改为：来，你给大家说一下用法。

（6）说话人要表示的是客观的"通"的结果，没有可能性，不应该用可能补语形式。应改为：那天，我给你打了好几次电话才打通。

（7）"话"是宾语，句子中有宾语又有情态补语时，应该重复动词，或把宾语提到动词前。该句去掉"说"不会影响句子意思，反而使句子更简洁。"很清楚"做"解释"的补语，结构就与前半句一致了。"听懂"是已经产生的结果，不能用可能补语"听得懂"。所以应改为：他话说得很慢，解释得也很清楚，我很容易就听懂了。

（8）"话音刚落""就欢呼"，表明"欢呼"是紧接着"落"出现的行为。表示开始并继续，应该用趋向补语"起来"。应改为：我的话音刚落，大家就欢呼起来了。

（9）由于"我"水平低的原因，听他的话不能出现"懂"的结果，所以应该用不可能出现结果的形式。该句应改为：她的话起初我听不太懂。

（10）表示比较差别的数量成分应放在形容词后。该句应改为：这里的房租比别处便宜10%。

（11）因为水平原因，心里有很多话，却不能出现告诉给别人的结果，所以应该用可能补语形式表达。"话"从心里到外边，应选用趋向补语"出来"表示。应改为：心里虽然有很多话，却说不出来。

（12）可能补语一般不能用于"把"字句、"被"字句的谓语动词后。这里"不了"用在"把"字句中，所以不对。应改为：机器坏了，印不了材料了。

（13）介词短语做补语，时态助词应放在介词后，改为"我跑在了前头"。

（14）表示不可能的程度差别，应该用"动词+'不太'+补语"形式。应改为：横幅上的字，我看不太清楚。

（15）可能补语一般不用于已完成的动作，此句叙述过去事件，不该用可能补语形式。应改为：直到第二天中午，我才看到有关地震的新闻。

（16）此句表示：我因有事，不具备去商店买东西的条件。所以无需用可能补语。应改为：下午我有事，不能去商店买东西了。

（17）介词短语做补语时，表示时态意义的"了"要放在介词后边，不能放在动词后边。应改为：他倒在了草地上，高兴地打着滚儿。

（18）"买不到了"的意思是要买而得不到，这不符合本句意思。本句意思是是因为衣服大，不可能穿而没买。因此应将"我不能穿"改成"我穿不了"。

第十一单元　句子的分类及句子的语气表达

第二十九课　陈述句、祈使句及其语气表达

练习一　选择适当的语气助词填空

（1）这是一个双重否定句，有加强肯定的作用。句中"会"表示有把握的估计、推测，句末常用语气词"的"与之配合，所以应填"的"。

（2）"呗"能表示不满意的语气。这里，"竞赛没有你们班"对B来说是一件不好的事，B的不满意是用一种不屑的语气表达的，所以应填"呗"。

（3）这件事你不对，就应该做检讨，这是应当的事。"嘛"可以表示本应如此的语气，所以应填"嘛"。

（4）"没别的""只是"都表示仅此而已的意思。"罢了"能表示仅此而已的语气，所以填"罢了"。

（5）"才"可表示主观否定性语气，常与"呢"搭配使用（"才……呢"），符合本句意思，所以应填"呢"。

（6）表示建议，语气应缓和，所以填"吧"。

（7）A有疑惑，所以填"呢"。B回答"不喜欢"，表示的语气是没什么好

解释的，所以填"呗"。

（8）表示建议，语气应该比较委婉，所以填"吧"。

（9）对你的"去"不太满意，也不屑多说，所以填"呗"。后一句有"才"，也是否定的句子，应表示主观否定性语气，所以与"呢"搭配使用。

（10）表示提醒，有嘱咐的意味，所以填"啊"。

练习二　把下列句子变成双重否定句

双重否定句，形式上有两个否定词，表示加强肯定语气，或表达理应、必须的语气。

练习三　选择适当的语气助词填空

（1）用"别"表示的否定式祈使句，句末通常配合"了"。"由他去"意思是别管他，是表示建议，语气应比较缓和，所以填"吧"。

（2）前句表示请求，"看看"是动词重叠式，表示缓和语气，填"吧"与之语气一致。

（3）"你给看看"是请求对方帮忙，语气应客气委婉，所以填"吧"。

（4）说话人希望变成"不抽烟"状态，表示强烈规劝，所以填"了"。

（5）"劝劝"是动词重叠式，语气缓和，全句表达请求语气，所以填"吧"。

（6）说话人嫌听话人只看不干，所以填"啊"，表示不满地催促。

练习四　把下列句子变成命令句或禁止句

命令句、禁止句的特点是：言辞简短，语气坚决，句末很少用语气词。

（1）你出去！（命令句）　　　　　　（2）不许说话！（禁止句）

（3）这里禁止拍照！（禁止句）　　　（4）快跑！（命令句）

（5）让开！（命令句）　　　　　　　（6）禁止钓鱼！（禁止句）

（7）住嘴！你越说越不像话了。（禁止句）（8）上班不许迟到！（命令句）

练习五　根据句中"我"想表达的意思，写出相应的请求句

请求句的语气要恭敬、缓和，因此句首常用"请、麻烦、劳驾"等表示客气、礼貌的敬词，动词常用重叠式或加"一下"的动补式来缓和语气，句末常用"吧、啊"等语气词缓和语气，或在句后再加上疑问形式，表示商量或征求的语气。

练习六　改病句

（1）让老师看自己的作文，应该用缓和的请求语气。"您给我看"语气太生硬，所以可以改为：老师，我写了一篇作文，您给我看看，好吗？

（2）一起去看电影是"我"希望和喜欢的事，没有不满意、不客气的意思。而"呗"往往表示的是不满意、不太高兴的语气。所以应改为：我买了两张电影票，咱们一起去看吧。

（3）"别写"是否定式祈使句，表示建议，通常用语气词"了"配合。所以应改为：这么晚了，别写了！

（4）"呢"一般表示疑惑或夸张语气，不符合此句意义。此句表示"我"要做什么，用"吧"是为了带有商量意味，使语气缓和。所以改为：什么时候去，我什么时候给你打电话吧。

（5）这是个表催促的祈使句，最好用"吧"。"呢"不表示这样的语气。所以改为：你到底来不来，快决定吧。

（6）"你还不赶快说！"是反问句，有催促意味，语气较强，用"吧"不合适。应改为：人家都等急了，你还不赶快说！

（7）"'太'+形容词"后边常加"了"，表示夸张、强调的语气。"才贵了"搭配不当，应改为"太贵了"。

（8）"已经很不容易"表示已经发生变化，常配合"了"。"不要"表示劝阻，后面不要用表商量、缓和语气的"吧"，可用"了"。应改为：他已经很不容易了，不要再为难他了。

（9）表示禁止的句子，语气应该坚决直率，句末很少用语气词。"吧"语气缓、客气，与全句意思不协调。应改为：这是无烟车厢，这里禁止吸烟！

（10）这是个陈述句，重点说明"这些老人""来爬山"的目的、原因。强调已发生事件的时间、处所、原因、方式等，句末要用"的"。应改为：这些老人都是为了锻炼身体才来爬山的。

（11）"不是……只是……"表明"他"不做的原因仅仅是"不想做"，没有别的。表示仅此而已的语气，应该用"罢了"。该句应改为：他不是不会做，只是不想做罢了。

（12）对"走"不去劝阻，语气比较缓和，应该用"吧"。后句是一种商量的语气，也应该用"吧"。所以改为：走就走吧，人家不想在这儿，你也不能强留吧。

第三十课　疑问句、感叹句及其语气表达

练习一　判断下列句子是哪种疑问句

（1）"是不是"是肯定形式和否定形式的并列，是正反问的特点，选 D。

（2）该句用"吗"提问，可以用"有"或"没有"回答，具有是非问句的特点，选 A。

（3）"我来跟他说"和"你来跟他说"是供听话人选择的两种情况，有"还是"表示选择关系，所以选 C。

（4）句中有疑问代词"怎么"，要求听话人针对"怎么"回答，是特指疑问句的特点，选 B。

（5）句中有疑问代词"什么"，要求回答"什么"，是特指疑问句的特点，选 B。

（6）"关心你们的学习"是肯定形式，"不"后边省略了谓词和宾语，是否定形式。这是正反问句的形式，选 D。

练习二　针对句中带点的部分提问并回答

（1）"开车"是动作行为，问动作行为可用"干什么""做什么"。

（2）"唱着歌"是"走"的方式，问动作行为方式，可用"怎样"。

（3）"热烈极了"表示"情绪"的状态，问状态可用"怎么样"。

（4）"从人群中"表示处所，问处所可用"哪儿"。

（5）"趁我不注意的时候"表时间，问模糊时间可用"什么时候"。

（6）"步行""骑马"都是"踏上征途"的方式，问方式可用"怎样"。

练习三　用反问句改写下面的句子

用反问句，要注意从相反的方面发问，表达肯定的意思就用否定形式，表达否定的意思要用肯定的形式。同时，要注意使用表反问的语气副词"难道、岂"。例如，"他一定会去的"，是肯定形式，用反问句就应选用相应的疑问代词并用否定形式，变成：他怎么会不去做呢？再如，"你大老远来看我，我不会让你走的"是否定形式，用反问句就应选用相应的疑问代词并用肯定形式，变成：你大老远来看我，我怎么能让你走呢？

练习四　略。

练习五　判断下列句子属于哪一种类型的疑问句

（1）"不是王老师吗？"意思是"是王老师"。它以否定的形式表达肯定的

意思，是一种反问句，所以选 B。

（2）句末有"吧"，表示测度语气，所以选 C。

（3）这句话是询问听话人的意见，需要对方回答，是有疑而问的句子，所以选 A。

（4）句末有"吧"，表示测度语气，所以选 C。

（5）"怎么能不告诉他呢？"意思是应该告诉他。用否定形式表达肯定的意思，是一种反问句，所以选 B。

（6）"看样子"表明后边的话是一种推测，句末有表推测语气的"吧"，所以选 C。

（7）句子没有表明说话人的态度，是有疑问，需要回答，所以选 A。

（8）句末有"吧"，表示测度语气，所以选 C。

练习六　选择适当的语气助词填空

（1）"你不会不懂"的意思是"你懂"。这是一种推测，可用"吧"表示测度语气。

（2）这是个感叹句。"'真'+形容词"后边常配合语气词"啊"。

（3）"你生气"是一个新发生的情况，可用"了"表示已经变化。"啊"有感叹意味。"啦"是"了"和"啊"的合音，最好选择"啦"，更能表现出说话人惊奇的语气。

（4）"去打球"和"去跑步"是说话人提出两种情况，供听话人选择，所以是选择问句。选择问句可用"呢"表语气。

（5）后一句是感叹句。"'太'+形容词"后边通常加"了"配合。

（6）这是一个是非问句，是有疑而问的句子，应该用"吗"表疑问语气。

（7）这是一个强烈赞叹的感叹句，"啊"常用于感叹句并多与"多么"搭配。

（8）"可"多带有夸张语气，可用"了"和"啊"合音的"啦"来配合。

（9）句中有疑问代词"哪儿"，表明是特指问句，"啊"和"呢"都可用在特指问句中，但"啊"语气更重。该句中有"到底"表追问语气，所以最好填"啊"。

（10）前一句是感叹，应填"啊"。后一句是是非问句形式的反问句，所以填"吗"。

练习七　选择适当的语气助词填空

（1）"这个问题"是本句的主语，用"么"可表示停顿，以引起听话人注意。"让老林来说说"表示祈使，可用"吧"来缓和语气。

（2）"拿……来说"表示举出一个事例，并对它加以解说的情况，这种情况应该用语气词"吧"。后边是个感叹句，表感叹语气多用"啊"。

（3）"我"是主语，主语后可有大的停顿以引起听话人注意，可用"么"。"当然"后边常用"了/啦"呼应，所以可填"啦"。

（4）"去"和"不去"是两种假设的情况，表现出说话人左右为难的心情，这种情况可用"吧"。

（5）"我要是不说"是一种假设，表示假设的问句，应该用语气词"呢"。

（6）"人""车"表示列举，语气词"啊"可用在多个列举项后表列举。

练习八　改病句

（1）后一句是感叹句。感叹语气不能用"吧"。"真"常与"啊"搭配。应改为：他一直一个人生活，真不容易呀！"（"呀"是"啊"的变音）

（2）句中有"怎么"，说明是特指疑问句，不能用"吗"，应该用"呢"，即：我怎么办呢？

（3）句中"多"是"多么"的意思，表示强烈的感叹。"多""多么"常与"啊"搭配。应改为：这海滩躺上去多舒服啊！

（4）"是……还是……"是选择问句，可用"呢"表疑问语气。改为：是你的信呢，还是你朋友的信呢？

（5）这是个感叹句。"太"常与"了"搭配表示感叹（"太……了"）。应改为：这孩子太聪明了。

（6）句中有"是不是"，说明是正反问句。正反问句可用"呢"表语气。应改为：你是不是觉得这儿很宽敞呢？

（7）这是是非问反问句，"难道"常与"吗"搭配表强烈反问语气。应改为：难道你不相信我吗？

（8）这是个感叹句。"'才'+形容词"通常与"呢"配合。应改为：他的脾气才怪呢！

（9）这是个感叹句。"'可'+形容词"通常与"了""啦"配合表感叹语气。应改为：他的汉字写得可漂亮了！

（10）"大概"表示推测，应该用"吧"表推测语气。应改为：你大概很不习惯这种场合吧？

（11）这是个反问句，采用的是是非问句形式，句末语气词应该用"吗"。所以应改为：她是怕你担心，你难道不懂吗？

（12）这是个疑问句。前半句"要是"表示假设，表假设的疑问语气可用"呢"；后半句是是非问，应该用"吗"。应改为：要是明天下雨呢，我们还去吗?
（13）这是个感叹句,"太"常与"了/啦"搭配。应改为：这里的风景太美了!
（14）表示多项列举语气,应该用"啊"。应改为：屋子里乱极了,废纸啊,果皮啊,鞋子啊,袜子啊,扔了一地。

第十一单元综合练习

一、判断疑问句类型

1.（1）"拍电报"和"发传真"是两种供听话人选择的情况,句子里有"还是"表选择关系,所以选 C "选择问"。
（2）句子里有疑问代词"什么",要求回答的是疑问点,所以选 B "特指问"。
（3）句子里有疑问语气词"吗",是是非问句的标记,所以选 A "是非问"。

2.（4）后一句是推测前一句的原因,句末有表测度语气的"吧",所以选 C "推测疑问句"。
（5）该句表示的是肯定,并不表示疑问,是无疑而问的反问句,应选 B "反问疑问句"。
（6）"选择好了没有"是肯定加否定形式,是正反疑问形式,属一般疑问句,应选 A "一般疑问句"。

二、选择适当的语气助词填空

（1）这是感叹句,句子里有"太"。"太"通常与"啦"配合表强烈感叹的语气,所以填"啦"。
（2）这是表示推测的问句,"吧"可以表示测度语气,所以填"吧"。
（3）这是有疑问代词的特指问句,在特指问句中表示疑问的语气,应选用"呢"。
（4）"一定是"表示很确定的判断。"的"可表确定的语气,应选用"的"。
（5）这是反问句,采用的是是非问句的形式,所以句末语气词应该用"吗"。
（6）"这个问题"后面有停顿,是为了舒缓语气,提醒人们的注意,应该用"么"。后半句是一个建议,语气比较委婉,应该用"吧"。

(7)"不是……，只是……"对比使用，后半句有"不过如此"的意思，"罢了"可以表示这种语气，所以填"罢了"。

(8)"老人"后有停顿是为了舒缓语气，提起人们的注意，所以填"么"。

(9)全句表示建议，"看看"是动词重叠形式，语气比较委婉，所以填"吧"。

(10)前半句是提出一种假设，"呢"可用在句中表假设例举语气，所以填"呢"。

(11)"已经"表示已发生，句子后面常用"了"。"可以"是说话人的一种认可，表示确认的语气，后面也用"了"。

(12)前句含有不满、不在乎的意思，所以填"呗"。后句"别"表示劝阻，所以填"了"。

(13)"不是"与"是"对比使用，"是"句含有仅仅如此的意思，所以应该填"罢了"。

(14)这是感叹句，句子里有"多么"，"多么"常与"啊"配合表示强烈的感叹语气，所以填"啊"。

三、略。

四、改病句

(1)"天黑"是目前新出现的情况，应该用近指的"这么"和"了"。用"别"构成的劝说性否定祈使句句末多用语气词"了"。该句应改为：天已经这么黑了，别走了。

(2)跟老师提要求，只说"请假"，显得生硬，不礼貌，应采用表缓和的商量式句式，改为：老师，我身体有些不舒服，不能上课了，想请一下假，可以吗？

(3)在否定句里，"才"通常与"呢"搭配，表示较强的否定性语气。应改为：这点儿小事，我才不会往心里去呢。

(4)特指问句句末不能用"吗"，多用"呢"和"啊"。句中有"这么"表示程度深，说话的语气也应比较强，"啊"可以表示这种语气。应改为：你怎么这么不了解他啊？

(5)句中语气词"呢"用来表示对比或者假设，"吧"用来举例，引出一个观点、评价。原句表达的是对"他"的看法、评价，所以改为：他这个人吧，就是那样。

(6)表示推测的语气应该用"吧"：你一定不会拒绝他吧？或者改为表达

说话人对听话人的建议、要求：你一定不要拒绝他啊。

（7）表示选择性的疑问，句末不能用"吗"，应该用"呢"。应改为：我们这个周末搞，还是下个周末搞呢？

（8）前半句是感叹，"太"应与"了"搭配。后半句是建议，语气比较委婉，最好用"吧"。应改为：人太多了，我们走吧。

（9）"计划好了没有"是正反疑问句，句末不能用"吗"。应改为：你计划好了没有？

（10）"很差"是一种陈述判断，不适合与带强烈感情的疑问词"怎么"搭配。用"这么"表示感叹，全句语气才协调。应改为：他的态度怎么这么差啊！

（11）全句表示一种很肯定的推测，表示确认的语气，应该用"会/不会……的"，改为：他一定不会放过你的。

（12）"呗"表示对某种情况的不满、责备。原句是对"不教"行为的不满，应改为：不教就不教呗，我们自己学呗。

五、按要求改写句子

（1）请求句应该注意用词的礼貌和语气的委婉。可以说：请您帮我拍一下照片，可以吗？

（2）禁止句中常用"不许、不准、不得、禁止"等词。这里是在考场提出要求，句子应庄重、简洁。"禁止"有庄重色彩。最好说成：考试期间，禁止交谈。

（3）谈论"时间"的快慢，常常用动词"过"，感叹语气可以用"真……啊"或者"太……了"。可以说成：时间过得真快啊！或：时间过得太快了！

（4）"听音乐"和"聊天儿"是可供选择的两种情况。选择问句可用"还是"连接，语气词可用"呢"。可以说成：他喜欢听音乐呢，还是喜欢聊天儿呢？

（5）表示对"她是李明的女朋友"有一定的判断，但不敢肯定，应该用推测问句，句末语气词应该用"吧"。可以说成：她是李明的女朋友吧？

（6）双重否定形式"不能不"的含义是"必须"，所以改写为：我不能不说服她。

六、略。

第十二单元 特殊句式

第三十一课 双宾语句 能愿动词句 主谓谓语句

练习一 用下列词语造出完整的双宾语句

双宾语句的结构要点是:做动作的人做主语;动词后连带两个名词性成分,一个是表人的,一个是表事物的。表人的宾语在前,表事物的宾语在后。

如(1):"老师"是做"教"这个动作的人,做主语;"我们"是"教"的对象,是表人的,做第一个宾语;"歌"表示事物,做第二个宾语。组成:老师教了我们一支中文歌。

● 以下组织句子的结构跟(1)相同,加"·"表示动作,"——"表示指人的宾语;"～～"表示指事物的宾语。

(2)班长告诉大家一件事!

(3)我想麻烦你一件事。

(4)红队赢了蓝队两场球。

(5)我想请教老师一个问题。

练习二 把下列句子变换成双宾语句

(1)"喂"可以带两个宾语:"孩子"做表人宾语,在前。"牛奶"做表事物宾语,在后。改写成:她正在喂孩子牛奶。

(2)"我"是做"赢"这个动作的人,应做主语。"他"是表人的宾语,在前。"两盘棋"是表事物的宾语,在后。改写成:刚才我赢了他两盘棋。

(3)"打电话说"表示"告诉、通知","老师"是做"打电话说"这个动作的人,做主语。"小王"是表人宾语,在前;"明天有考试"是表事的宾语,在后。改写成:老师告诉小王明天有考试。

(4)"妈妈"是做"夸"这个动作的人,做主语。"你"是"夸"的对象,做宾语,在前,改为叙述句时,人称应该变成第三人称"他"。"好孩子"也做宾语,是夸的内容,在后。改写成:妈妈夸他好孩子。

(5)"老师"对我们说的话是一种要求,所以动词选"要求"。"要求"的对象是"我们",要求的内容是"好好学习,天天向上",两者都做宾语。改写成:老师要求我们好好学习,天天向上。

练习三　改病句

（1）"在哪儿上车"是"问"的内容，"小李"是"问"的对象，都应该做"问"的宾语。应改为：我问小李在哪儿上车。

（2）双宾语句中表人宾语在前，表事物宾语在后，而且不需要用介词引出对象。这里"他"是表人宾语，应在"五元钱"前边，不需要用介词"向"。应改为：管理人员罚了他五元钱。

（3）"我"是表人宾语，应在前，改为：他送了我一支笔。

（4）"大家"和"一个喜讯"都是宾语，它们之间没有从属关系，中间不能用"的"。应改为：我告诉大家一个喜讯。

（5）"你"是表人宾语，不需要介词"跟"引出。"一件事"是"问"的内容。应改为：我能问你一件事吗？

练习四　略。

练习五　选择能愿动词填空

（1）表示初次学会某种动作或技能，可用"能"或"会"，但多用"会"。这里，"小孩儿一生下来……吃奶"是初次学会的动作，最好选 B。

（2）这个对话是讨论"你"去看电影的客观可能性，否定形式、疑问形式应该用"能"。所以前边的空儿选 A。回答时为了和问话保持一致，最好填"能"，所以后一空儿也选 A。

（3）"参加了电脑学习班"表明是初次学习，应该用"会"，所以选 B。

（4）"了"表示情况变化，说明以前不会"用电脑"，是初次学会，所以前一空儿选 B。"一小时打两千多字"是技能达到的水平、标准，应该用"能"表示，所以后一空儿选 A。

（5）后半句表达说话人对"你"参加这次活动的态度，是"许可"。表示肯定的"许可"，应该用"可以"，所以选 C。

（6）"伤已经好了"，再"走路"是能力的恢复，要用"能"，所以选 A。

（7）表示善于做某事，用"能""会"都行，"会"侧重于技巧，"能"侧重于"能力"。这里，后半句表明"你"善于说服人。说服人主要靠说话技巧，所以选 B。

（8）"手头有点儿紧"说明客观上不可能"付给你全部的房租"。表示客观可能性要用"能"，所以前一空儿选 A。后一空儿应该用"可以"单独做谓语，所以选 C。

（9）一个晚上看完一本小说，是阅读能力达到的标准、效率。表示能力达到的标准，要用"能"。所以选 A。

（10）喝酒喝得多是善于喝酒的表现，喝酒主要靠"能力"而不是靠"技巧"。表示善于做某事，侧重于"能力"，要用"能"，所以前一个空儿选 A。后一个空儿表示喝酒能力达到的水平、标准，所以也选 A。

练习六　把下列句子变换成能愿动词句

（1）说"在路口停车"的行为不对，表示不允许做，应该用"不能"。可以改写为：你不能在路口停车。

（2）原句表示一种肯定的推测，"会"表示确信的推测语气，与"的"配合语气更强。可以改写为：我相信，他会跟我说实话的。

（3）表达不允许的意思，应该用"不能"。强调没有例外，用"任何人都"。可以改写为：屋里正开会呢，任何人都不能进去。

（4）"这里有病人，小声说话"表示情理上不允许大声说话，应该用"不能"。可以改写为：这里有病人，不能大声说话。

（5）"一定"表示强烈的意愿，表达说话人自己的承诺，语气强烈，可以用"会……的"，改写成：您说得对，我会牢牢记在心里的。

（6）"一次连续跳 300 个"是一种能力达到的标准，应该用"能"。可以改写为：她一次连续跳绳能跳 300 个。

（7）表示客观要求、必要，应该用"必须"。可以改写为：他必须来参加会。

（8）"剪得又细致又好看"表明"她"很善于"剪纸"，有能力、有技巧，应该用"会"。可以改写为：她很会剪纸，剪得又细致又好看。

（9）表示"看"的能力的恢复，应该用"能"，改写为"能看见东西了"。

练习七　改病句

（1）这里"解决"和"问题"之间应该是动作和对象的关系。"解决问题"做"帮助"的宾语，它们之间不应该用"的"。应改为：我应该帮助他解决问题。

（2）能愿动词句中，用肯定形式、否定形式并用表示疑问时，只能用能愿动词，不能用后边的动词或形容词。该句用了动词"去"的正反形式，所以不对。应改为：他愿不愿意（或"愿意不愿意"）去那家公司工作？

（3）能愿动词后边只能接动词、形容词及其短语做宾语。"别的事"是名词性短语，不能做"能"的宾语。应该用动词组成的短语做宾语，改为：今天晚上不能干别的事，只能学习。

（4）能愿动词后不能带时态助词"了、着、过"。"想"是表示愿望的能愿动词，它后边带了"了"，不合适。应改为：他想去美国学习。
(5) 回答能愿动词句的问题，不能只用动词部分，还要用上能愿动词，因为能愿动词表示的意义是这个句子要表示的核心意义。该句回答"来吧"不对，应改为"该来了"。
(6) "能"不能单独做谓语，该句"能"却做了"这样改"的谓语，所以不对。应改为：这个句子这样改也可以。
(7) "钱不够"表明不具备"买这件衣服"的客观条件，应该用"不能"。应改为：哟，我的钱不够了，不能买这件衣服了。
(8) "说了一个多小时""不嫌累"表明"他"善于"说"，说得多表明"说"的"能力"强，而不是"说"的"技巧"，所以不应该用"会"。应改为：你看他多能说，说了一个多小时了，也不嫌累。
(9) 表示某种能力得到恢复，只能用"能"。这里，耳朵被治好，"听"的能力得到了恢复，要用"能"，改为"能听见了"。
(10) "箱子"装书能不能装下是客观的，与人主观愿望没有关系。表示客观可能性要用"能"，即：这个箱子能装下这些书。
(11) 否定词语一般放在能愿动词前面，改为：你不应该答应他。
(12) "我身体不太好"是客观条件，客观条件不许可"我"跟你们一起去北京"，否定句中要用"能"。所以改为：最近我身体不太好，不能跟你们一起去北京了。

练习八　把下列句子变换成主谓谓语句

主谓谓语句的结构要点是：主语是说明、评价、描写的对象，谓语是主谓短语。
(1) "他"是描写的对象，做主语。"身材"怎么样，"眼睛"怎么样，可以组成主谓短语做谓语。改成主谓谓语句是：他身材很高大，眼睛也很有神。
(2) "那件事"可以做说明的对象，做主语。"没有人知道"就是"谁都不知道"，做谓语，对"那件事"进行说明。即：那件事谁都不知道。
(3) "他"可以做评价的对象，做主语。"学习"怎么样，工作怎么样，可以组成主谓短语做谓语。即：他学习很努力，工作也很积极。
(4) "中国"可以做说明的对象，做主语。"经济"和"发展很迅速"可以组成主谓短语做谓语。即：中国经济发展很迅速。
(5) "马克"是说明的对象，做主语。"进步"和"很大"可以组成主谓短语做谓语。即：马克最近进步很大。

（6）"小王"是说明的对象，做主语。"这次考试"做小主语。即：小王这次考试考得最好。

练习九、十 略。

第三十二课 连谓句 兼语句 存现句

练习一 下列连谓句前后动词间表示的是哪一种意义关系？

（1）"去机场"的目的是为了"接客人"，所以选 C。
（2）"吃完饭"与"去花园散步"是动作依序发生，所以选 A。
（3）"含着泪"是"道别"时的情态、方式，所以选 B。
（4）"赖在这儿"和"不走了"意思相同，一个从正面说，一个从反面说，所以选 D。
（5）"躺着"是"看书"采取的姿势、方式，所以选 B。
（6）"去海边"的目的是为了"捡贝壳"，所以选 C。
（7）"走过来"发生在前，"握住我的手说"发生在后，是动作连续发生，所以选 A。
（8）"听到这个噩耗"是原因，产生的结果是"难过极了"，所以选 E。
（9）"坐在葡萄架下"是"聊天儿"发生的处所、方式，所以选 B。

练习二 将下列句子变换成连谓句

（1）"游八达岭"是"他"来北京的目的。可以改写成：他来北京游览八达岭。
（2）"花十几万"是手段，"买汽车"是目的。可以改写成：我花了十几万买了一辆汽车。
（3）"有"是动词，表示"具有"，可以成为后边动作存在或具有的条件。可以改写成：我有件事要跟老师商量。
（4）"下课"和"走出教室"是连续发生的动作。可以改写成：同学们下课陆续走出教室。
（5）"买东西"应"去"商店，"去商店"和"买东西"是连续发生的动作。可以改写成：我去商店买了些东西。
（6）"一直"表示"拉"持续的时间很长，即不放开。可以改写成：妹妹紧紧地拉住我的手不放。

练习三　略。

练习四　判断下列句中的"叫""让"是哪一种意义

1. （1）"叫我"就是用声音招呼我，所以选 a。
   （2）"叫谁去了"就是使谁、派谁去了，有使令义，所以选 c。
   （3）"金牌"是"夺"的受事，"叫"有被动义，所以选 d。
   （4）"叫什么"是询问"这种东西"的名称，有称谓义，所以选 b。
   （5）"小王"是"淋"的受事，"叫"有"被"的意义，所以选 d。
   （6）"叫"能引起"穷山村""变个样"，有使令义，所以选 c。

2. （7）"他已经两天没睡觉了"，应该使他休息，前句"让"有使令义，所以选 c。
   （8）前句表明"这本书"本来应该给你的，但事实上"你"不需要它了，转让给我，所以选 b。
   （9）这里"相机"是被"修"的东西，"小陈"是做"修"这一动作的人，所以"让"表示"被动"，应选 d。
   （10）是我们使爸爸做出讲故事的行为，"让"有使令义，所以选 c。
   （11）"方便"本来是自己的，现在要把它"给别人"，是"退让"的行为，所以选 a。
   （12）"他"是被"开除"的，"公司"是施行"开除"行为的，"让"表示被动，应选 d。

练习五、六　略。

练习七　将下列句子变换成存现句

存现句是表示在什么地方、时间存在、出现、消失了什么人或什么事物的句子。

（1）这里，"蓝蓝的天空"是处所，"白云"是存在的事物。可以改写成：蓝蓝的天空上飘着几朵白云。
（2）"走了过来"表示出现，"一个人"是出现的人，"远远地"表明人在远处。可以改写成：远处走过来一个人。
（3）"刚才"是时间词，"走了""来了"分别表示消失、出现。可以改写成：刚才走了一个人，现在又来了一个人。
（4）"桌子上"是处所，"摆了"表示存在，"文件""书"是存在的事物。可以改写成：桌子上摆了一大堆文件和书。

（5）"天安门广场"是处所，"矗立"表示存在，"纪念碑"是存在的事物。可以改写成：天安门广场上矗立着人民英雄纪念碑。

练习八 略。

练习九 改病句

（1）"孩子"是上中学的人，原句缺少动词。应改为：她有两个孩子上中学。

（2）"中国"和"留学"之间不是修饰限制关系，不应有"的"。应改为：我下决心去中国留学。

（3）"走"是"去"的方式，表方式的动词后应有"着"。应改为"走着去"。

（4）"选"可使他"当班长"，应构成兼语短语。兼语句第一个动词后不能带助词"了""着""过"。应改为：我们选他当班长。

（5）"听到敲门声"，"我"从原来的地方移到门口，可是"走"只表示了动作，没有表示移动的方向和位置，所以应在"走"后加上趋向动词"过去"。这是叙述句，"走"前不能只用单音节"快"修饰，应该用副词"赶快"。应改为：听到敲门声，我赶快走过去开门。

（6）这是目的连谓句，句中第一个动词不能用重叠形式。应改为：他去图书馆看书。

（7）这是个能愿动词句，否定词应放在能愿动词前，改为：今天天气不好，你不要出去。

（8）这是个兼语句，能愿动词一般要放在兼语的第一个动词前，改为：你应该教育他学会生活。

（9）道理同（8）。改为：这项工作能使他受到锻炼。

（10）"邀请"能致使宾语发出动作，构成兼语句。这里"我"是被"邀请"的，"去他家吃饭"是"我"做的动作。所以应改为：过节的时候，他常常邀请我去他家吃饭。

（11）"让他说"是兼语结构，"能"是能愿动词，它应该放在第一个动词"让"的前边，改为：我能短时间内就让他会说简单的汉语。

（12）这是个存现句，句首应该是处所词语，不应是"在桌子"这样的介词短语。"桌子"只是普通名词，不表处所，应在其后加上方位词"上"，构成处所词语。"放"是一种存在方式，应加"着"。应改为：桌子上放着一个生日大蛋糕。

（13）这是存现句，表示"屋子里"存在着什么人。动词后应有"着"。因为什么人是不确定的，所以宾语前应加上数量定语。应改为：屋子里住着一位老太太。
（14）表示某时间出现、消失某个人或事物时，句首的时间词前一般不用"在""从"等介词。应改为：上个月发生了一起坠机事件。
（15）"会议室"加上"里"才能表示"坐"的具体处所，"坐"是存在的方式，要加上"着"，改为：会议室里坐着一些外国朋友。
（16）这是一个存在句，句首处所词前不能用介词。应改为：食堂有各种各样的炒菜，很好吃。
（17）"那天"是过去时间，动词后应该用"了"。全句是存现句，宾语前应加上数量定语，表明宾语是不确指的。应改为：那天，天津站还出了一件麻烦事。
（18）存现句句首不用介词，同时，普通名词"草坪"要加方位词"上"才能表示处所，所以应改为：草坪上有很多孩子在做游戏。

第三十三课 "把"字句 "被"字句 "连"字句

练习一、二 略。

练习三 下列句子哪些可以变换成"把"字句？可以的请变换成"把"字句

（1）表示人体自身部位动作的动词可以变为"把"字句。可以改写成"他把头抬了起来"。
（2）"这一圈"可以看做处理的对象，可用"把"字句表示。可以改写成：我把这一圈走完就整整十圈了。
（3）"坐在沙发上"是存在状态，不能转换成"把"字句。
（4）小王是做动作的人，"窗户"是他的动作支配的事物，可以变成"把"字句：走的时候，我看见小王把窗户关上了。
（5）道理同（4），可以改写成：他把我这篇作文改得好极了。
（6）"举手"是人体自身部位动作，可以用"把"字句表达，可以改写成：老师话音刚落，我就把手高高地举了起来。
（7）"住""定居"是表示存在的动词，不能用于"把"字句。
（8）道理同（4），可以改写成：他从来没有把这件事放在心上。
（9）道理同（4），可以改写成：我看见小明把杯子摔碎了。
（10）道理同（4），可以改写成：大家把他选为班长。

练习四、五 略。

练习六 把下列句子变换成"被"字句

（1）"自行车"是"骑"的受事，"小强"是"骑"的人。可以改写成：我的自行车被小强骑走了。

（2）"别人"是动作者，应该用"被"介引出来放到动词前。可以改写成：他的眼睛被别人蒙上了。

（3）"她的病"是受事。"医生"是治病的人，应该用"被"介引出来放到动词前。可以改写成：她的病被医生治好了。

（4）"领导"是做"拒绝"行为的人，应该用"被"介引出来放在动词前。可以改写成：他的要求被领导拒绝了。

（5）"他"是受"惊"的对象，即受事。是"雷声"使他受惊的，应该用"被"介引出"雷声"放到动词前。可以改写成：他被雷声从梦中惊醒。

（6）"洗刷"动作是"雨水"做的，"石级小路"是受事。应该用"被"介引出"雨水"放到动词前。可以改写成：石级小路被雨水洗刷得分外明净。

（7）"书"是"借"的受事，"我"是"借"的人。应该用"被"介引出"我"放到动词前。"被"字句主语应是确指的，所以"一本书"应改为"那本书"。可以改写成：那本书被我从图书馆里借了出来。

（8）"地图"是受事。"他"是"挂"的人，应该用"被"介引出来放到动词前。可以改写成：地图被他挂在了墙上。

练习七 本课练习三的句子哪些可以变换成"被"字句？可以的请变换成"被"字句

（1）表示人体自身部位动作的动词一般不用于"被"字句。

（2）"走"是不及物动词，"一圈"是"走"的数量，不是受事，不能变为"被"字句。

（3）"坐在沙发上"是存在的状态，不能转换成"被"字句。

（4）小王是做动作的人，窗户是动作支配的事物，可以变成"被"字句：走的时候，我看见窗户被小王关上了。

（5）道理同（4），可以变成"被"字句：我这篇作文被他改得好极了。

（6）"举手"是人体自身部位动作，不能转换成"被"字句。

（7）"住""定居"是表示存在的动词，"去"表示动作趋向，都不能用于"被"字句。

（8）道理同（4），可以变成"被"字句：这件事从来没有被他放在心上。

（9）道理同（4），可以变成"被"字句：我看见杯子被小明摔碎了。

（10）道理同（4），可以变成"被"字句：他被大家选为班长。

练习八、九　略。

练习十　下面几个"连"字句有没有问题？

（1）"连"字应该有"都"或"也"配合使用，本句没"都/也"配合，所以不对。

（2）"山上"不是通常可住的地方，现在山上都盖上了房子，应该用"连"字句表达，本句没用，所以不对。

（3）"连"字后面缺少"都"的配合，所以不对。

（4）"连"和它所引介的宾语应该放在谓语"没看过"前面，原句也缺少"都/也"的配合，所以不对。

（5）"下雪"是冬天的正常情况，不是极端情况，不适合用"连"字句表达，所以不对。

练习十一　带"·"的部分为强调部分。请用"连"字句表述下列句子

（1）应把强调部分的"鲁迅"放在"连"后，然后整体放到动词前。应表述为：他连鲁迅是谁都不知道。

（2）用"连"引进"老师"，放到动词"参加"前。应表述为：连老师都参加了晚会。

（3）用"连"字引进强调的动词"去"，放到谓语前。应表述为：杭州我连去也没去过。

（4）方法同（3），应表述为：这件事他连考虑都没考虑过。

（5）"连"可引进"数+量+名"成分，放到动词前。应表述为：他连一封信也没写过。

（6）方法同（5），应表述为：整个假期他连一天也没在家里待过。

（7）用"连"字把"招呼"提到动词"顾"前，应表述为：她连招呼都顾不上打，就跑下楼去了。

（8）直接把"连"字加到介词短语"跟同学"前，语序不变，应表述为：他连跟同学都很少说话。

练习十二、十三、十四　略。

第十二单元综合练习

一、略。

二、按要求变换表达方式

（1）"请教"有"取得"义，根据双宾语句的特点，两个宾语之间不能加"的"。改成双宾语句可以是：他想请教林老师一个问题。

（2）"探望病人"是"来到医院"的目的。改成连谓句可以是：她来医院探望病人。

（3）"头脑很清楚""意志很顽强"都是主谓短语。改成主谓谓语句可以是：他头脑很清楚，意志很坚强，一定能干成大事。

（4）兼语句的第一个动词应该有"使令"义，可用"让"表示。改成兼语句可以是：我让他赶快去交学费。

（5）存现句的句首通常是表示处所的词语，"他身边"可表示处所。"围"带上"着"可以表示存在的状态。"一群孩子"就是存在的人。改成存现句可以是：他身边围着一群孩子。

（6）"她"做菜好吃，说明有技巧。改成能愿动词句可以是：她很会做菜。

（7）"衣服"是"晾"的事物，用"把"把它提到动词前，改成"把"字句：她把衣服晾在了绳子上。

（8）"他们"是被"吓"的，应放在句首。"困难"是"吓"他们的，可以用"被"介引到动词前。改成"被"字句可以是：他们没有被困难吓倒。

（9）"一分钱"是表示"少"的极端情况，用"连"把"一分钱"提到动词前，同时加"也"，改成"连"字句：我兜里连一分钱也没有。

三、改病句

（1）句中"停"有"使停下来"的意思，可以用"把"字句表述对车的处置，改为：他把汽车停在楼下。

（2）本句句意是通过写信让朋友知道自己一路上的感受，这是对"自己的感受"的一种处置，所以要用"把"字句，改为：我把自己一路上的感受写信告诉给我的朋友。

（3）原句要告诉别人的是"做了什么事"，而不是把这个事处理成了什么样，所以不能用"把"字句。应改为：他们不但唱了歌，还跳了舞。

（4）"习惯"不是动作性动词，它不能给事物以积极的影响，所以不能用

"把"字句。应改为：我很快就习惯了这里的生活。

（5）表示感觉、认知的动词不能用于"把"字句。句中动词是"感觉"，所以用"把"字句不对。应改为：通过在中国这几个月的生活，我已经感觉到了这一点。

（6）存现句的主语表示处所，主语前不应该用介词。应改为：他头上出了好多汗。

（7）句中"还"对"书"给予积极影响，使"书"的位置发生变化，处置义很明显，所以要用"把"字句。应改为：他把这些书还给老师了。

（8）"把"字句谓语不能是单个动词。句中"研究"后应有其他成分。本句是建议性祈使句，可用"一下"缓和语气，改为：我们把这个问题研究一下吧。

（9）否定词一般要在"把/被"字短语前，而本句在"把"后，所以不对。如果把"不"移到"把"前，后面动词"取"就成了单个动词，也不行。应改为：售票小姐还没来，他取不了票了。

（10）"长城的雄伟"是原因，"我感动"是结果。"我"是受影响的对象，类似受事，所以要用"被"字句。应改为：我被长城的雄伟感动了。

（11）"风"是"刮"的施事，"风筝"是受事，可以用"把"字句，也可以用"被"字句。可改为：风把风筝刮坏了。或：风筝被风刮坏了。

（12）"这种地毯"是受事，动词"卖"后边又带有程度补语。这样的句子，要用意义上的被动句，不能用"被"字句。所以应改为：这种地毯卖得很快。

（13）句中缺少与"连"字配合的"都/也"，应改为：都大学生了，连信都不会写。

（14）句中隐含比较的意思，即"亲兄弟——出卖，普通朋友——更会出卖"，所以应该用"连"字句，改为：他连亲兄弟都出卖了，普通朋友又算什么！

（15）本句用"连"字句对带有数量补语的谓语进行否定，把数量补语提到动词前即可。不用重复使用动词。可改为：她时间抓得很紧，连一天也不肯休息。

（16）表示被动的"叫、让"后面必须有受事，而"被"字后的受事可以省略。可改为：困难终于被克服了。

（17）"连"字引介的是一个极端的事物或情况，"水果"没有极端含义，不能用"连"字句表达。应改为：我来中国后每天都吃水果。

（18）"着"表示状态的持续，后面不能加介词结构补语，应该去掉"着"，改为：他把帽子戴在头上。

（19）"参观"是一个观看行为，没有处置义，对"学校"不会产生影响，所以不能用"把"字句。应改为：他陪我参观了一下他们学校。

（20）"去游览"是连谓结构，第一个动词后面不能加助词"了、过"，"了、过"应该放在第二个动词后，改为：那个地方他去游览过，觉得很好。

四、略。

第十三单元　复句及其关联词语

第三十四课　复句的特点　联合复句

练习一　判断下列句子是单句还是复句

（1）"关于这个问题"是个介词短语，做全句的状语，不能独立成句，所以整个句子是单句。

（2）"他不但知道"和"还知道得很清楚"意义上密切相关，后者在前者的基础上有个递进。两分句各有谓语中心，结构上相对独立，互不包含，所以是复句。

（3）"我和小林是坐船来的"作为一个整体，是"知道"的宾语，所以句子是单句。

（4）这是个兼语句，"他"是"我让他"中的宾语，也是"他通知小李别来了"的主语，两个句子结构上互相包含，所以是单句。

（5）"朋友来看过我"和"我也去看过朋友"意义上密切相关，并且结构上相对独立，互不包含，所以是复句。

（6）"天气不好的话"和"我们就改期"意义上密切相关，前者是一个假设情况，后者是根据这一假设作出的决定。两者结构上相对独立，互不包含，所以是复句。

练习二　略。

练习三　根据句义，选择下列关联词语构句

（1）"跳舞的时候还唱着歌"，说明"跳舞"和"唱歌"两个动作是同时发生的，所以用"一边……一边……"。
（2）"不光跳了舞，还唱了歌"，表示人们做了"跳舞"和"唱歌"两件事。这两个句子的主语相同，所做动作有相加意义，即，跳舞+唱歌，所以用"又……又……"。
（3）"跳起了舞"这个动作的主体有"姑娘们、小伙子们、老人们"等好几个，但谓语相同——跳起了舞，所以用"也……也……"。

练习四　根据句义，选择关联词语填空

（1）两个分句的主语不同，分别是"他们组"和"我们组"，但是谓语动词相同，均为"不同意"，所以用"也……也……"。
（2）该句说的是这双鞋有"便宜"的特点，还有"轻便"的特点，后一句用"尤其"突出了"轻便"的特点。所以用表示分句意义前轻后重的"既……又……"。
（3）"山"和"路"两个不同的主体，具有"高"加上"滑"这种相同难度的性质特点，所以用"又……又……"。
（4）只有一个主体——"孩子们"，表现出来"紧张"加"兴奋"的心情，两者无轻重之别，所以用"又……又……"。
（5）"修着自行车"和"哼着小曲"两件事是同时发生的，两个分句主语都是"他"，所以用"一边……一边……"。
（6）从学校角度看，可能认为"不利于调动学生的学习积极性"是个影响面更大的问题，所以最好选用句意前轻后重的"既……又……"。此外，该句的"不利于"偏向书面语，"既……又……"也稍偏向书面语，因此最好选用"既……又……"。
（7）"烤肉吃"和"聊天儿"两件事情是同时发生的，两个分句主语都是"我们大家"，所以用"一边……一边……"。
（8）两个分句的谓语都是"做"，但是主语不同，分别是"你"和"我"，所以用"也……也……"。

练习五　判断句子正误，错误的请改正

（1）"和"在一般情况下只连接名词性词语，不连接并列做谓语的形容词或动词。"跳""跑"是两个动词，并列做谓语，无主次之分，所以改为：他在运动场上又跳又跑。
（2）"和"在一般情况下只连接名词性词语，"温柔""贤惠"是两个形容词并列做修饰语，应该用"而"关联，所以改为：她是一位温柔而贤惠

的好妻子。

（3）"和"在一般情况下只连接名词性词语，不连接并列做谓语的形容词或动词，"飞"和"舞"是两个动词，并列做谓语，两个动作是同时发生的，所以改为：风筝在空中一边飞，一边舞，很美。

（4）正确。

（5）"和"在一般情况下只连接名词性词语，不连接并列做谓语的形容词或动词。"吃""喝"是两个动词，并列做谓语，无主次之分，所以改为：他一直在那儿又吃又喝。

（6）"和"在一般情况下只连接名词性词语，不连接句子，所以去掉，改为：孩子们一边划船，一边做游戏。

（7）理由同（6），改为：这部电影很有意义，情节也很吸引人。

（8）理由同（6），改为：大家你也想说，他也想说，踊跃极了。

练习六　根据句义，选择词语填空

（1）第一个空儿前，有一个清楚的时间界限——"晚饭"，表示以一个清楚的时间为界后的具体时间，应选用"以后"，"以后"的"以"具有划界作用。"去校园里散步"和"回到房间学习"是两个依次发生的动作，所以第二个空儿选择"然后"。

（2）从现在开始划界，指此后的时间，应选用"以后"。

（3）表示过去从"开始"起，发展到说话前某个时间这样的时间意义应选用"后来"。

（4）"认真思考""列出提纲""动笔写"是三个依次发生的动作，并且有"先""再"等表动作顺序的词前后配合，所以选用连词"然后"。

（5）表示过去时间，前面的分句中有"起初"，后面的分句要用表示与之相对时间的词语，并且是单用，所以用"后来"。

（6）表示以现在时间为界，指此后的时间，用"以后"。

（7）"仔细地讲解""手把手地教"是两个依次发生的动作或情况，并且有"先""又"等表顺序词语前后配合，所以应该用连词"然后"。

（8）因为表示过去时间，从最初的结婚，发展到说话前某时间的离婚，表示这种时间意义可以选用"后来"。"结了婚""离了婚"是两个依次发生的动作或情况，并且有"先后""又"等表顺序词语前后配合，所以也可选用连词"然后"。

第十三单元 复句及其关联词语 要解

练习七　根据句义，选择"或者……或者……"或"是……还是……"填空

（1）这是个疑问句，让对方在"喝咖啡"和"喝果汁"中选择一个，所以用表示疑问或疑惑的"是……还是……"。

（2）这是个陈述句，主要叙述"你做"和"我做"这两种可供选择的情况，用表示叙述、说明两项以上可供选择的情况、条件的"或者……或者……"。

（3）这是个陈述句，但是"我也不知道"是个表疑惑的成分，要在"先去西安好"和"先去上海好"中选择一个，所以用"是……还是……"。

（4）这是个疑问句，让对方在"先参观"和"先座谈"中选择一个，所以用表示疑问或疑惑的"是……还是……"。

（5）这是个陈述句，主要叙述"你去参加"和"他去参加"这两种可供选择的情况，用表示叙述、说明两项以上可供选择的情况、条件的"或者……或者……"。

练习八 略。

练习九　根据句义，选择"不是……就是……"或"不是……而是……"填空

（1）"捐这笔钱"的人可能是"张师傅"，也可能是"赵师傅"，在两者之间说话人不能确定是哪一个，因为"他们俩平时都很照顾我们"，用表示不确定的"不是……就是……"。

（2）"开会的地点"可能"在会议厅"，也可能"在小礼堂"，在两者之间说话人不能确定是哪一个，用"不是……就是……"。

（3）"我"对"做这件事的人"是谁十分清楚、确定，是"要陷害我的那些人"，不是"我"，所以用"不是……而是……"。

（4）"他"可能是"你的朋友"，也可能是"你的对手"，这两种情况到底是哪一种，并未确定，但是"不会有第三种情况"，所以用表示不确定的"不是……就是……"。

（5）"以前很少有大学毕业生去过"这个地方，是确定的陈述，所以用"不是……而是……"。

练习十　根据句义，选择"与其……不如……"或"宁可……也/（决）不……"填空

（1）"我多干点儿"和"累着你"两者都不如意，但是相比之下，"我"觉得前者的危害程度轻点儿，所以选择了"多干点儿"。所以该句应该用选择前项的"宁可……也……"。

（2）整句的意思是，在说"他们在评论学生"和"他们在评论学生的老师"之间，说话人认为更准确的说法是后者。所以该句应该用选择后项的"与其……不如……"。

（3）"不用人"和"用错人"两者都不如意，但是相比起来，前者的危害明显对"我们"小一些。为了达到"不要用错人"这个目的，只好选择并不如意的"不用人"，所以该句应该用选择前项的"宁可……也……"。

（4）"少睡点儿觉"是不如意的，但是为了达到"把文章写完"这个目的，只好选择"少睡点儿觉"。所以该句应该用选择前项的"宁可……也……"。

（5）"这样毫无把握地开始"和"往后拖一拖，稳扎稳打"相比，显然后者是更好的选择，所以该句应该用选择后项的"与其……不如……"。

（6）"这么麻烦地记"和"弄台录音机来录"相比，后者更快捷、方便，是更好的选择，所以该句应该用选择后项的"与其……不如……"。

练习十一　根据句义，选择合适的表递进关系的关联词语填空

（1）"笑了"和"生气"是两件相反的事情，"爸爸笑了"是说话人没有想到的。"笑了"是向"生气"的相反方向推进的，两个分句是反递进关系，所以用"不但没有……反而……"。

（2）"会作诗"和"会谱曲"是两种能力，在说话人看来，后者比前者更能表现"他的聪明"。后者顺着前者的方向向前推进了一层，是顺递，所以用"不但……而且……"。

（3）根据句意，"我遇到困难的时候"，"他"应该帮助我。"看我笑话"是向"帮助我"相反的方向推进的，是"我"没想到的。两个分句是反递进关系，所以用"不仅不……反而……"。

（4）句子的意思是，"有工作的人生活很困难，所以没有工作的他就更困难了"，两个分句暗含比较，表示顺递关系，用"何况"。

（5）"讲原则"和"通情达理"都是"老张"积极的方面，"通情达理"在"讲原则"的基础上向前推进了一层，是说话人更加要突出的部分。两个分句是顺递关系，所以用"不仅……而且……"。

（6）"会影响学习"和"会促进学习"是两件相反的事情，"会促进学习"是向"会影响学习"的相反方向推进的，两个分句是反递进关系，所以用"不仅不……反而……"。

（7）"深入生活"和"用艺术的方法表现生活"是两件同方向的事情，只

是后者比前者要求更高。两个分句是顺递关系，所以用"不但……而且……"。

练习十二、十三　略。

练习十四　改病句

（1）"……还是……"一般用于疑问或疑惑，本句是确定的陈述，所以应改为：这次放假，我们打算去一处旅游，或者去八达岭长城，或者去颐和园。

（2）"嫉妒"和"高兴"是两件相反的事情，"高兴"是向"嫉妒"的相反方向推进的，所以两个分句是反递进关系，改为：我不仅不嫉妒，反而很高兴。

（3）"他来了"和"他来得很早"是同一方面的事情，后者在前者基础上进了一步，两个分句是顺递关系。"就"不能表示顺递关系，应改为：谁说他没来？他不但来了，而且来得很早。

（4）该句的前一句是说这个地方经济方面落后，后一句进一步说这个地方文化方面也落后，所以应选用表示递进关系的关联词语来关联。而该句后一句的"但是"却表示转折关系，使前后句的逻辑关系出现错误。应改为：这个地方不但穷，而且文化方面也很落后。

（5）"一边……一边……"表示两个动作或两件事情同时发生，只连接表示具体动作行为的动词。而"生气、难过"是心理动词，所以应改为：我又生气，又难过，离开了他家。

（6）"……还是……"一般用于疑问或疑惑，本句是确定的陈述，所以改为：星期六下午，我们常常去外边玩儿，或者去商店买东西。

（7）"……或者……"一般用于陈述句，本句是疑问句，所以应改为：他问："打完电话我付钱还是对方付钱？"

（8）"惊慌"和"坦然地笑了"是两件相反的事情，"坦然地笑了"是向"惊慌"的相反方向推进的，所以两个分句是反递进关系。"不但不"和"反而"搭配，表示反递进关系，所以应改为：她不但不惊慌，反而坦然地笑了。

（9）"然后"连接依次发生的动作或情况，只能单用，前面不能出现别的成分。而该句"当了妈妈"在时间上有划界作用，因此应改为：当了妈妈以后我才懂得做妈妈的辛苦。

（10）"一边……一边……"表示两个动作或两件事情同时发生，只连接表示具体动作行为的动词。"紧张、兴奋"是心理动词，两者没有意义轻重之分，所以应改为：第一次参加这样的活动，我又紧张，又兴奋。

（11）根据常理，"天气这么好"，应该选择的是"去公园玩儿"，而不是"待在家里"。按原句，"与其……不如……"表示选择的是"不如"后面的内容（"待在家里"），所以违背常理。应改为：今天天气这么好，与其待在家里，不如去公园玩儿。

（12）单用"以后"是以现在为界限，跟"以前"相对。本句显然不是跟"以前"相对，而是和"第一次见面"相对，"发生的事情"也都过去了，有事情发展的过程，所以用"后来"，改为：第一次见面我就感到她是个好人，后来发生的事情证明我的感觉是对的。

（13）这里显然"把这本书看完"是目的，为了实现这一目的，可以做不如意的事情"不吃饭"，所以该句前后句内容应颠倒一下，改为：我宁可不吃饭，也要把这本书看完。

（14）"也……也……"连接两个主语不同、谓语相同的分句。而本句刚好相反，两个分句主语相同，都是"这里的服务"，谓语不同，分别是"周到"和"热情"，两者没有意义轻重之分。所以应改为：这里的服务又周到，又热情，深受顾客好评。

（15）"把房间收拾好"和"去外面打球"是两个依次发生的动作，应该用表示先后顺序的连词"然后"来连接，改为：我们把房间收拾好，然后去外面打球。

（16）根据句意，作者肯定"这个钱包"是"王立"或者"黎明"的，但不确定是其中哪位的。"不是……而是……"表示选择了"而是"后面的情况。原句选择了黎明，不符合句意。原句本意是可能是王立和黎明其中一个人的。应改为：这个钱包不是王立的，就是黎明的，这里只有他们俩来过，不会是别人的。

第三十五课　偏正复句　关联词语的隐现与位置　紧缩复句

练习一　根据下列句子，造出完整的因果关系复句

（1）"这里清静"是"她总来这里读书"的原因，原因在前，结果在后，所以用"因为……所以……"连接，说成：因为这里清静，所以她总来这里读书。

（2）"老板批评他"的原因是"他迟到了很长时间"，原因在后，结果在前，强调原因，所以用"之所以……是因为……"，说成：老板之所以批评他，是因为他迟到了很长时间。

（3）"他认真努力"是"他取得了好成绩"的原因，原因在前，结果在后，可以说成：由于他认真努力，所以取得了好成绩。

（4）"你应该去看他"是根据"你跟老马是朋友"这个事实推论出来的结果，可以用"既然……就……"连接，说成：既然你跟老马是朋友，你就应该去看看他。

（5）"她只知道给他做吃的，从来不管他想什么"是一个结果、事实，根据这个事实我们推出了原因"她不懂爱"，所以用表示根据结果推出原因的"可见"，说成：她只知道给他做吃的，从来不管他想什么，可见她不懂什么是爱。

练习二　根据句义，用合适的表条件关系的关联词语填空

（1）"一有消息"是"我就立刻通知你"的最充分、足够的条件，满足了前者这个条件，后句的结果就会实现，但是前者并不是后者的唯一条件，所以用"只要……就……"。

（2）本句的意思是：接到正式录用通知，能够确定你被录用了，反之未必。因此"接到正式录用通知"是"确定你被录用"的必要、唯一条件，和"才"搭配使用，用"只有"。

（3）根据常理，想要"有所收获"，必须"肯于付出"，"肯于付出"是"有所收获"的必要、唯一条件，所以用"只有……才……"。如果说话人想要表达"肯于付出一定会有所收获"的意思，"肯于付出"是"有所收获"的充足条件，不是唯一条件，这时用"只要……就……"。

（4）和"否则"搭配的是"除非"，整句意思是"领导亲自通知我，我才相信，反之我不相信"，排除"领导亲自通知我"这一必要条件，其他任何条件都不成立，所以用"除非"。

（5）"你怎么办"这个问题是在"她不答应你"这个假设情况下提出的，这种情况是有可能发生的，所以用表示假设的"要是"。

（6）本句意思是，"她怎么决定""不会改变我的决定"，也就是在任何条件下"我的决定都不会改变"，另外，"怎么"是个疑问代词，因而本句是无条件句，所以用"不管……都……"。

（7）"你不应该说这样的大话"这个结论是在假设"你没有这本事"的情况下提出的。"你没有这本事"的说法此刻只作为一种可能，不是发生的事实，所以用表示假设的"如果"。

（8）本句意思是，"这幅画是赝品（yànpǐn，做得跟真的很像的文物或艺术品），他决定买；这幅画不是赝品，他也决定买"，在任何条件下都会产生一个相同的结果"他决定买"。另外"是不是"是个"肯定＋否定"的形式，表示两种情况，因而本句是个无条件句，用"无论……都……"。

练习三 — 练习六 略。

练习七 用适当的可连接偏正复句的关联词语填空

（1）本句的意思是，"热爱生活"的必要条件是"热爱工作"，没有这个条件，"热爱生活"这个结果就无法体现，所以用表示必要条件的"只有……才……"。

（2）"外面冰天雪地"和"屋里温暖如春"刚好形成对比，两者语义对立，并且空儿在第二个分句主语"屋里"的后面、谓词性词语的前面，所以应选用表示后一句跟前一句意义相对或相反的起关联作用的副词"却"。

（3）该句表示的是"明天"的事情，即"不下雨"做什么，所以前一句应是"去公园划船"的天气条件，而这种天气条件不是现在已发生的，而是明天还不知道的，所以这里只能是一种假设的条件，应选用表示假设关系的关联词语"如果……就……"或"假如……就……"等。

（4）该句前句说的是"没说欢迎"，后句表示的是"欢迎"，前后句在意义上是相对的，表示这种相对意义的关系应选用表示转折的关联词语"虽然……但是……"等。后一句有两个空儿，起关联作用的连词"但是"应该位于句首，即位于"心里"这个名词性词语前；"却"是表示转折语气的副词，它常常跟表示转折关系的连词配合使用，在位置上它只能位于谓词性词语前，即位于后一句的第二个空儿上。

（5）该句的"有恒心"是一个条件，充分满足这个条件，就会得到"取得学习成果"的结果，所以应选用表示充分条件的"只要……就……"来关联。

（6）"把书分类整理好"的目的是"我们分发"，采取"分类整理"这种行为，来达到"分发"这个积极目的，所以用表示积极目的的"以便"。

（7）为什么会"直到今天才来看你"，原因是"最近实在太忙了"，所以该句应选用表示因果关系的关联词语"因为……所以……"来关联。

（8）本句的意思是，"他对学习和工作都很认真"，对学习、对工作采取的态度都是一样的。"认真"这个结果是无条件的，它的实现不需要任何条件，所以该句可以选用表示无条件关系的"无论/不管……还是……都……"。

（9）该句的"承担这项工程"是还没有做的事情，所以这个句子表示的应该是一种假设的情况，即假如具备"他来承担这项工程"的条件，就会出现"工期和质量绝对不会有问题"的结果，所以应选用表示假设关系的"如果、假如"等关联词语来关联。

（10）"多穿一点儿衣服"是为了避免"感冒"，"感冒"是说话人不希望发生的，是消极目的，所以用表示消极目的的"免得"。

（11）"多花些钱请人来做"和"去麻烦他"都是不如意的事情，在两者之间，说话人认为前者的负面影响小些，所以用选择前项的"宁可……也……"。

（12）"这条道路并不平坦"和"我还是要走下去"是两个语义对立的分句，有转折的意味。两个分句的主语不同，所以第二个空儿主语"我"的后面，不能填"但是"，只能填起关联作用的副词。"这条道路并不平坦"是"我"退让一步，承认它是事实，但这并不能改变"我还是要走下去"的结果，因此用表示让步的"即使……也……"。

练习八 将括号中的关联词语放到句中合适的位置上

（1）两个分句的主语分别是"天气"和"我们"。当两个分句主语不同时，"只要"放在句首。起关联作用的副词"就"应放在主语后。所以该句为：只要天气好，我们就去。

（2）两个分句的主语分别是"外面"和"他"。当两个分句主语不同时，"因为"应放在主语前。"所以"是连词，应放在主语前。所以该句为：因为外面下雨，所以他没去跑步。

（3）两个分句的主语都是"他儿子"，第一个分句的小主语是"成绩"，第二个分句的小主语是"体检"。两个小主语不同，所以"不但"和"而且"应分别居于两个小主语之前。该句应该为：他儿子不但成绩过关了，而且体检也过关了。

（4）两个分句的主语都是"你"，所以"你"应该位于句首。"与其"放在"你"的后面。"还"是起关联作用的副词，应放在谓词"不如"前面。所以该句为：你与其这样讲，还不如不讲。

（5）两个分句的主语分别是"你"和"我们"，所以"不管"应位于句首，而不是第一个分句的主语后。"都"是起关联作用的副词，应放在第二个分句谓语"欢迎"的前面。所以该句为：不管你什么时候来，我们都欢迎。

（6）两个分句的主语分别是"时间"和"我"，所以"尽管"应位于句首。"也"是起关联作用的副词，应放在第二个分句谓词"要"的前面。所以该句为：尽管时间很紧张，我也要把这份计划搞完。

练习九 — 练习十一 略。

练习十二 改病句

（1）这里是在批评那些因为"学习重要"而不要身体的人，说话人先退一步，承认对方说的"学习重要"是对的，然后话锋一转，说明身体更重要。所以该句应选用让步转折的关联词语"固然……但是……"来连接，改为：学习固然重要，但是身体健康更重要。

（2）"虽然"表示重转，"只是"表示弱转，原句中这两个词语用在一个复句中，使得前后的转折语气不一致，两者无法搭配。从句意上看，从"自行车很旧"到"从来不出毛病"是一个重转，所以应该用"虽然……但是……"，改为：他的自行车虽然很旧，但是从来不出毛病。

（3）"他学了两年多汉语"和"不会说"有明显的语义对立，根据常理，"学了两年多汉语"肯定能说一些汉语，但是"他不会说"，所以应该用表示重转的"虽然……但是……"。"虽然"不能省略，改为：他虽然学了两年多汉语，但是还不会说。

（4）"无论"引导的是无条件句，表示任何条件下结果相同，所以后一句需要副词"都"配合，改为：无论他们俩谁当代表，我都赞成。

（5）"既然"和"就"搭配，用于因果复句，既然某原因存在，就一定有相应的结果。所以后句需用副词"就"配合，改为：既然你不喜欢他，就不要跟他结婚。

（6）根据常理，"他比我大十岁"，年龄相差太大，就不容易成为好朋友，可是事实上我们成了好朋友。前后两个分句有明显的语义对立，所以本句应是个重转复句，改为：虽然他比我大十岁，但是我们俩却成了好朋友。

（7）"小李为大家做了不少好事"，按一般人的想法会到处告诉别人，可是"他从来不说"。因此两个分句不是顺承关系，而是转折关系，是一种轻转的关系。所以改为：小李为大家做了不少好事，只是他从来不说。

（8）"虽然"是表示转折关系的关联词语，它一般用在表示重转的关系句中，后面常常用表示重转关系的"但是"等词相配合。"但是"是用于正句里的关联词语，不能省略。应改为：虽然他已经六十多岁了，但是头发还没有白。

（9）"不够用"是消极的事情，是应该避免的，所以不能用表示积极目的的"以便"，而应该用表示消极目的的"免得"。应改为：把手机充足电，免得不够用。

（10）前一句说"没有时间"，后一句却是"闲着看电视"，说明前后两句表示的意义是相反的，所以后一句应选用表示转折意义的词语来连接。应改为：你说今天没有时间，怎么却在这儿闲着看电视呢？

（11）"只要"和"就"搭配，表示充足条件；"只有"和"才"搭配，表示必要条件。没有"只要"和"才"的搭配。根据句意，"努力、多听多说"是"学好汉语"的充足条件，而不是必要、唯一条件，所以改为：只要努力，多听多说，就一定能学好汉语。

（12）根据常理，"尽了最大的努力"应该会做得很好，可是结果是"做得不太好"。所以两者不是顺承关系，而是转折关系，需要使用转折关联词。应改为：虽说他做得不太好，但是却尽了最大的努力。

（13）"就"是起关联作用的副词，应该位于主语后。所以改为：要是没有你们的帮助，我就无法生活下去。

（14）"却"和"反而"都是起关联作用的副词，应该位于主语后。第三个分句的主语"狼"与第二个分句的主语相同，所以省略。应改为：东郭先生救了狼，狼却没有感谢他，反而要吃他。

（15）根据句意，疑问代词"哪儿"表示所有地方，具有周遍义，后一句应该用关联副词"都"配合，改为：我们去参观的时候，无论走到哪儿，都能看到热情的人们。

（16）"试验被迫停止"和"不停止研究"两者在句意上是相反或相对的，因此两者不是顺承关系，而是转折关系，需要使用转折关联词。应改为：虽然试验被迫停止，但是我们决不停止研究。

（17）"只是"只表弱转，无需"却"来加强转折语气。根据句意，"身体不太好"是对"各方面都很好"的补充和修正，两者没有明显语义对立，是个表示轻转的复句。应改为：他各方面都很好，只是身体不太好。

（18）前后两个分句主语不同，分别是"姐姐""妹妹"。当两个分句主语不同时，第一个分句的连词多在主语前。起关联作用的副词"也"要位于谓语前。所以本句应改为：不光姐姐长得漂亮，妹妹也长得很漂亮。

第十三单元综合练习

一、选择关联词语填空

（1）这两个分句的主语不同，分别为"你"和"他"，但是谓语相同，都为"不去"，所以用表"相同"的关联副词"也……也……"连接。

（2）"抽着烟"和"沉思着"是两个同时进行的动作，所以用"一边……一边……"连接。

（3）根据句意，"唱"和"跳"是语义相近但却没有轻重之分的两个动作，两者顺序可以互换。所以不用"既……又……"，要用"又……又……"。

（4）"来到河边""喝了些水"和"回到棚里"是三个依次发生的具体动作，所以用"然后"来连接。

（5）前一分句的"开始"表示过去时间，由开始的不说，到后面的"说"，经过一个发展过程，都是在过去的时间里，所以应选用 B "后来"。

（6）本句是个疑问句，表示让对方在"研究好了再干"和"干起来再说"之间任选一项，所以选择用于疑问句的"是……还是……"。

（7）本句是个陈述句，主要叙述、说明"打电话"和"发传真"两种可供选择的情况、条件，所以选择用于陈述句的"或者……或者……"。

（8）说话人认为，"开这么多小公司"和"办一个联合的大公司"比起来，显然后者好些，所以应该用选择后项的"与其……不如……"。

（9）"饿肚子"和"吃那种难吃的东西"都是不如意的事情。根据句意，两者比起来，虽然前者也不如意，但是负面影响小些，所以应该用选择前项的"宁可……也不……"。

（10）"见过不少大树"与"像这样大的树是第一次看到"是相对关系，后一分句中有"却"加强转折语气，所以应选用重转的"但是"或"然而"。

（11）"随便说说罢了"是对"你别那么在意"的补充说明，两者没有明显的语义对立。但后句也不是完全顺着前句的意思说下来的，有轻微的转折意味，所以用表示轻转的"不过"。

（12）按常理，"急"会让人糊涂，可事实上"她没糊涂"，还"更清醒了"。"清醒"是往"糊涂"相反的方向推进的。"不但没"和"反而"搭配，表示反递进关系，所以选择"反而"。

二、选择关联词语填空（每个限用一次）

（1）说话人不清楚听话人累或不累的感觉，所以他假设听话人出现了"累"的情况，就希望他"休息一会儿"。因此本句是个假设复句，用"如果……就……"。

（2）"宽敞"和"明亮"都是"使人感到格外舒服"的原因，两者是同时存在的两种情况或状态，所以用"既……又……"。

（3）"星光微小"，可"光明无处不在"，两者语义对立，后句还有表转折的副词"却"，因此本句是个转折复句，用"虽然……但是……"。

（4）"培养了我对艺术的兴趣和爱好"和"丰富了我的业余生活"都是"集邮"给"我"的好处，后者对"我"的影响是进一层的。因此两个分句是递进关系，用"不仅……而且……"。

（5）"我们不能怕麻烦"的原因是"事物之间的联系是很复杂的"，所以前一分句是原因，后一分句是结果，用"因为……所以……"。

（6）"能把事情办好"的一个条件是"研究事物的内在联系，掌握它们的规律"，并且这个条件是唯一、必要的，因此选用表示必要条件的"只有……才……"。

（7）该句为了说明"这里"很温暖，先退让一步，用最冷的冬天的"不冷"来说明这里确实"温暖"。因此本句是个让步复句，应选用"即使……也……"。

（8）"细心体味，认真思索"是"会理解这段话的意思的"的充分条件，只要满足了前者这个条件，就会出现后者这个结果，因此用表示充分条件的"只要……就……"。

（9）"打扫屋子"和"再吃早饭"是两个依次发生的动作，两者有时间先后之分。所以用表示依次发生两个动作的"先……然后……"。

（10）根据常理，"我说了很多好话"，"她"应该听进去一些，可是事实是"她一句也听不进去"，两个分句的内容刚好相反。因此本句是个转折复句，用"尽管……但是……"。

（11）本句表示"走到哪里"这个条件、范围下，都会产生"能听到他们的歌声"这个相同的结果。本句中"走到哪里"的"哪里"是个疑问代词，表示任何地方，因此本句是个无条件句，用"无论……都……"。

（12）"温和地说"是向"生气"的相反方向推进的一种情况。说话人原以为"她"会生气的，可实际发生的情况跟他估计的不只是相反，而且还进了一步。所以本句是个表示反递进的复句，用"不但……反而……"。

三、选择适当的关联词语（注意不能重复），将下列各组句子改写成复句

（1）"拥有青春"和"什么财富也没有"在意义上是相反的。即后一句不是顺着前一句的意思说下来的，而是转到相反方面，所以应该用表示转折关系的"虽然……但是……"来关联。改写为：19岁那年我虽然什么财富也没有，但是却拥有青春。

（2）"我很想帮助他"与"不知道该怎样帮他"不是顺接关系，有对立的成分，因此应该用表示轻转的"可是"。改写为：我很想帮助他，可是不知道该怎样帮助他。

（3）"失足的话"是假定的情况，一旦假定情况成立，紧接着会发生"掉下去摔死"的结果，所以应该用表示假设的"一旦……就……"。改写为：这山很陡，一旦失足，就会掉下去摔死。

（4）"我"在某件事发生后，以为妈妈会来责备我，可事实上相反，妈妈并没有责备我，"还来劝慰我"。"来劝慰我"是向"责备我"的相反方向递进，因此本句是个反递进的复句，应选用"不但……反而……"。改写为：妈妈不但没有责备我，反而还来劝慰我。

（5）"你有兴趣游览"是一种假设的情况，情况一旦成立，就会出现"我给你当一回向导"的结果，所以本句是假设复句，用"如果……就……"。改写为：如果你有兴趣游览，我就给你当一回向导。

（6）"说得太直率了"是对"你说得没有错"的补充修正，两者没有明显的语义对立，因此是个轻微的转折，用表示弱转的"只是"。改写为：你说得没有错，只是太直率了。

（7）根据生活常识，七十多岁的人身体可能不够健康，可是事实是"他身体一向很硬朗"。前后分句语义上对立，因此本句是转折复句，可选用"尽管……然而……"。改写为：尽管他已经七十多岁了，然而身体一向很硬朗。

（8）"几天不睡觉"和"把这次考试复习好"是两个选择项。虽然"几天不睡觉"也不如意，但是为了达到"把考试复习好"的目的，"我"只能选择"几天不睡觉"，以此来表示"我要把这次考试复习好"的坚决态度。因此本句用表示选择前项的"宁可……也……"，改写为：我宁可几天不睡觉，也要把这次考试复习好。

（9）根据句意，开会的地方有"会议室"和"礼堂"两种情况。本句虽是个陈述句，但是前面有"我不清楚"这个表示疑惑的成分，因此用"是……还是……"。改写为：我说不清楚会议是在会议室开还是在礼堂开。

（10）"经济、实惠、方便"是"这种快餐"的三个特点，在这里并排列出，为了表现语句的有起有伏，或说话人对这三个特点有所侧重，最好选用"既……又……"来关联。改写为：这种快餐既经济、实惠，又很方便。

四、改病句

（1）"不论"引导的是无条件句，表示任何条件下结果相同，所以后一句需要副词"也"配合，改为：不论我有多忙，他也不帮我。

（2）"就"是起关联作用的副词，应该位于主语后，改为：只要抓紧时间，你就能按时完成。

（3）"身体有点儿不太舒服"是对"没有病"的补充和修正，两者没有明显的语义对立。本句是个表示弱转的复句。"但是"不用于弱转，应该用"只是"。本句应改为：我没有病，只是身体有点儿不太舒服。

（4）"是一种负担"和"增进我和朋友友谊的桥梁"两者语义对立，只能选择一个，不能都选。"也"表示相同，所以用"也是"不对。根据句意，应选择后者，改为：对于我来说，请客不是一种负担，而是增进我和朋友友谊的桥梁。

（5）"眼睛什么也看不见"在语义上是对"长得很清秀"的强烈转折，"长得很清秀"是积极的方面，"眼睛什么也看不见"是消极的方面。所以后句的转折连接词不能省略。应改为：姑娘长得很清秀，但是眼睛什么也看不见。

（6）"下水去实践"是"能学会游泳"的唯一、必要条件，不是充足条件，应该用"只有……才……"来连接。没有"只有……就……"的搭配。应改为：只有下水去实践，才能学会游泳。

（7）"虽然"用于表示强烈转折的句子，与"但是"搭配。"不过"表示轻微的转折，不能和"虽然"搭配。根据常理，身体很瘦的人一般都不太健康，所以"没有病"相对于"很瘦"是个强烈的转折，用"虽然……但是……"。应改为：他身体虽然很瘦，但是没有病。

（8）"一边……一边……"表示两个动作或两件事情同时发生，只连接表示具体动作行为的动词。"伤心"是心理动词，可以做"流着泪"的状语，所以改为：她一边走着，一边伤心地流着泪。

（9）"……还是……"主要用于疑问或有疑惑的句子。本句是陈述句，表示从"唱支歌"和"讲个笑话"里选择一个，所以用"或者"，改为：来，谁来唱支歌或者讲个笑话什么的，活跃一下气氛。

（10）"接过录像机""调整了一下"和"交给小刘"是三个依次发生的动作，应该用"然后"来连接，不用"以后"。应改为：他接过录像机，调整了一下，然后交给小刘。

（11）"读书是学习"一般人都认可，"使用也是学习"是说话人的观点，从"读书"和"使用"来说，"使用"更加重要，所以应进一层，改为：读书是学习，使用也是学习，而且是更重要的学习。

（12）"又……又……"表示并列关系，有相加意义，所以连接的通常是两个主语相同的分句。本句两分句主语不同，分别为"他"和"你"，但所做动作相同，都是"不说"，所以应该用表相同的"也……也……"连接，改为：他也不说，你也不说，我怎么会知道呢？

（13）"多受点儿累"是不如意的事，但是"我"选择了这样做，目的是"找到他"，"我"用选择"多受点儿累"来表示态度的坚决。"宁可"和"也"搭配，表示选择关系，后面一个分句的关联副词"也"不能省略。另外，两个分句的主语都是"我"，因此"我"应该放在句首。应改为：我宁可多受点儿累，也要找到他。

（14）"我学习很忙"是"没有给你写信"的原因，"也"不是表示因果关系的关联副词，应该用"所以"，改为：我学习很忙，所以没有给你写信。

（15）"文化水平很高"是积极的方面，"生活不富裕"是消极的方面，在语义上"生活不富裕"是对"文化水平很高"的强烈转折。两者不是并列关系，而是转折关系。"也"不表示转折，因此应换作"但是"，改为：他们的文化水平很高，但是生活却不富裕。

（16）"不是A就是B"表示只能在A、B中选择一个，而且选择哪个不确定。本句的意思是明确地否定了人口多"是缺点"，肯定了人口多"是一种力量"，所以应该用"不是……而是……"判断句，改为：有时候人口多不是缺点，而是一种力量。

汉语语法水平测试卷

一、选择合适的词语填空

（1）从"从来"和"没"的配合中可以判断出，这里是对过去经历的叙述，所以应选"过"。

（2）从"了"可判断出这里表示的是已重复的说笑动作，所以应选"又"。

（3）"出来"可表示从没有显现到显现了的现象。该句表现的是显现，所以应选"出来"。

（4）"一点儿"表数量意义时不能用于形容词之前。"有点儿"是程度副词，可以出现在形容词之前。"稍稍"也可以出现在形容词之前，但是它要求形容词后配合使用表示很少数量的"一点儿""一些"等。该句形容词"贵"后没有这类词语，所以正确选择只有"有点儿"。

（5）"然后"可以表示动作、事件的先后顺序关系。"以后"只是将来时间段中的某一个时点。"后来"也表时间，只是它表示的时间是从过去已发生的某动作、事件开始到某时间。句中该空儿不是要表时间的，而是要表动作先后顺序的，所以应选"然后"。

（6）句中"_____有经营能力"是做修饰性的定语出现的。在功能上，"很+……"能够充当定语；"真/太+……"主观情态很强，一般不能充当定语，所以应选用"很"。

（7）"没"只对现在以前动作、事件的发生进行否定，不能对将来事件的发生进行否定。"不"主观意志性强，可以对现在以后的事件进行否定。该句中叙述"上次"，指以前，所以选用"没"。"这次"指还没做的事情，内容又假设"你不来"，是意志性的，所以选用"不"。

（8）"整整一个上午"是一个时段，表示在一个时段中的进行应选用"在"。"正"或"正在"都有时点性，不能选。

（9）"两"可活用表示概数，意思是很少的数。该句用代程度的"这么"修饰表数量少的词语，可以凸显数量少的意思，所以应选用"两"。

（10）数量词语做描写性状语使用时，只能用重叠式，不能用"数+量"形式，所以只能选用"遍遍"。"趟趟"应与移动性动作配合，这里意思不符。

（11）该空儿前是数词"三"，按照汉语"数+量"的组合规律，该空儿应是量词。"钟头""时间"只有名词用法，"小时"既可以是名词，也可用做量词，所以正确选项应是"小时"。

（12）"支"只能用于不可弯曲的物品，"领带"是可弯曲的，所以不对。"条"用于可弯曲的事物，尤其是织物。"根"有时也能用于可弯曲的事物，如"绳子、线"等。但是用于"条"的事物的可视平面相对要大于厚度，如"围巾、毛巾、彩带"等，所以该句的正确选项应是"条"。

（13）这里询问过去动作的时间，对已发生事件的这种特指性的询问或回答，都应该用"（是）……的"的形式。

（14）该句称量的事物是"学校"，用于称量经营"学校"这样的文化事业单位应该用"所"。

（15）"没有""不如"都是用来比较差异大小的。"不比"有时不是用来比较差异大小的，而是用来说明两者没有什么差异、差不多。此句的"多少"就在于说明"那里""这里"的房间大小差不多，所以应选"不比"。

（16）"介绍"属于言语性的非动作性动词，"向……"可以配合动作性动词，也可以配合非动作性动词，所以应选用"向"。

（17）"连"可以引进极端者，"价值很高的书"是最不该卖的，是极端者，所以第一个空儿应选用"连"。"被"可以引进动作者，"他"是"卖"的动作者，所以第二个空儿应选用"被"。

（18）句中"同学们的热情帮助"高于被帮助者，被帮助者在下，所以应选用"在……下"。

（19）该句表示没有能力"付房费"，所以应选用表示"能力"意义的"能"。

（20）该句说话人可能针对听话人认为已经离城里不远了的认识，否定这种想法，用铺张渲染的语气说明还很远，表达这种情态应选用"呢"。

二、判断括号中的词语应该放在句中哪个位置上

（1）句中谓语动词是"打算"，说明去图书馆是将来的事情，"了"不能位于D的位置。去的时间是"下课"以后，所以"了"应位于B——"下"的后面，表示"下"动作的完成。

（2）"也"表示相同，句中"你们要去"和"我要去"相同，所以"也"位于A——"要"前。

（3）"呆呆地注视"是一种持续状态，所以"着"应位于C——"注视"后。

（4）"这个"是指量短语，后接名词无需用"的"。"老"是单音节形容词，不是为了区别时，后面也无需用"的"。"医院里"表示所属，"最有经验"是动词短语，均需用"的"。由于动词短语必用"的"，所以将"的"填到C，使"医院里"和"最有经验"共用一个"的"即可。

（5）"会议结束"紧接着发生"集合出发"，用"就"表示前后动作紧接着发生，所以"就"应位于C——"集合"前。

（6）"再"是单音节副词，应位于谓语动词前。将重复的动作是"去"，所以"再"应位于B——"去"前。

（7）"千万"是副词，应位于谓语动词前。句中"要"是主要动词，"千万"应位于A——"不要"前。

（8）"有漏洞"说明不是全错，所以"不"应位于B——"完全"前，否定"完全"意味着只是部分。

（9）"简直"是语气副词，它在表示"像"的程度很高，所以应位于B——"就像"前。

（10）"来"表示概数意义，可位于零结尾的数词后，表示该数为概数，所以应位于"三千"后，即B的位置。

（11）该句的意思是，由于"离开"致使妈妈"担心"得要死，所以"把"字短语应位于动词前，即C的位置。

（12）复合趋向动词与处所宾语结合时，应将处所宾语位于其间。此句"楼"表处所，应位于"下来"之间，即"走下楼来"。

（13）"从小"是时间状语，在该句中应位于其他短语性状语前，即A的位置。

（14）"一簇簇"是数量重叠式，是描写性定语，应位于"树上"（表处所的限制性定语）后、直接描写"红叶"状态的"火红火红的"的前面，即B的位置。

（15）"两小时"表示时段，"时段"应位于动词后。"聊天儿"是离合动词，"天儿"相当于宾语，所以"两小时"应位于表示动作的"聊了"后，即"聊了两小时天儿"。

三、选择合适的词语填空（每个限用一次）

1. 略。

2. （1）第一个空儿表示从过去到现在持续地保持，所以应选用表状态持续的"着"。

   第二个空儿表示"残损"是过去历史中的一种经历，一种存在，所以应选用表经历的"过"。

   第三个空儿表示"恢复"已经出现，所以应选用表完成的"了"。

   （2）第一个空儿表示已经到了接近出发的时间，所以应选用"就要"。
   第二个空儿表示拉手的动作正进行着，所以应选用表示进行的"在"。

   （3）该空儿表示此时农民进行着劳动，所以应选用表示正在进行的"正在"。

3. （1）该句退让一步，指出"生气"可能是使人最难看的时候，但这时她也同样美丽，以此来表明她的确美丽，所以应选用表示让步转折关系的"即使……也……"。

（2）前一分句表示原因，后一分句表由此而形成的结果，所以应选用表示因果关系的"所以"。

（3）后一分句不是顺着前一分句的意思说的，而是稍有转折，所以应选用表示弱转的关联词语"只是"。

（4）该句是在不如意的前提下，相较而言优选后项，所以应选用"与其……不如……"。

（5）前一句说他变了，后一句进一步说他变得厉害，所以应选用表示递进关系的"不但……而且……"。

（6）社会任何时候都需要有知识、有文化的人才，所以前句的"什么时候"不是问时间，而是指任何时候，所以应选用表示无条件关系的"无论……都……"。

四、改病句，并指出错在哪里

（1）"边……边……"要表示的是两个动作同时发生，而不管动作时间的长短。动词重叠式大多含有短时意义，因此放到"边……边……"结构中不合适。该句应改为：她每天中午都是边吃饭，边看电视。

（2）该句有两处错误：一是汉语形容词可以直接做谓语，不需要"是"连接，所以应去掉"是"；二是"都"是单音节副词，通常只出现在谓词性词语前，不应出现在"我"这个名词性词语前。所以该句应改为：这几份纪念品都很好，我都想买。

（3）"里"只能跟具有具体空间意义的处所词结合，表示具体处所，不能跟国家名、城市名、地区名这样的名词结合。"天津"是个城市名，不能跟"里"结合，"里"应去掉。

（4）"热情"是个形容词，不具有连带宾语的功能。句中"热情"连带了宾语"我们"，所以不对。"热情"的对待对象应该用介词"对"引进，所以该句应改为：我觉得这里的老师对我们都非常热情。

（5）表示比较时，否定词"不"不应放在"贵"前，而应放在引进比较对象的词语前。该句引进比较对象的词语是"比"，否定词"不"应置于"比"前，即"不比我们食堂的贵"。

（6）"比"字句中，除了表示进层的程度副词"更""还"等外，一般的程度副词不能位于性状词语前。该句把程度副词"很"位于形容词"大"前，所以不对。如果要表示程度，可以把合适的表示程度的词语放到形容词后。该句应改为：北京大学比我们学校大多了。

（7）该句有两处不合适：一是"一点儿"不能位于形容词"累"前，此处可以改成副词"有点儿";二是句中要表示"休息"的时段,不应该用"一次",而应该用"一会儿"。应改为:现在她有点儿累了,想休息一会儿。

(8)"愿望"表示要实现某种目的的主观心愿。"希望"表示的往往跟客观事物或他人有关,或者是所寄托的对象等。这里表示的是"我"个人的主观心愿,所以应选用"愿望"。

(9)该句有两处不合适:一是用"怎么"询问"痛苦"的原因,一定知道"痛苦"的具体程度,因此"痛苦"前应该用表示程度的代词代替所看到的程度,改为:她怎么那么痛苦?二是"你知道……?"要问的应是所发生的事件,不应该用"什么"问,"什么"问的是事物,这里应该用"怎么回事"问,改为:你知道怎么回事吗?

(10)"只"是副词,副词应修饰谓词,不应修饰名词性宾语。该句应改为:听说她只喜欢外国电影。

(11)该句有两处错误:一是"再"是单音节副词,只能位于谓词性词语前,该句中位于"我们"前,所以不对。二是该句末尾有时态助词"过",说明否定的是过去经历的事情,所以不应该用"不"否定,而应该用"没"否定。该句应改为:那次见面以后,我们俩再也没联系过。

(12)该句有两处错误:一是用副词"稍稍"时,形容词后应配合表示很少数量的"一点儿""一些"等,该句没有;二是"近"是形容词,不能作为名词性词语使用,而后一句"换一处"是指地方,所以应构成名词性结构。该应句改为:这个旅馆离学校稍稍远一点儿,换一处近一点儿的吧。

(13)"真"是表示主观情感的副词,用它构成的短语主要充当谓语。该句是客观叙述,应选用表示客观程度的"很",改为"很多好心人"。

(14)"说明"后应连带被说明的事物,而不是所说明的对象,所说明的对象应该用介词引进,改为"给我说明一下"。

(15)询问过去动作、事件发生的时间、地点、方式等,是一种要求对方说明的句子,所以不应该用叙述语气的"了",而应该用说明语气的"的"。该句应改为:昨天的晚会是在哪儿举行的?

(16)"最愉快"是要说明过得怎么样,不应该用表示实现的时态助词"了",而应该用表示动作怎么样的动补结构,即改为:我过得最愉快。

(17)该句不是说帮得怎么样,而是说有没有可能帮,表示这种意思应选用"能",不应选用"会",即:你能不能帮我把这些东西给小林捎去?

(18)"回来"是趋向动词,如果连带处所宾语的话,应把处所宾语放到

"回"与"来"中间,因为"回"能表示到达的点,"来"只表示方向性。使用"会"时,往往表示一种确定性的语气,所以句末应使用语气助词"的",改为:我还会回中国来的。

（19）这里否定的"抽烟""喝酒"是一种习惯性、规律性的事情,对习惯性、规律性、经常性的动作的否定应选用"不",不该选用"没"。表示习惯性、规律性、经常性的动作或事件,不应该用"了"。该句应改为:他从来不抽烟、不喝酒。

（20）"随着"是介词,它应跟名词性词语结合在一起构成介词短语,而该句中的"学习汉语"却是个谓词性短语,所以应把它改成名词性短语:随着学习汉语时间的延长。

五、按要求,用括号中的词语改写句子

1. 单句

（1）"把"字句是要求将"把"跟受动者结合在一起,构成介词短语放到动词前的位置上。所以该句应改写成:我昨天把一本十万字的小说读完了。

（2）"连"的作用在于介引出极端的人或事物,以证明一般。所以该句应改写成:连我这个从来不喝酒的人,今天晚上也喝酒了。

（3）"那"是个具有指示作用的词,该句可改写成:五楼最西头儿的那个房间是我的房间。

（4）用"不如"表示比较时,差的应该在前,好的应该在后,所以该句应改写成:他的汉语表达能力不如我好。

（5）"使"是使令动词,可以构成兼语句,"他"是使的对象,是"步入新的生活里程"的主语,所以该句应改写成:考上大学使他步入了新的生活里程。

2. 复句

（6）"越……越……"往往构成"'越'+动/形,'越'+形/动"的结构,"越来越……"往往构成"'越来越'+形"的结构。所以该句可改写成:雨越下越大,天也越来越暗。

（7）用"除了"可以表示排除或排除不计,"除了"所在的分句往往在前。该句可改写成:除了这两本书,别的我还都没看呢。

（8）跟"无论"相关的人或事物应该是任指的,构成成分应该是具有疑问性的词语或结构,所以该句可改写成:他无论对学习还是对工作都很认真。

（9）"既然"表示原因，主句据此推论结果。所以该句可改写成：既然她不想去，就不要勉强她。

（10）"而"可以表示转折关系，往往用于后句。"却"是表示转折语气的副词，应该用于后句的谓词性词语前。所以该句可改写成：生命是一种自然现象，而生活却是具有深刻的社会意义的。